Schriften

des

Vereins für Reformationsgeschichte

II.

„Ignatius von Loyola.

Von

Eberhard Gothein.

Halle 1885.
Verein für Reformationsgeschichte.

Vorrede.

Als vor 50 Jahren Leopold Ranke seine römischen Päpste herausgab, da hatte die deutsche Geschichtsschreibung ihren Höhenpunkt erreicht. Damals rühmte Macaulay begeistert dem Werke nach: es walte in ihm eine bewunderungswürdige Gesinnung, eine edle Mäßigung, die gleich weit entfernt sei von Zustimmung und Abneigung. Diese vollendete Betrachtung des Werdens der Geschichte als eines großen Naturprozesses, ohne daß doch nur einen Augenblick die Bedeutung desselben für unsere Gegenwart außer Acht gelassen worden wäre, bedeutete den größten Schritt vorwärts in der Erkenntnis dieses merkwürdigsten Phänomens der Geschichte, welches wir „katholische Kirche" nennen.

Und nicht nur in der Erkenntnis, sondern auch — was hier dasselbe ist — in der Ueberwindung. Denn diese Macht, die mit allen Seiten des menschlichen Gemüts rechnet außer mit dem Wahrheitssinn wird nur durch das leidenschaftslose Erkennen überwunden. Wie weit wir auch noch zurück sind im Verständnis des Werdens des Katholizismus — seit Rankes Werke liegen wenigstens dessen letzte Jahrhunderte in allen Hauptzügen klar vor uns; und der ohnmächtige Haß mit dem die Kurie unter allen deutschen protestantischen Geschichtswerken gerade dieses eine, von künstlerischem Wohlwollen erfüllte, auf den Index der verbotenen Bücher gesetzt hat, ist nur ein Beweis mehr für seinen

1*

Wert. Bis veränderte Zeiten wieder neue Gesichtspunkte er=
schließen, bleibt uns Epigonen kaum etwas übrig als die Fäden
weiterzuspinnen, die Ranke angeschlagen hat.

Mehr will auch dieses Buch nicht bedeuten. Neue Quellen
standen mir nicht zu Gebote; die Verwertung der leider noch
immer nicht vollständig herausgegebenen Briefe Loyolas, die
auch Druffel viel benutzt hat, kam mir allein zu statten. Den
Hauptnachdruck habe ich überall auf Ignatius persönliche Ent=
wicklung und auf die Art, wie er sich Ziel um Ziel gesetzt hat'
gelegt. Ich glaube: mit Recht. Wie sich dieser einzelne Mann
in und an den Ideen der Gegenreformation entwickelt hat, bleibt
doch immer das Merkwürdigste, und weil sich an seinem Vorbild
die späteren Individuen herangebildet haben, auch das Wichtigste.

Giebt doch dieser Stamm noch fortwährend Ableger, die
auf fremde Bäume gepfropft diese nach seiner Art umwandeln.
Ich habe deshalb auch im persönlichen Verkehr mit Schülern
der Jesuiten diesen Geist des Instituts in seiner Tragweite zu
verstehen gesucht.

In Rom beende ich diese Arbeit, am Osterfeste, in der un=
mittelbaren Nähe des Gesú, während ich die rotröckigen Zöglinge
des Collegium Germanicum wallen sehe zum prunkenden Grab=
mal des Ignatius, das den Sieg über die Ketzerei verherrlicht,
so wie sie seit 300 Jahren wallen und sich mit der immer gleichen
Gesinnung erfüllen. Von den Erinnerungen der Weltstadt die
letzte, die lebensvollste, die gefährlichste! Aber der Protestantis=
mus darf sie mit Stolz und Unbefangenheit ins Auge fassen;
sie darf auch in dieser Sammlung nicht fehlen.

Rom im April 1885.

Ignatius von Loyola gilt katholischen Geschichtsschreibern als der Anti-Luther; zumal diejenigen des Jesuitenordens haben sich darin gefallen, den Lebensgang beider Männer, ihre Wirksamkeit, ihre Schicksale bis auf Kleinigkeiten einander gegenüberzustellen, wie Gott selbst nach ewigem Ratschluß Ignatius Luthern entgegengesetzt habe. Denn das sei die Fügung der Vorsehung, daß zugleich mit den Ketzern auch immer deren Ueberwinder geboren werden. Um so stolzer rühmen sie nach solcher Vergleichung, daß die Ketzerei Luthers, obwohl sie die Massen zur Zügellosigkeit aufrufe, nicht einmal die Alpen überschritten habe, während für den Orden Loyolas der gesammte Erdkreis das Feld der Arbeit und der Leiden geworden sei.

Durch solche Vergleiche sucht der Jesuit die Stellung seiner Gesellschaft in dem großen Organismus der rechtgläubigen Kirche zu bezeichnen. Warum entstehen neue Orden? frägt der Verfasser der großen Programmschrift, welche die Gesellschaft Jesu zu ihrem hundertjährigen Jubiläum herausgab. Die Antwort lautet: „Zur Stütze der Kirche, so oft dieselbe wankt; weil neue Ketzereien auch neue Bekämpfer fordern. Frische Soldaten haben frischen Mut". Im Kampf und für diesen war der Orden entstanden, und solange die Kirche diesen Kampf mit Ketzerei und Heidentum zu führen habe, wollte er sich auch als unentbehrlich betrachtet wissen. Darum konnte es für den Stifter der Gesellschaft in ihren Augen keine schönere Bezeichnung geben als jene blos negative: des Anti-Luthers.

Wir jedoch werden heute kaum Ignatius eine ähnliche Bedeutung für die Wiederaufrichtung des Katholizismus, für die Gegenreformation, wie Luther für die Reformation zuschreiben. Luthers Wirken, vor allem aber seine Persönlichkeit, waren so

machtvoll, daß sie seinem ganzen Werke ihren Stempel auf=
drückten; selbst seine Mitarbeiter, so Bedeutendes sie leisteten,
fügten sich ihm wie einem Alleinherrscher. Auch nach seinem
Tode wirkte diese seine Persönlichkeit selbst in ihren Schwächen
und Härten so mächtig fort, daß Freund und Feind mit Recht
von einem „Luthertum" sprechen konnten; und es kommt in der
ganzen neueren Geschichte nicht zum zweiten Male der Fall vor,
daß die Nachkommen mit solcher Ueberzeugung dem Wege treu
geblieben sind, den ein einzelner Mann vorgezeichnet und ein=
geschlagen hat. Fast möchte uns dies befremden, da wir doch
wissen, daß eben dieser Mann der geschworene Feind aller
menschlichen Autorität in Glaubenssachen war, daß er die per=
sönliche Ueberzeugung zwar nicht zur Quelle wohl aber zur
notwendigen Vorbedingung der Religion, zu ihrer sittlichen Grund=
lage, gemacht hat.

Gerade umgekehrt verhält es sich mit den Vertretern der
Gegenreformation. Ihr ganzes Streben ging dahin, jene eben
gewonnene persönliche Freiheit wiederum zu vernichten; die Ueber=
zeugung, daß es die erste und heiligste Pflicht des Einzelnen sei,
seine Meinung dem Ausspruche der Kirche zu unterwerfen, war
für sie unerschütterliche Grundlage ihres Christentums. Und
ebenso fest war ihr Glaube, daß diese Kirche nicht eine unbe=
stimmte, unfaßbare „Gemeine der Heiligen", sondern diese wirkliche,
vorhandene, historisch gestaltete, sichtbar organisierte sei, daß sie
die alleinige Bewahrerin der Heilswahrheit durch göttliche Ver=
leihung darstelle. Während sie so die Knechtschaft der Ueber=
zeugung verkündeten, gewährten sie doch innerhalb jener, nie
verschiebbaren Schranke dem Einzelnen weit mehr Freiheit, als
es ihre Gegner thaten. Sie waren gewiß, daß jenes Band ge=
nüge, um die verschiedensten Richtungen doch schließlich wieder
zusammen zu leiten, gleichsam wie die Wellen eines Stromes,
durch ein Bette eingeschränkt, insgesamt vorwärts treiben.

Die Vielheit der Meinungen rief hier nicht Zersplitterung
sondern Mannigfaltigkeit hervor, und schon der älteste Geschichts=
schreiber der Jesuiten rühmt diese Mannigfaltigkeit in der Einheit
an seiner Kirche. Auch das schien ein Verdienst des Ordens,
daß er diese schöne Mannigfaltigkeit erhöht habe.

Hierdurch ward nun aber von vornherein die Möglichkeit ausgeschlossen, daß innerhalb des Katholizismus ein einzelner Mann zu einer ähnlichen gebieterischen Stellung gelangen konnte, wie sie Luther in seinem Kreise einnahm. Die großen Päpste der Gegenreformation gelangten als Greise auf den Stuhl Petri, den sie durchschnittlich 5 oder 6 Jahre im Besitz hatten: sie waren von den Ideen der Gegenreformation getragen, haben sie aber nicht geschaffen. Das Konzil von Trient setzte die unverbrüch= lichen Dogmen der Kirche fest; aber es wäre schwer hier einen einzelnen Mann namhaft zu machen, der dauernd einen Einfluß behauptet hätte wie einst der Kanzler Gerson zu Konstanz. Mit den Wiederherstellern des praktischen kirchlichen Lebens verhält es sich nicht anders. Auf den verschiedensten Wegen suchte man sich diesem Ziele zu nähern, und nur den drängte man heraus, der an der Autorität der Kirche zu zweifeln begann. Da stand neben dem milden, versöhnlichen, feingebildeten Venetianer Con= tarini der glühend fanatische Neapolitaner Peter Caraffa, der Wiederbeleber der Inquisition, und neben diesen beiden hoch= aristokratischen Naturen fand der humoristisch derbe Plebejer Filippo Neri seine Wirksamkeit; Kapuziner, Jesuiten, Theatiner, Barnabiten und noch so viele andere gingen neben einander her, arbeiteten jeder auf seine Art, dehnten ihren Wirkungskreis aus, so weit sie vermochten, kamen sich auch oft einmal ins Gehege und waren schließlich doch überzeugt, daß sie einander ergänzten. So war es schon um die Mitte des 16. Jahrhunderts; immer mannigfaltiger, vielseitiger, thätiger ward der Katholizismus, je glänzendere Aussichten für die Gegenreformation winkten, während zu gleicher Zeit das Luthertum sich zwar in seiner Ueberzeugung immer mehr festigte, aber auch immer mehr versteinerte und alle abstieß, die sich seinem starren Schema nicht schlechthin fügen wollten.

In der Reihe aller dieser Träger und Förderer der Gegen= reformation fällt Ignatius von Loyola nur eine Rolle zu; aber es ist die bedeutendste. In der von ihm gestifteten Gesellschaft Jesu hat der mächtigste Entwicklungstrieb des Katholizismus jener Tage Gestalt gewonnen, und sie ist von ihm ins Dasein gerufen worden mit dem vollen Bewußtsein dessen, was sie werden sollte. Darum haben auch die Jesuiten besser als alle andern gewußt, was sie wollten. Mit genialem Blicke hat Ignatius scheinbar unvereinbare Widersprüche zu verschmelzen und einem Zwecke dienstbar zu machen gewußt: er hat unbedingte Entsagung verlangt und doch die Askese abgewiesen, die Schwärmerei künstlich verwertet und sie zugleich von jeder Wirksamkeit ausgeschlossen, die Knechtschaft alles Wollens und Denkens als unverbrüchliche Pflicht hingestellt und die vollkommenste Ausbildung aller Fähig= keiten und Seeleneigenschaften ebenso unabweislich gefordert; er hat sich für das unantastbare System der mittelalterlichen Kirche schärfer als irgend ein anderer zum Verteidiger aufgeworfen und die ganze moderne humanistische Bildung in den Kreis der Ordensbestrebungen gezogen; er hat unbekümmert alle Regeln fallen lassen, durch die andere religiöse Genossenschaften eine äußere Gleichheit erzwingen wollten, und doch eine Constitution gegeben, deren ausgesprochener Zweck es war, in allen Ländern und Völkern die Jesuiten zu einer gleichgesinnten und gleich= geübten Körperschaft zu machen. So hat er eins der höchsten Kunstwerke, die der menschliche Geist ersonnen, planvoll und folgerichtig aufgeführt. Die Lösung der Frage aber, wie ihm ein solches Werk gelungen, liegt durchaus in seiner Persönlichkeit, vorzugsweise darin, daß er stets blieb, was er gewesen war: der Militär, für den die Organisation aller Machtmittel und die stete Kampfbereitschaft, die Schlagfertigkeit in jedem Fall, den Sieg bedeutet, für den aber auch der Sieg das einzige Ziel ist.

Darum hat ein vorurteilsloses, geschichtliches Verständnis dieses Ordens und dieses Mannes einen besonderen Wert: durch die Zergliederung dieser folgerichtigsten Gestaltung des restaurierten Katholizismus können wir fast allein zu einer Kritik seiner Trieb= kräfte und deren Tragweite gelangen.

Ignatius selber hat einmal bemerkt, daß im Leben der Ordensstifter sich das Wesen dieser Orden selber abspiegele, da jedes Mitglied denselben Weg durchzumachen habe, wie sein Vor= bild. Und er hat wirklich durch seine Persönlichkeit einen solchen Einfluß auf seine Gründung geübt; er hat diese gewissermaßen nach seinem Bilde geformt. Dadurch ist seine Individualität wichtiger geworden für die katholische Kirche als die irgend eines

anderen Mannes; und hier bietet sich in der That ein Ver=
gleichungspunkt mit Luther dar.

Auch hat Ignatius inmitten des Dranges der Geschäfte
doch Sorge getragen, daß ein genaues Bild seines Entwicklungs=
ganges erhalten bleibe. Er hat ihn im Verlauf von drei Nach=
mittagen einem Sekretär zum Zweck baldiger Niederschrift erzählt,
und diese Selbstbiographie — so dürfen wir sie ohne Weiteres
nennen — ist eines der merkwürdigsten Zeugnisse für den Ablauf
und die Aufeinanderfolge von Seelenzuständen und für die Fähig=
keit mancher Menschen von einem später erreichten Standpunkt
aus sich selbst zum Gegenstande der Beobachtung zu machen. Mit
unerbittlicher Wahrheitsliebe, der Vorbedingung aller Beobachtung,
und mit vollendeter Anschaulichkeit sind diese Bekenntnisse ge=
schrieben; wir fühlen, daß wir hier einem Menschen gegenüber=
stehen, der sich ganz selber besaß, der wohl hin und wieder eine
Rolle annahm um Anderen gegenüber seine Zwecke zu erreichen,
der aber nie vor sich selber ein Heuchler war; und trotz der
überlegenen Ruhe, mit der Ignatius auf sein Werden zurücksieht
wie auf einen abgeschlossenen Prozeß, sehen wir doch unter dieser
Aschenhülle noch die Glut einer Leidenschaft, der zum Fanatis=
mus nur die Verblendung fehlt.

Diese Biographie, die hochverehrte Hinterlassenschaft des
Meisters, haben die Jesuiten die längste Zeit für sich behalten,
und in einem der Bände der Acta Sanctorum vergraben, ist sie
auch später nur immer in wenige Hände geraten. In den Werken,
die sie für das große Publikum bestimmten, abgesehen von der
frühesten noch wertvollen Lebensbeschreibung, die der Spanier
Ribadeneira verfaßte, umgaben sie bald Ignatius mit der Hülle
des Wunderbaren. Kaum 50 Jahre nach der Gründung des
Ordens schrieb der Jesuit Orlandinus die Geschichte desselben
bis zu Ignatius Tod. Hier haben wir einen für die weitesten
Kreise bestimmten Bericht über die Thätigkeit der Gesellschaft,
ein Generalstabswerk über die ersten Feldzüge dieses streitbarsten
Corps der streitenden Kirche. Er teilt Vorzüge und Mängel
mit jeder offiziellen Kriegsgeschichtschreibung. Es liegt etwas
Großes in diesem Unternehmen der mächtigen Genossenschaft,
deren stärkste Leidenschaft nach dem Ausspruch eines tiefen

Denkers (Montesquieu) die Ruhmessehnsucht war, so bald in umfassender Weise ihre Thätigkeit darzulegen in einem Styl, der sich halb an Livius römischer Geschichte und halb an der Apostelgeschichte gebildet hat; aber dem Wunsche jedes einzelne Verdienst zu buchen und der Nachwelt aufzubewahren erliegt diese Geschichtsschreibung; sie kann eine wahrhafte Scheidung zwischen dem Bedeutenden und Bedeutungslosen nicht vornehmen. Die ganze Absicht geht dahin ein überirdisches Walten in dieser kurzen Geschichte des Ordens nachzuweisen; so wird denn das Wunder sehr oft herbeigezogen, und auch Ignatius hat hiervon sein reichlich Teil erhalten.

Bald umwob man nun diese Gestalt, die sich selber in das helle Licht der Geschichte gestellt hatte, mit dem üblichen Schling= werk von Fabeln, Wundern und Visionen. Man schuf eben Ignatius zum Heiligen um, wie ihn ein südliches Volk begehrt; und man hielt für diejenigen, welche diesen Flitter nicht wünsch= ten, ein Bild im Vorrat, das mit weniger schreienden Farben, aber viel feiner ausgeführt war. Nur mit diesem letzteren haben wir es hier zu thun.

Im Jahre 1521 war einer kleinen Schar die Aufgabe zu teil geworden, in der Festung Pamplona den Rückzug des spa= nischen Heeres gegen einen Vorstoß des Feindes aus Südfrank= reich zu decken. Es war klar, daß sie den Platz nicht halten könne; alle Offiziere stimmten für Ergebung, den jüngsten allein aus= genommen. Es war dies der damals 28jährige Don Iñigo Recalde de Loyola. Nach einer stürmischen Rede, der jene Ueber= zeugungskraft innewohnte, die ihm stets treu blieb, wußte er die Anderen fortzureißen und sich mit ihm dem scheinbar sicheren Untergang zu weihen. Die Idee kriegerischer Ehre verschmolz sich in der Brust des Spaniers mit der religiösen Hingebung. Am Morgen des Schlachttages beichtete er und einer seiner Kameraden einander wechselseitig, da ein Priester fehlte, und be= reiteten sich so zum Tode. Dann stand er unerschütterlich dem stürmenden Feinde gegenüber auf der Bresche, bis ihm eine Kugel das Bein zerschmetterte. Die französischen Sieger ehrten seine Tapferkeit und behandelten den Verwundeten mit aufmerksamer

Schonung. Sobald es sein Zustand zuließ, brachten sie ihn auf
das Schloß seines Bruders in der baskischen Provinz Guipuscoa.

Dort, in völliger Einsamkeit, dem Getümmel des Kriegs=
lebens entrissen, aber die Seele voll von tausend kriegerischen
Bildern, lag er da und nährte sich an immer erneuter Hoffnung,
daß bald wieder die Tage für ihn anbrechen würden, die ihn
auf die kaum betretene Bahn des Ruhmes zurückführten. Die
Wunde heilte langsam und es zeigte sich, daß das eine Bein steif
und kürzer als das andere bleiben werde, daß er zum Ritter=
dienst untauglich sein würde. Mit soldatischer Unerschrockenheit
ließ er sich zweimal den Knochen brechen, damit er besser zu=
sammenheile und gewaltsam die Muskeln dehnen, damit sie die
nötige Länge erhielten. In den fürchterlichsten Schmerzen krampfte
er nur die Fäuste fest zusammen; nie hätte er einen Laut des
Schmerzes über seine Lippen bringen mögen. Später hat er
gespottet: er habe das alles ertragen im Wunsche wieder enge
Stiefel tragen zu können. Seine Hoffnung, sich der alten Lauf=
bahn zurückgegeben zu sehen, war vergeblich; sein Schmerzenslager
ward durch die Operationen nur verlängert. Es begann für ihn
die Zeit einer langsamen Genesung, die ihn seinen Wünschen
nicht näher brachte.

Iñigo Loyola war der jüngere Sohn eines baskischen Adels=
geschlechtes, das zu den ersten des Landes gehörte, das jedesmal
zur Krönung durch einen besonderen Boten vom Könige einge=
laden wurde; er war ein echtes Kind jenes rätselhaften, ver=
schlossenen und phantastischen Volksstammes. Als Edelknabe war
er früh an den Hof Ferdinands des Katholischen gekommen; der
Geist des letzten Religionskrieges, durch den der spanische Boden
von den Ungläubigen befreit worden, hatte sich seinen Knaben=
jahren mitgeteilt. Dann hatte er sich, wie es Sitte war bei den
Söhnen ärmerer Adelsgeschlechter, an einen jener Granden, die
damals in stolzer Abgeschlossenheit der Politik fern standen, den
Herzog von Najera angeschlossen; er betrachtete sich als dessen
Gefolgsmann, und dies Verhältnis blieb auch noch gewahrt, als
ihn der Ehrgeiz wieder auf die Bahn des Königsdienstes zurück=
führte wie alle thatkräftigen Elemente des niederen Adels. Es
war die Zeit, als den Jahrhundertelang abgeschlossenen Spaniern

faſt plötzlich die Ueberzeugung kam, daß ſie zur Weltherrſchaft berufen ſeien; und auch Iñigo Loyola erfüllte ſich ganz mit dieſer berauſchenden Idee. Wenn er ſpäter in ſeinen „geiſtlichen Uebungen" die Phantaſie zu der Vorſtellung vom Heerlager Chriſti beflügeln will, bereitet er ſie vor durch die andere vom Heerlager des Kaiſers, der ſeine Getreuen zuſammengerufen hat, daß ſie ihm die Welt erobern und ſie dann ſelber als Beute hinnehmen. Solche Ideen waren es, welche die begeiſterten, die unter Pescaera in Italien und unter Cortez in Mexiko fochten.

Die Bildung, welche Iñigo empfangen, war für einen ſpa= niſchen Edelmann eine gute zu nennen. Mit Entzücken hatte er die Ritterbücher geleſen und ſeine Gedanken beſchäftigten ſich damit, die Abenteuer des Krieges und der Liebe, die er hier ſo herrlich geſchildert fand, in die Wirklichkeit zu übertragen. Er verſtand es zierlich zu ſchreiben und die Buchſtaben mit Miniaturen zu verſehen; er hatte ſich die höfiſche Balladendichtung angeeignet, und ſein erſter Geſang galt dem heiligen Petrus, den er ſich zum Schutzpatron erleſen, deſſen Hilfe er in ſeiner Krankheit zu er= kennen glaubte, und deſſen Verfechter er in anderem Sinne werden ſollte, als er damals ahnte.

Alles in Allem war es doch ein recht beſchränktes Daſein, das er ſo führte; wenn er ſpäter darauf zurückblickte, iſt es ihm wie ein traumhaftes erſchienen; und doch können wir dem jeſui= tiſchen Geſchichtſchreiber nicht Unrecht geben, der in ihm ſchon damals die Züge des fertigen Charakters erblickte, der er ſpäter war. Die unauslöſchliche Ruhmbegier, die Eleganz ſeines ganzen Weſens, der hohe Geiſtesſchwung, der von allem Gleichgiltigen vornehm abſieht, die noble Art des Gebens und Dankens, der Ehrgeiz ſich die ſchwerſten Aufgaben zu wählen, die Ueberlegung vor dem Handeln und die unerſchütterliche Beſtändigkeit während desſelben, — alles Eigenſchaften, die ſich wohl ſchon bei einem jungen Offizier entwickeln können, — findet er bei Loyola, ja ſogar Spuren ſeiner ſpäteren Menſchenkenntnis und der Geſchick= lichkeit, die Geiſter in ſeinem Sinne zu leiten. Das ſpätere Leben habe nichts gethan, als dieſe Eigenſchaften zu verinnerlichen und ihnen ein bedeutendes Wirkungsfeld anzuweiſen.

Zu allem aber beſaß Loyola noch eine Eigenſchaft: eine

glühende Phantasie. Er begehrte die gewohnte geistige Nahrung: die Ritterromane. In dem baskischen Schloß waren solche nicht zu finden; der ganze Bücherschatz des Bruders bestand aus einem „Leben Christi", d. h. einer Evangelienharmonie, und einer „Blüten= lese der Heiligen". In sie las sich nun der unbeschäftigte Kranke mit Feuer hinein. Seltsam verschlangen sich diese neuen Eindrücke mit den alten; von den einen zu den andern sprang die Ein= bildungskraft über. Stundenlang beschäftigen ihn seine Phantasie= gebilde, und an einem besonders weidet er sich halbe Tage lang, indem er es immer von neuem durchkostet: er denkt, wie er der Dame seines Herzens dienen wolle, wie er in die Stadt, wo sie wohne, reiten, sie witzig und scherzhaft anreden, wie er um ihren Dank turnieren wolle. Und so, erzählt er uns, riß ihn dieser Traum hin, daß er gar nicht sah, wie unmöglich dies alles sei, wie weit es seine Kräfte übersteige, „denn sie war keine Gräfin, keine Herzogin, sondern höheren Standes als alle diese."

Dann greift er wieder zu dem Heiligenleben und denkt bei sich: Wie, wenn ich nun thäte, was der heilige Franziskus, der heilige Dominikus gethan haben? Er ersinnt sich die schwersten, ungeheuerlichsten Uebungen und erhebt sich im Stolz, weil sie ihm alle leicht erscheinen, sobald er sich nur vorhält: der heilige Dominikus hat das gethan, also werde ich es auch thun. Und durch diese abenteuerlichen Legenden wird er dann wieder zurück= gelenkt zum Ritterroman, der gleich fabelhaft wie jene ihm als gleiche Wahrheit gilt. Von neuem schwelgt er in diesen Bildern, und das Wechselspiel der Gedanken wirft ihn hin und her, bis schlaffe Ermattung den Sieg über ihn, den körperlich Kranken, gewinnt.

Nie hat er bisher nachgedacht über sich selber, über seinen Zustand; er hat sich den Empfindungen hingegeben, wie sie über ihn kamen. Jetzt, da er sich in ihrem Kreise haltlos hin und her getrieben findet, sinnt er zum ersten Male über sich nach. Eine sehr naheliegende Erwägung trifft ihn eines Tages blitzartig: die weltlichen Phantasien, die ihm das höchste Entzücken bereiten, enden doch immer mit Traurigkeit — wie hätte es in seiner Lage auch anders sein können! Denkt er sich aber aus, wie er nach Jerusalem pilgern, wie er von Kräutern leben, sich aller Unbill

14

ausſetzen will, dann bleibt die Freude dauernd in ſeinem Herzen — es iſt eine unbekannte, ihm eben erſt erſchloſſene Welt, die er da vor ſich ſieht. „Das war der erſte Schluß über göttliche Dinge, den ich zog", endet er dieſe Erzählung. Der erſte iſt für dieſen Mann, der niemals einen Schritt zurück that, die Grund= lage aller übrigen geworden: ſein ganzes Sittlichkeitsſyſtem hat er aufgebaut auf der ſubjektiven Unterſcheidung der Empfindungen, die dem Menſchen Ruhe, und derer, die ihm Erregung bereiten.

Jetzt träumt ihm in einer Nacht von der Jungfrau Maria, die den Jesusknaben auf dem Arme hält — er iſt viel zu ehrlich, um den Traum als eine Erſcheinung auszugeben —, aber ſchon der Traum genügt nun, um jedes andere weibliche Bildnis aus ſeinem Herzen zu verdrängen. Zugleich mit dem ſchwärmeriſchen Entzücken erfaßt ihn der Ekel vor ſeinem früheren Leben: er weiht ſich der unbefleckten Jungfrau, und nie ſeitdem, ſo berichtet er, hat er der oft erwachenden Begierde in Gedanken die Zu= ſtimmung des Willens erteilt.

Als er dann das Lager verlaſſen kann, ſitzt er am liebſten bis tief in die Nacht am Fenſter und blickt auf den Himmel und die Sterne. Während ſeine Gedanken den Weltraum durchfliegen, fühlt er in ſeiner Bruſt das hohe Beſtreben, Gott ſich zu weihen. Aber der thatkräftige Soldat war nicht für ſolche unbeſtimmte Mädchen= ſchwärmerei gemacht; es iſt ein greifbares Ziel, das er ſich ſetzt: alle ſeine Gedanken ſtehen nach Jeruſalem. Er wünſcht ſich nur erſt geſund zu ſein, um den Weg ſofort antreten zu können. Und was ſoll dann geſchehen, wenn er zurückkehrt? Zeitweiſe denkt er: dann wolle er in die Kartauſe zu Sevilla eintreten, Nieman= dem ſich zu erkennen geben, alle Entſagung üben. Aber alsbald ſagt ihm auch wieder die innere Stimme, daß dies nicht ſein Ziel ſein dürfe, und ſchöner dünkt es ihm, durch die Welt zu ſchweifen und alle Proben und Leiden zu dulden, die ſich ihm darbieten. Es iſt bezeichnend, daß in demſelben Augenblicke, wo die Askeſe, die Idee der Weltentſagung und innerlichen Welt= vernichtung, ihre Kraft erſt an ihm äußert, der zur That ge= borene Mann ſich auch ſchon wieder von ihr abgeſtoßen fühlt.

Kaum geneſen ſchied er aus dem Hauſe des Bruders; mit vieldeutiger, gewundener Rätſelrede, wie es die Sitte des Spaniers ist, gab er ihm Nachricht von seinem Vorhaben und verhüllte es ihm zugleich. Zuerst verabschiedete er sich von seinem Lehens= herrn, dann entließ er seine beiden Knappen und ritt weiter, den einen Fuß im Stiefel den andern im Pantoffel, vorwärts ge= trieben von den Gedanken an die geistlichen Thaten, die er voll= führen wollte. Auf dem Wege begegnete er einem maurischen Ritter, wie es deren viele in Spanien gab, der äußerlich Christ geworden im Innern aber voll Spott über die erzwungenen Glaubensformen war. Des Mannes höhnende Rede über die Jungfrau Maria erregte Iñigos tiefsten Haß; er hatte sie erst ruhig angehört, dann dachte er nach, ob er nicht doch dem Spötter nachreiten, ihn zu Ehren der Himmelskönigin niederstechen solle. Er schwankte und fand kein Zeichen in sich, ob sein Vorhaben Gott wohlgefällig sei; da überließ er die Entscheidung seinem Maultier, wie es am Kreuzweg sich wenden wolle, — es führte ihn von dem Mordanschlage hinweg.

So kam er nach dem Monserrat, dem heiligen Berge Spa= niens. Hier wollte er feierlich, zwar nicht im Angesichte der Menschen aber des Himmelreiches, die Wendung seines Lebens vollziehen. Was er im Amadis von Gallien, diesem Idealbuche des Rittertums, gelesen, das wollte er hier im geistlichen Sinne wiederholen. Am Altar der Maria hing er seine Waffen auf; dann hielt er die ganze Nacht stehend oder knieend seine Fahnen= wacht in der Kirche; damit hatte er sich zum Ritter der heiligen Jungfrau geweiht. Schon vorher hatte er die dürftige Kleidung eines Eremiten erstanden und sie hinten auf sein Tier geladen; jetzt legte er sie an, dem ersten Bettler, der ihm begegnete, schenkte er seine ritterliche Kleidung und suchte sich einen Platz, wo er weiter seinem Vorsatz leben könne, — nicht, wie die spätere Le= gende fabelt, eine Felsenhöhle im klüftereichen Monserrat, sondern das Dominikanerkloster zu Manresa. Hier begann eine neue Entwicklung für ihn, die ihm und seinem Orden als die ent= scheidende gegolten hat, sodaß er selbst oft erklärte: alles was er später gewollt und geleistet, führe sich in jedem Keime auf seinen Aufenthalt in Manresa zurück.

Wem träte nicht, wenn er Iñigo Loyola bis hierher in seiner Erzählung begleitet hat, das große Dichterwerk vor die

Seele, in dem Cervantes die Wunderlichkeit und die Größe seiner Landsleute geschildert: der Don Quixote! In der That: es ließe sich für jeden Schritt Iñigos eine Parallele mit dem sinnreichen Junker von La Mancha finden; nur daß Don Quixote ein hochsinniger Narr bleibt und Don Iñigo der Stifter einer Gesellschaft wurde, welche die Welt bewegte. Der Unterschied liegt noch mehr in den Zeiten, in die sie fielen, als an den Personen. Loyola lebte unter Karl V., als jeder Spanier hoffen durfte, das Unglaublichste verwirklicht zu sehen und sich selber seinen Anteil an dieser Verwirklichung zu erkämpfen. Als ihm diese Aussichten durch die Kugel zu Pamplona zerstört wurden, blieb er doch unter dem Banne jener Ideen, nur daß jetzt dem von Ehrgeiz trunkenen Jüngling sich ein anderes Ziel wies. Cervantes aber schrieb zu einer Zeit, als eben dieser hohe Flug des spanischen Geistes noch nicht beendet aber gelähmt war; und er hat uns geschildert, wie inmitten einer gleichgiltigen Gegenwart sich die überspannte Phantasie in ein Reich der Träume rettete.

In Manresa fing nun Ignatius — so nannte er sich fortan — das strenge Leben eines Asketen an, und bald wühlten in seinem durch diese Anstrengungen angegriffenen Körper die leidenschaftlichsten Seelenkämpfe, andere, als die er schon auf dem Schlosse von Loyola durchgemacht und doch ihnen ähnlich. Nie — so berichtet er uns — hatte er Rücksicht genommen auf irgend einen inneren Vorgang, er wußte nicht, was Demut, reine Liebe und Geduld, vollends nicht, was Selbstbeherrschung sei, die auch diese Tugenden an Maß und Regel bindet; er kannte nur das eine: die Großthaten der Heiligen und den Wunsch mit ihnen zu wetteifern. Jetzt aber sah er sich gezwungen, sich beständig mit sich selber zu beschäftigen; und den Mann, der aller Reflexion bar gewesen, riß diese nun gewaltsam mit fort; sie ward ihm zum selbstquälerischen Fieber; er taumelte zurück vor dem Abgrunde, als er zum ersten Mal in seinem eigenen Wesen zu lesen suchte.

Leicht weiß er freilich die erste Anfechtung zurückzuschlagen, den Zweifel, ob er die Entsagung, die er erwählt, auch sein ganzes Leben werde fortsetzen können; denn als alter Soldat weiß er, daß dieses Leben jeden Augenblick zu Ende sein kann. Wohl aber stürzt ihn nun die Beichte in ein Meer von Zweifeln. Nie thut er sich hier genug, und ob er auch in einer Generalbeichte die kleinsten Umstände seines Lebens verfolgt, er gelangt nicht zur Ruhe. Er setzt dieselbe schriftlich auf; vielleicht wird er so seiner Angst Herr werden. Es hilft nichts; die Zweifel kehren wieder und von Tag zu Tag spitzen sie sich zu. Er weiß wohl, daß sie seinem Vorsatze schädlich sind, daß es gut wäre, wenn er sie von sich werfen könnte; aber er findet nicht die Kraft hierzu in sich. Der Beichtiger legt ihm auf, von vergangenen Dingen nur das zu sagen, was ihm klar und deutlich ist. Aber was hilft das! — Es ist ihm alles klar und deutlich.

In seiner engen Zelle betet er täglich sieben Stunden, geißelt sich allnächtlich dreimal, und stachelt so seine erregten Nerven nur noch mehr an. Er erzählt uns: in seiner Angst habe er laut zu Gott geschrieen: er müsse ihm helfen, da er bei keiner Kreatur Hilfe finde; keine Arbeit wolle ihm zu groß sein, wenn er wüßte, wo er ihn finden könne. „Herr zeige mir, wo ich dich finde; ich würde einem Hunde folgen, wenn er mich den Weg zum Heile führen kann." Bis zu Selbstmordgedanken steigert sich seine Verzweiflung; schon ist er ans Fenster getreten, um sich hinauszustürzen, als ihn der Gedanke an die Sünde wieder zurückbeben läßt. Jetzt fällt ihm das Beispiel eines Heiligen ein, der um einen Wunsch von Gott zu erlangen, sich lange der Speise enthalten hatte. Er beschließt dies auch zu thun, und erst, wenn er sich dem Hungertode nahe fühle, etwas zu sich zu nehmen. Er nimmt das Abendmahl und hungert sodann eine ganze Woche. Von neuem aber beginnt Vorwurf aus Vorwurf, Erinnerung aus Erinnerung zu keimen; und zuletzt erfaßt ihn ein Ekel vor einem solchen Leben, und der entschiedene Wunsch es zu verlassen.

Da wacht er wie aus einem Schlafe auf; er denkt wieder an seine erste Erfahrung, wie sich die verschiedenen Geister, die in der menschlichen Seele walten, erkennen lassen. Er faßt den Beschluß, einen Strich unter sein bisheriges Dasein zu machen und nie wieder etwas von früher geschehenen Dingen in der Beichte zu sagen. Von diesem Augenblicke an ist er frei von

Vorwürfen und lebt der festen Ueberzeugung: der Herr habe ihm nach seiner Barmherzigkeit verziehen.

Und wie es nun in der von solchen Aufregungen durchwühlten Seele nicht anders sein kann, es erfolgt bei ihm ein plötzlicher Umschlag. Die Reflexion über sich selber, die ihm bisher Qualen bereitet, erweckt nun in ihm Entzücken. Wenn er den Tag über nachgesonnen und dann abends die vorher gedachten Gedanken nochmals nachdenkt, dann erfassen ihn „hohe Erleuchtungen und ungeheure geistliche Tröstungen", so daß sie ihm die knapp zugemessene Zeit des Schlafes noch verkürzen und den regelrechten Lebensgang, den er sich vorgesetzt hat, unterbrechen. Alsbald wirft er diese Erleuchtungen von sich; er beschließt sie zu bekämpfen und zu schlafen. — Jeder Schritt, den er vorwärts thut, ist durch einen bestimmten Willensakt bezeichnet. „So hielt es Gott mit mir wie der Lehrer mit dem Schüler, denn daß es Gott gewesen, daran will ich nicht zweifeln", so schließt er den Bericht über seine Versuchungen.

Aber durchaus nicht völlig ablehnend verhielt er sich gegen alle Erleuchtungen. Im Gegenteil: in Stunden, in die sie ihm zu gehören schienen, dienten sie ihm zur Bekräftigung des Glaubens an seine Berufung. In seinen Zweifelskämpfen hatte er viel mit geistlichen Leuten geredet, aber von allen schien ihm nur eine alte Frau etwas zu lehren, die ihm sagte: der Herr Christus müsse ihm noch erscheinen. Damals war er wie vom Donner gerührt gewesen. Jetzt glaubte er, daß ihm diese Gnade zu teil geworden sei. Er sieht Christus bei der Wandlung der Hostie als weißen Strahl in diese hinabsteigen; so erblickt er auch oft und lange mit den Augen der Seele Christi Menschheit. Er giebt sich dabei nicht etwa visionären Täuschungen hin, sondern sagt aus: er habe jene nur wie einen lichten Gegenstand mittlerer Größe gesehen, an dem er nichts einzelnes habe unterscheiden können. Und doch ist das sein ganzer Trost, es gab ihm die höchste Bekräftigung des Glaubens! Es ist seltsam, wie er rein nach Willkür, oder vielmehr nach dem subjektiven Eindruck der Freude oder Trauer die gleichgiltigsten Erscheinungen zu Kundgebungen Gottes oder des Satans stempelt, denn eine andere Lichterscheinung, die ihm immer nur anfangs Freude be-

reitet, erkennt er schließlich als die alte Schlange. Plötzlich er=
schließen sich dann seinen wogenden Gedanken und Gefühlen die
wunderbarsten Einblicke in das Jenseits. Einmal erkennt er so
das Geheimnis der Dreieinigkeit; laut schluchzend bleibt er auf
der Treppe stehen und kann während der ganzen Mahlzeit von
nichts anderem reden als von der Dreieinigkeit. Als er am Ufer
des Llobregat sitzt und in die Wellen schaut, glaubt er, daß sich
ihm der ganze planvolle Zusammenhang der Welt klar und deut=
lich enthülle; nie, meint er, habe ihm Gott mehr zu teil werden
lassen als in diesem Augenblicke.

Es ist diesmal nicht ein jesuitischer, sondern der größte pro=
testantische Historiker, Leopold Ranke, der die Seelenwandlungen
Loyolas mit denen Luthers im Kloster vergleicht. Aber er macht
auch auf den ganzen Unterschied aufmerksam. Dort Luther, dem
jede Erscheinung als Teufelswerk gilt, weil er nie einen Antrieb
der Phantasie eintauschen mochte für eine Erkenntnis, der in
einer unverrückbaren, ein für allemal den Menschen mitgeteilten
Heilsbotschaft die Grundlage fand; hier Ignatius, für den Phan=
tasiebilder, Erleuchtungen und willkürlich ausgelegte Erscheinungen
alles bedeuten! Es ist im wesentlichen doch derselbe Kreis von
unfruchtbaren Anschauungen und Empfindungen, wie ihn alle
Asketen und Visionäre des Mittelalters pflegten, der uns auch
bei ihm entgegentritt. Und doch ist Ignatius von Loyola kein
gewöhnlicher Schwärmer. Er ist ein Schwärmer mit Bewußt=
sein. Unter den Tugenden, von denen er noch nichts wußte, als
er seine Uebung zu Manresa antrat, ist ihm die wichtigste doch
die Selbstbeherrschung, die jeder anderen Tugend ihr Maß setze.
Diese alte Forderung der aristotelischen Ethik gewinnt bei ihm
eine ganz neue Bedeutung. Selbst die Erleuchtnng weist er ab,
sobald sie sich nicht disziplinieren läßt, wie er später alle von der
Gesellschaft Jesu ausschließt, welche sich zu frommen Empfindungen
neigen, die sich der Beherrschung entziehen, da solche nur die
Quelle von Irrtümern und Verblendung seien.

Für alle anderen vor ihm sind solche schwärmerische Ent=
zückungen der Höhepunkt des Daseins, ist diese schauende Vereini=
gung mit dem Göttlichen Selbstzweck gewesen; für Ignatius waren
sie nur eine Uebung, eine notwendige Vorbereitung für seine

Thätigkeit. Er hat fortan verlangt, daß jeder, der sich ihm an=
schließen wolle, sich derselben geistigen Disziplin unterwerfen
müsse, die er durchgemacht, daß er mit Bewußtsein und in be=
stimmter Reihenfolge alle jene Seelenzustände in sich hervorrufen
müsse, nicht um bei ihnen zu verweilen, sondern um nach ihrem
Ablauf gekräftigt zum Handeln daraus hervorzugehen. Aus seinem
Aufenthalt zu Manresa sind ihm die exercitia spiritualia, das
Exerzierreglement des kriegerischen Ordens, hervorgegangen.

Diese eigenen Seelen=Erfahrungen hat er dann gern zu
Grunde gelegt, um sich diejenigen anderer zu erklären. In einem
Briefe, den man wohl einen Kommentar zu den geistlichen
Uebungen genannt hat, setzt er einer spanischen Nonne Terese
Rejadella ihre eigenen Empfindungen auseinander. Völliges Aus=
sprechen verlangt er auch hier zuerst. „Niemand kann so gut die
Leidenschaften zu erkennen geben, als wer sie selber duldet." Den
Menschen umherzutreiben zwischen den entgegengesetzten Anfech=
tungen sei das Werk des Satans; darum müsse man immer das
Entgegengesetzte von dem thun, was er uns rät: „Wenn der
Feind uns erhebt, sollen wir uns demütigen, indem wir unsere
Sünde und Elend aufzählen, wenn er uns erniedrigt und herab=
drückt, sollen wir uns erheben im wahren Glauben und Hoffen
auf den Herrn." So thue er es selber. „Hält mir der Teufel
die Gerechtigkeit vor, so sage ich gleich Gnade, wenn er mir die
Gnade, so ich im Gegenteil: Gerechtigkeit." Nach allem bleibe
immer noch die schlimmste Anfechtung: wenn der Mensch sich von
Gott getrennt glaubt. Gerade eine zarte Seele trifft der Feind
mit dieser; da stellt er Sünde vor, wo keine Sünde ist, Mangel,
wo Vollkommenheit ist; und kann er den Angefochtenen nicht zum
Sündigen bringen, so sorgt er doch wenigstens dafür ihn zu quälen.
Um so erquickender ist dann die innere Tröstung, die alle Mühen
zum Wohlgefallen, alle Arbeit zur Lust macht. Aber auch hier
bleibt die „Diskretion", die Selbstbeherrschung, die Hauptsache,
die auch der frommen Sehnsucht, wo es nötig ist, am bestimm=
ten Punkte ihr Ziel setzt. Die eigenen Empfindungen dem Wil=
len zu unterwerfen, ist und bleibt für Ignatius die wichtigste
Aufgabe.

Nachdem er in Manresa seinen Zweck erreicht hatte, ließ er

alsbald viel von seiner asketischen Strenge ab; auch äußerlich gab er
die Eremitenart auf, schnitt wieder Haar und Nägel. Der Cynis=
mus, mit dem manche Mönche in der Vernachlässigung ihres Aeuße=
ren eine besondere Ehre suchten, blieb ihm, dem alten Offizier, zeit=
lebens unangenehm; er meinte in solchen Fällen: wer die Armut
liebe, brauche deshalb nicht auch den Schmutz zu lieben. Die
Armut aber in ihren herbsten Formen zu erdulden, war jetzt seine
Absicht. Als er zur Ueberfahrt nach Barcelona wanderte, legte
er dort die letzten Kupfermünzen, die er besaß, auf eine Bank am
Hafen, dann bettelte er sich erst auf dem Schiffe und dann in
Italien bis Venedig durch; hier nächtigte er dann unter den
Arkaden der Prokurazien auf dem Markusplatz. Derselbe Mann,
der so entschieden der Welt zu entsagen suchte, bewies sich aber
zugleich als der Kenner dieser Welt. Wenn ihn irgend ein
spanischer Landsmann mit zum Essen nahm, dann blieb er während
der Mahlzeit still, gab nur kurze Antworten und verfolgte um
so genauer den Gang des Gesprächs, um im geeigneten Augen=
blick sich zum Herrn desselben zu machen, es in seinem Sinne
zu lenken und ihm eine erbauliche Wendung zu geben.

Nach mancherlei Abenteuern gelangte Ignatius endlich nach
Jerusalem. Es war die Seligkeit eines Kreuzfahrers, mit der er
die heilige Stadt begrüßte; es war ihm in diesem Augenblicke,
als sei es das himmlische Jerusalem, das er dort erblicke. So
mächtig war noch in den Söhnen jenes Volks, das eben erst aus
dem Zeitalter ritterlicher Religionskriege herausgetreten war, die
große religiöse Leidenschaft des Mittelalters! Es war die felsen=
feste Ueberzeugung, daß hier das Ueberirdische wirklich gewesen,
daß an diesem Boden noch immer ein Stück vom Jenseits hafte,
es war die echte Pilger=Sehnsucht: den Punkt zu erreichen, an
dem der Himmel die Erde berührt, — die ihn trieben. Als
er mit der Karawane die Stadt wieder verlassen sollte, eilte er
noch ganz zuletzt wiederum hinauf auf den Oelberg, um nochmals
die Fußspuren Christi, die dieser bei der Himmelfahrt dem Felsen
eingedrückt haben sollte, zu verehren. Er schenkte, um zugelassen
zu werden, sein letztes entbehrliches Besitztum, ein Täschchen mit
Nähzeug weg und nahm Abschied von der Stelle, an der sich
zuletzt das Göttliche vom Irdischen getrennt hatte. Dann war

es ihm auf der ganzen Seefahrt, als ob Jesus unsichtbar geleitend über dem Schiffe dahin schwebe.

Freilich, seine Absicht, dauernd an diesen Stätten zu verweilen und für das Seelenheil der Nächsten zu wirken, war gescheitert. Er hatte trotz aller Schwärmerei Zeit genug gefunden, die völlig verwahrlosten und verkommenen Zustände der palästinensischen Christen, vor allem der Klostergeistlichkeit, kennen zu lernen; er hatte erfahren, daß hier sein Platz nicht sei; aber 14 Jahre lang noch blieb dieser Plan das Ziel, das er sich und seinen Genossen setzte, auf das hin er die Gesellschaft Jesu gründete; und es ward so das Bindeglied, welches diesen Orden der modernen Zeit verknüpft mit den Trieben des Mittelalters. Und noch eine andere Bedeutung hatte dieser Aufenthalt für Ignatius. Er gab seinen Gedankenbildern den unentbehrlichen festen Boden oder gleichsam den landschaftlichen Hintergrund, auf dem sich die historischen Scenen abspielen, die seine Phantasie sich ausmalt. Immer dringt Ignatius in den geistlichen Uebungen darauf, daß die volle Anschauung der Oertlichkeit der heiligen Geschichten erreicht werde. Er geht von ihr aus, belebt sie mit dem Geschehen und erzeugt so diejenige Stimmung, zu welcher er gelangen will. Fast immer ist es die Landschaft Palästinas, die er bedarf, von der Weltschöpfung und dem Paradiese an, für welche das Blütengefilde von Damaskus die Scene abgeben muß, bis zum Weltgerichte im Thale Josaphat.

Sein Entschluß den Mitmenschen thätig zu helfen, der sich aus seiner anfänglichen abenteuerlichen Idee die Heiligen zu übertreffen entwickelt hatte, erforderte in Europa eine andere Vorbildung, als er sie bis jetzt besaß. Er beschloß sie sich zu erwerben. Nachdem er sich unter vielen Abenteuern durch die Kriegswirren Italiens durchgeschlagen hatte, bald für einen Spion bald für einen Tollen gehalten worden war, setzte er sich nun in Barcelona auf die Schulbank unter die kleinen Knaben und fing mit den Anfangsgründen des Lateinischen an. Wieder kamen ihm während des Lernens allerlei neue Erleuchtungen über geistliche Dinge und störten ihn; und wieder, wie er es in Manresa gethan, beschloß er, daß diese Erleuchtungen Anfechtungen des Teufels seien, weil sie ihn in seinem Vorsatz hemmten, und er schlug sie

ein= für allemal nieder. Nach zwei Jahren geht er bereits, freilich
mit einer sehr lückenhaften Vorbildung, zur Universität Alkalá
über und wirft sich alsbald energisch auf die nötigen philoso=
phischen Vorstudien; er arbeitet in seiner Art alle möglichen
Werke der scholastischen Philosophie: Scotus, Albertus Magnus,
Petrus Lombardus durch. Dabei verliert er seinen eigentlichen
Zweck, die praktische Wirksamkeit, nie aus dem Auge. Hier
versucht er zuerst Genossen zu werben, und das Mittel, durch das
er sie anzieht und diszipliniert, sind die geistlichen Uebungen, die
er damals schon im wesentlichen ausgebildet hatte.

Nun aber war es natürlich, daß, sobald er seine Ideen in
Wirksamkeit setzen wollte, auf eigene Hand, ohne den Anschluß an
eine der mächtigen kirchlichen Organisationen zu suchen, er als=
bald mit den bestehenden Zuständen, den herrschenden Mächten zu=
sammenstoßen mußte; und nirgends war ein solcher Zusammenstoß
gefährlicher als in Spanien. Königtum und Religion waren
hier einen engeren Bund eingegangen als je zuvor in der Welt,
so daß man kaum zu sagen vermag, auf welche Seite der größere
Anteil an der Herrschaft gefallen sei. Das Königtum hatte seine
noch immer steigende Macht erlangt als Vorkämpferin der katho=
lischen Religion, und auch nachdem die letzten Reste maurischer
Herrschaft auf spanischem Boden vertilgt waren, wurden diese katho=
lischen Ziele nur noch weitere als bisher. Aber diese Religion
hatte sich auch ganz in den Dienst dieses Königtums begeben
müssen; nirgends war dem Statthalter Petri so wenig Raum
gelassen um einzugreifen in die innere Verwaltung, nirgends
waren die Bischöfe so abhängig von der Krone wie hier; die
letzten selbständigen religiös=politischen Bildungen, die großen
Ritterorden, hatte schon Ferdinand der Katholische unmerklich ihrer
Unabhängigkeit entkleidet.

Aus dieser unnatürlichen Verschmelzung von Staat und
Kirche war das furchtbare Tribunal der Inquisition hervorge=
gangen: von der Krone, nicht von Rom gebildet und abhängig,
geschaffen um die Reinheit der Religion als Staatssache aufrecht
zu erhalten, mit dem Nimbus der Heiligkeit und dem Vorrecht
der Unverantwortlichkeit ausgestattet, konnte es straflos wüten
gegen jüdische und maurische Ungläubige, die Feinde zugleich der

Religion und des unverfälschten spanischen Blutes. So ist in ihm das grauenhafteste Beispiel der verwerflichsten aller Verschmelzungen entstanden: von Rassenhaß, Glaubenshaß und politischen Rücksichten durch die Hand der Priester. Schlimmer aber als Mauren und Juden mußten alle die erscheinen, welche in religiösen Dingen ihres eigenen Weges gingen. Sobald sich erst einmal individuelle Eigenheiten geltend machen durften, war es vorbei mit diesem System, in dem einstweilen die Nation die Bürgschaft ihrer Größe sah.

Es gab solcher Leute genug in Spanien, eine harmlose Schwärmersekte, Illuminaten, die Erleuchteten, genannt. In dogmatischer Beziehung völlig unverfänglich legten sie auf die persönliche innere Erfahrung den Nachdruck und gleichen damit den deutschen Pietisten im vorigen Jahrhundert, nur daß ihre innere Erfahrung etwas südlich gefärbt war, und daß ihnen neben der Glaubenstiefe jene kritische Schärfe abging, wie sie einen Gottfried Arnold und dessen Zeitgenossen auszeichnete. Ob Ignatius in seinem Wunsch Anhänger für seine Ideen zu gewinnen, mit Einzelnen von ihnen Beziehungen angeknüpft hat, läßt sich nicht mehr entscheiden; soviel aber ist gewiß, daß seine Lebensanschauung und die der Illuminaten einander geradezu entgegengesetzt waren. Für Ignatius war die Dogmatik durchaus nicht eine gleichgiltige Sache. Eben jetzt, auf seine alten Tage, zwang er seinen Kopf sich das ganze verwickelte Gebäude derselben anzueignen. Und über alle Erleuchtungen ging ihm, dem alten Soldaten, der Gehorsam, als die erste aller Tugenden. Dennoch mußte bei dem geistlosen spanischen Schematismus schon die Selbständigkeit eines einzelnen Kopfes, mochte es auch die Selbständigkeit eines geborenen Herrschers, nicht die eines Revolutionärs sein, der Inquisition Verdacht erregen. Ignatius sammelte Anhänger um sich, denen er einen Gottesdienst lehrte, welcher sich in mystischen Anschauungsbildern bewegte: das genügte, um ihn mit jener ketzerischen Sekte zusammenzuwerfen.

Einmal über das andre wurde er nun in Alcalá und Salamanca in die schmutzigen, dumpfen Kerker der Inquisition geworfen — einmal hat er 42 Tage darin gefesselt zugebracht —, jedesmal war der Ausgang sehr zweifelhaft. Ignatius bedurfte

seiner ganzen Klugheit, um sich loszuwickeln; er lehnte es ab,
was man ihm zugeschrieben hatte, daß er in der Weise der
Apostel umherziehe und das Evangelium predige; nur im Kreise
von Familien, die ihn zum Essen einlüden, rede er von göttlichen
Dingen und empfehle dabei bald diese, bald jene Tugend. Seine
dogmatische Rechtgläubigkeit bewies er durch eine Auslegung des
ersten Gebotes, die seine Richter zufriedenstellte. Wo es ihm
an der Zeit schien, trat er auch einmal energisch auf. Als ihm
eines der Tribunale verbot hinsichtlich seiner mangelhaften theologischen Bildung zu definieren, was Todsünde und läßliche Sünde
sei, ehe er nicht noch mehrere Jahre studiert habe, protestierte er
feierlich: unüberwiesen sei ihm der Mund verschlossen, der Weg
seinen Mitmenschen zu helfen versperrt worden. Manches aber
lernte er auch in dieser gefahrvollen Zeit. Durch eine etwas
abenteuerliche, wenn auch der des spanischen Bauern angenäherte
Tracht hatte er sich und seine Genossen ausgezeichnet; jetzt gebot
man ihm, sich wie andere Studenten zu kleiden; und er sah sofort
ein, wie vernünftig dies sei. Schritt für Schritt hatte er sich
schon losgerungen von vielen Anschauungen der alten Mönchsorden, nun ließ er kurzweg auch die Gleichheit der äußeren Tracht
fallen; und später hat er dem entsprechend in den Konstitutionen
des Ordens befohlen, daß der Jesuit überall die ortsübliche
Kleidung tragen solle in wohlanständiger Weise ohne allen Prunk;
er hat damit den Grundsatz der modernen Männerkleidung, sich
in keiner Beziehung auszuzeichnen, für seine Schöpfung angenommen, und unzweifelhaft auch hiermit den Erfolgen derselben
Vorschub geleistet.

Für einen Menschen, wie Ignatius Loyola es war, mußten
alle diese großen und kleinen Hindernisse nur spornend und
stählend wirken; solche eben waren es, die er einst in seinen
Träumen begehrt hatte. Natürlich aber war es auch, daß er
bisweilen daran dachte, ob er nicht besser thäte seinen originellen
Gedanken aufzugeben und sich einer der bestehenden kirchlichen
Organisationen anzuschließen. Es schien ihm, daß er auch dann
noch genug Anlaß zum Handeln und Dulden finden werde.
Sollte er einmal durchaus Mönch werden, so gedachte er deshalb
sich nicht einen recht strengen und vortrefflichen, sondern einen recht

zügellosen und verwahrlosten Orden auszusuchen. Aber er schlug
diese Gedanken nieder; das Bewußtsein trieb ihn vorwärts,
daß er etwas Neues wolle, eine Genossenschaft, die ganz der
That gehöre und sich für sie allein ausbilde, die dem Wohle des
Nächsten sich widme ohne den Zwang einer Regel auf sich zu
nehmen, die alle gleichgiltigen äußeren Dinge ordene.

In Spanien scheint doch seines Bleibens nicht mehr gewesen
zu sein, denn wer einmal in den Kerkern der Inquisition gesessen,
dem hing sich, ob er auch freigesprochen war, in den Augen des
Spaniers ein unauslöschlicher Makel an. Noch lange Jahre
hindurch fand sich Ignatius Loyola gehemmt durch die Meinung,
die ihm voranging: er sei ein verurteilter Ketzer, und sein Bild
sei statt seiner in Spanien verbrannt worden. In der That:
fast hätte die spanische Inquisition den eifrigsten Verfechter der
katholischen Kirche auf den Scheiterhaufen befördert! Er wandte
sich nun Paris zu, der Universität, die noch immer den Anspruch
erhob die katholische Welt durch die Autorität ihrer Lehre zu
beherrschen. Wenn irgendwo, so mußte es ihm hier gelingen einen
Kreis um sich zu sammeln von Jünglingen, die verstanden was er
wollte, die sich ihm bedingungslos hingaben. Im Vaterlande
hatte der Prophet nichts gegolten, nur ein kleiner Kreis von
Frauen in Barcelona blieb ihm treu. Noch aber war das Evan=
gelium, um das er seine Jünger zu scharen gedachte, nichts als
das Manuskript seiner Exercitia spiritualia.

Worin besteht nun dieses wunderliche Buch, das die Jesuiten
so oft und so entschieden als den Behälter ihres Geistes bezeichnet
haben, das sie verehren wie eine Offenbarung, die nicht Ignatius
durch sich selber gefunden habe, die ihm vielmehr unmittelbar
von Gott und der heiligen Jungfrau zu teil geworden sei, dieses
Buch, das den unerhörten Anspruch erhebt, die Menschengeister
zu modeln nach einer bestimmten Form, und das, — was un=
erhörter ist — Jahrhunderte hindurch diesen Anspruch hat durch=
führen können?

Wie Wandern, Wettlaufen und ähnliche Uebungen den Kör=
per ausbilden, so erklärt Ignatius in der Einleitung, lasse sich
auch die Seele vorbereiten und tauglich machen, um alle un=
geregelten Affekte aufzuheben und nach ihrer Aufhebung den

Willen Gottes in der Einrichtung des eigenen Lebens zu finden
— sagen wir: dasselbe durchaus vernunftgemäß zu gestalten.
Die Mittel der Ausbildung sind geistliche Uebungen. Man hat
nie daran gezweifelt — und die Jesuiten haben es mit besonderer
Vorliebe betont, — daß es der Grundsatz der militärischen Ausbildung war, den Ignatius hiermit auf die geistige Welt übertrug. Gleich die erste Bedingung ist, daß diese Uebungen
nicht nach Belieben von einem Einzelnen angestellt werden
dürfen, wie etwa der Einsiedler um Seelenkämpfe zu bestehen sich zurückzieht, und wie es Ignatius in Manresa
noch selber gethan hatte. Es ist vielmehr erforderlich, daß dieselben einexerziert werden von einem, der sie selbst öfters
durchgemacht hat, und der sie völlig beherrscht. Ein solcher
Leiter nimmt zu dem Uebenden in gesteigertem Maße die Stellung ein wie der Beichtvater zum Beichtkinde. Beim Uebenden
wird unbedingt zum günstigen Erfolg der Uebungen der Wunsch
erfordert, daß sein gesammter Seelenzustand dem Meister nicht
nur einmal eröffnet werde, sondern während der ganzen Zeitdauer
in jeder Schattierung vor dessen Augen liege. Es ist nicht etwa
nur die Sünde und die Anfechtung, die diesem darzulegen sind,
sondern ebenso jeder tugendhafte Antrieb, jeder Gedanke, jedes
Phantasiebild. Da alles in diesen Uebungen auf die Reflexion
ankommt, so muß diese noch durch das Aussprechen gesteigert
werden; das Bild seiner Seelenbewegung soll nicht nur dem
Uebenden ein klares, es soll auch dem Leiter ein völlig durch-
sichtiges sein.

Auf Seiten des Exerzitienmeisters bedarf es der durchdringen-
den Kenntnis jenes Anderen, der ihm seine Seele zur Behandlung
überläßt. Sein eigenes Verhalten soll freilich zuwartend sein: er
darf nicht fremde Empfindung in jener Seele erzeugen, sondern
soll nur den Ablauf der selbständig erwachten Gefühle in
bestimmter Weise regeln. Deshalb kommt es ihm zunächst nur
zu: getreu den jedesmaligen Geschichtsinhalt jeder Uebung zu
überliefern, also, Scenen wie die Weltschöpfung, das Weltgericht,
Christi Leben und Leiden anschaulich zu erzählen. Wenn sich
ihm das Gemüt seines geistlichen Pfleglings nicht freiwillig
erschließt, so darf er sich nicht in dasselbe eindrängen, aber doch

soll er suchen dessen Bestrebungen und Gedanken zu ergründen. Zur Beurteilung giebt ihm Ignatius nur seine eigene alte Erfahrung: die Unterscheidung zwischen den verschiedenen Geistern, den freude= und den trauerbringenden, an die Hand. Hierauf soll der Meister den Schüler die vorgeschriebene Bahn lenken, jedes fremde Element aus dem Gedankenkreise desselben ausscheiden und die hierzu geeigneten Mittel in Anwendung bringen. Dabei soll er mild und sanft verfahren: die gewaltsamen Erschütterungen, die in den Uebungen selbst eine große Rolle spielen, dürfen nicht von ihm ausgehen.

Seiner abwägenden Klugheit ist es anheim gestellt, ob der ganze Kreis der Uebungen oder nur ein Teil derselben durchgemacht werde, ob bei einigen Vorstellungen länger verweilt werde als bei anderen. Der Zweck der Uebungen ist zwar immer derselbe: die Kräfte der Seele auszubilden und ihre Schwächen, die Leidenschaften zu heben; aber je nach den Gemütsanlagen, dem Lebensberufe, der Bildung, bisweilen auch, wenn sich der Uebende nur zu einem einzelnen Entschluß die nötige Geistesklarheit und Ruhe verschaffen will, je nach den Umständen, wird die Anwendung verschieden ausfallen. Schon Ignatius hat deshalb den Uebungen eine eingehende Gebrauchsanweisung beigefügt, in der die Bedürfnisse des Staats= und Geschäftsmannes ebenso wie die des Geistlichen und des Jesuiten selber genau abgewogen werden. Es sind in ihr Uebungen beschrieben, die neben dem gewöhnlichen Lebensgang in wenigen Stunden der Sammlung einhergehen, und solche, die eine völlige Zurückgezogenheit für viele Wochen beanspruchen. Später haben dann die Jesuiten diese Gebrauchsanweisungen in unglaublich spitzfindiger Weise ins Einzelne ausgesponnen.

Zuerst ist eine allgemeine, dann eine ins Einzelne gehende Selbstprüfung bestimmt, die Seele für die nachfolgenden Uebungen in die nötige Verfassung, in die Stimmung der völligen Gottgelassenheit zu versetzen. Jeden Tag ist dieselbe zu wiederholen und dreimal täglich hat sie einzutreten. Sie ist die begleitende Gegenprobe für den Erfolg des geistlichen Experimentes.

Die als eigentliches Ziel hingestellte Ausbildung bezieht sich nun vernunftgemäßer Weise auf sämmtliche Geisteskräfte. Der

innige Zusammenhang aller Erscheinungen des geistigen Lebens
entgeht Ignatius durchaus nicht, und er muß wünschen, daß die
eine seelische Kraft immer durch die andere gefördert werde. Es
soll dies in der Weise geschehen, daß mit dem Gedächtnis begonnen werde. Dieses faßt die Erzählung eines Ereignisses auf
oder erinnert sich an Vergangenes, ohne daß zunächst eine Erregung des Gemütes hiermit verknüpft wäre. Gleich darauf aber
soll die Phantasie — Ignatius nennt sie den Intellekt, was seine
Auffassung der Verstandesthätigkeit kennzeichnet, — eingreifen,
jedoch eine nicht regellose, sondern eine ganz bestimmte, zwar
glühende, aber der Herrschaft des Willens unterworfene Einbildungskraft. Sie soll völlige Anschauung leibhaft und lebendig,
von der Wirklichkeit kaum zu unterscheiden, hervorrufen. Ignatius
geht hier so weit, daß er, wo er die Anschauung der Hölle verlangt, ganz methodisch das Ohr, den Geruch, den Geschmack, das
Gefühl nach einander zwingen will, das Geheul, den Gestank, die
Bitterkeit, die Feuersglut in wirklicher Empfindung sich vorzu-
zaubern. Wo es sich um unkörperliche Vorstellungen handelt, für
die keine bestimmte Oertlichkeit gefunden werden kann, soll dennoch
eine solche konstruiert werden. So geschieht es bei der Betrachtung der Sündhaftigkeit des Menschen. Hierbei soll vermöge der
Einbildungskraft unsere Seele sich selber wahrnehmen, wie sie ver-
strickt ist in einen dem Untergang geweihten Körper, wir sollen
uns vorstellen den Menschen, wie er in einem Jammerthale unter
stumpfsinnigen Bestien ein Leben der Verbannung führt.

Wenn nun in solcher Weise die Sache ganz zum Eigentum
des betrachtenden Geistes geworden ist, dann erst wird die rasche
Anwendung auf die eigene Person gemacht; jetzt erst kommt der
Affekt ins Spiel, sei es Erschütterung oder Erhebung, und aus
ihm geht alsbald der Willensentschluß, die Krönung des menschlichen Geisteslebens, hervor. Ignatius hätte ihn ja auch in den
Anfang der Uebung setzen können; mit Absicht aber schiebt er ihn
ans Ende; so allein erscheint er ihm genügend vorbereitet.

Dies ist die philosophische Anschauung, die Ignatius seiner
Praxis zu Grunde legt und folgerichtig in jedem einzelnen Falle
durchführt. Wie er aber mit unerbittlicher Berechnung des Ursprungs und der Weiterentwicklung der Empfindungen dies System

ausbaut, das zeigt ihn uns erst in jener psychologischen Meister=
schaft, die er sich durch die genaueste Selbstbeobachtung erwor=
ben hatte.

Auf vier Wochen sind die vollständigen Uebungen berechnet.
Die erste gehört der Betrachtung der Sünde, wie eine solche auch
in Manresa die erste Zeit der Seelenkämpfe Ignatius ausgefüllt
hatte. In der soeben geschilderten Weise ist der Engelsturz und
der Sündenfall durchzumachen; an sie schließt sich eine gleichsam
einleitende Ekstase: ein Gespräch mit dem gekreuzigten Christus.
So soll es geführt werden, wie ein Freund zum andern spricht,
oder auch, wie der Diener zum Herrn.

In dem Gefühle, so vor das Ewig=Göttliche getreten zu sein,
erhebt nun der Uebende die Selbstanklage, nicht eine leidenschaft=
liche sondern eine besonnene. Während er seine Sünden aufzählt
und wiederholt, darf er keinen Nebenumstand vergessen; er muß
noch einmal die Sünde durchmachen, wie sie war, nur daß an
Stelle des Wohlgefallens, das sie begleitete, die Reue eintritt.
Aus dieser Erwägung, die doch immerhin eine blos negative und
deshalb unfruchtbare ist, sproßt alsbald der positive Gedanke:
Was bin ich Armseliger verglichen mit der Menschheit? Was
ist diese Menschheit verglichen mit den Chören der Seligen und
der Engel? Was sind diese, was ist die ganze Schöpfung im
Vergleich mit Gott, dem Schöpfer selbst? Und nachdem sich der
Gedanke bis zu dieser Höhe aufgeschwungen, muß er sich alsbald
wieder herabstürzen zu der tiefen Verderbnis und ganzen Jämmer=
lichkeit des eigenen Ich. Mit dem äußersten Ekel soll ich mich
betrachten „als ein Geschwür am Körper der Menschheit, eine
Pestbeule, aus der der Eiter der Sünde, der Ansteckungsstoff der
Laster fließt."

Kaum ist aber diese Selbsterniedrigung vollzogen, so strebt
der Geist auch schon wieder den Flug zum Ideal an: War es
vorher die allumfassende Größe der Gottheit, so sei es jetzt die
vollkommene Macht, Weisheit, Güte, Gerechtigkeit derselben, zu
der sich von der menschlichen Nichtswürdigkeit das Denken auf=
schwingen soll.

Nun ist es der Anschauung genug! Der Geist ist hin und
her geworfen worden von den Höhen zu den Tiefen, die Ekstase

darf eintreten, sie darf, wie Ignatius sich ausdrückt, „losbrechen aus der gewaltigen Erschütterung der Leidenschaft im Aufschrei, in der Verwunderung, wie alle diese Geschöpfe — dabei ist ins Einzelne zu gehen — mich so lange ertragen und am Leben erhalten haben, wie die Engel, die das Schwert der göttlichen Gerechtigkeit führen, mich mit Gleichmut geduldet, beschützt, mit ihrem Rate unterstützt haben, wie die Heiligen für mich eingetreten sind, wie der Himmel, die Sonne, der Mond, alle Gestirne, alle Elemente und Geschlechter der Lebewesen, statt die verdiente Strafe an mir zu vollziehen, mir gedient haben, wie sich die Erde nicht aufgerissen und mich verschlungen, die Hölle mich nicht zu ewiger Qual aufgenommen hat." Wiederum hat ein Gespräch, das dem Dank für die unendliche Güte Gottes, der mein Leben bis zu diesem Tage erhalten hat, Ausdruck giebt, zu folgen, und der einfache Entschluß, der Sünde zu entsagen, endet die Uebung.

Welcher Protestant sähe nicht, wie sich selbst in dieser ehrlich gemeinten Ekstase diese leidenschaftliche Demut mit jenem unglaublichen Hochmut verschmilzt, der sich selber als den Mittelpunkt der Welt ansieht!

Nach dieser gewaltsamen Erschütterung muß eine Pause eintreten. Die nächsten zwei Uebungen sind Wiederholungen gewidmet, nur daß der Uebende in ihnen jetzt vor Allem auf Marias Fürbitte hingewiesen wird. Nachdem bisher die äußersten Grenzbegriffe der göttlichen Hoheit und der menschlichen Niedrigkeit festgestellt sind, kommt nun zum Schluß der Woche diejenige Uebung, welche den dogmatischen und psychologischen Abschluß für die Erkenntnis der Sünde geben soll: die Veranschaulichung der Hölle. Nirgends hat sich die krasse südliche Phantasie so eng verschmolzen mit der kühlen, verstandesmäßigen Methode wie in dieser Uebung. Während alle Schrecknisse dieser unbarmherzigen Idee durchzukosten oder geradezu — wie es einst Italiens größter Dichter gethan — zu durchwandern sind, soll fortwährend mit Christus, als mit dem Begleiter — für Ignatius würde nicht wie für Dante ein Virgil genügen — geredet werden; es soll der Grund, weshalb alle diese Seelen zur Verdammnis gestürzt sind, klar erfaßt und Gott schließlich für die Errettung gedankt werden.

Von dieser Wanderung durch Himmel und Hölle wird beim
Beginn der zweiten Woche der Uebende mitten in die aufregendsten
Scenen des Diesseits versetzt, in eine Scene, die den Jesuiten
als Männern des praktischen Lebens besonders wichtig war, weil
sie von bloßem Schauen den Uebergang bildet zur Berufung, zur
That. Durch die Vorstellung des irdischen Kaisers, der von seinen
Getreuen unbedingten Gehorsam fordert, ihnen die höchsten
Ruhmesziele setzt, ihre Liebe und Begeisterung erweckt, in dessen
Hand irdische Ehre und irdische Schmach gelegt ist, wird die
Phantasie zuerst beflügelt; wenn nun diese echt spanische Empfindung zum Höhenpunkt gesteigert ist, soll sie sofort durch sich
selbst, d. h. durch eine noch höhere Steigerung, vernichtet werden.
Wenn jener irdische König solches Gehorsams würdig ist, wie
viel mehr der himmlische, der uns anredet: „Mein Wille ist es,
mir die Weltherrschaft zu erobern, und wenn ich mir alle Völker
unterworfen, in den Glanz meines Vaters zurückzukehren. Wer
mir folgen will, der muß sich auch meiner Disziplin unterwerfen." Dieser König verschmäht es auch nicht seinem Gefolge
in Aussicht zu stellen, daß es seine Ehren mit ihm teilen werde;
und wohl vermag seine Ansprache, die im Gefilde von Jerusalem versammelten Scharen zum unbedingten Treueid an ihn
und seine glorreiche Mutter zu begeistern. In gleicher Weise
wird etwas später das Heerlager Satans im babylonischem Felde
vorgestellt.

Von hier ab schlagen die Uebungen einen anderen Gang
ein. Es ist jetzt die Lebensgeschichte Christi von der Verkündigung
an bis zur Auferstehung und Verklärung, die sie behandeln.
Uralt, denn mit dem Christentum selber entstanden, ist die Auffassung des Lebens als einer Nachfolge Christi. Sie war in jeder
Hinsicht der Mittelpunkt der christlichen Ethik. Sie bot allein
für das Mittelalter die Möglichkeit, die Moral, die, obwohl Gottes
Gebot, sich doch ganz und gar auf irdischen Boden bewegt, selbst
in der Ausübung an das Ueberirdische zu knüpfen; durch das
Beispiel Jesu wurden diese irdischen Pflichten und Tugenden zum
Göttlichen erhoben. Aus dieser so wohl berechtigten Auffassung
hatte sich aber allerhand Schwärmerei entwickelt: und zumal im
späteren Mittelalter war dies der Fall, seitdem der heilige Fran-

ziskus in der Nachfolge Christi so weit gekommen, daß er sogar dessen Wundenmale empfangen hatte, und die Dominikaner=Nonne Katharina von Siena bald hierin mit ihm gewetteifert hatte. Die Passionsgeschichte geistig und womöglich auch körperlich durch= zumachen, war seitdem fast das Merkmal aller ekstatischen Heiligen geworden. Was bei jenen Sache einer besonderen göttlichen Be= gnadigung war, das machte jetzt Ignatius zur Sache des Willens= entschlusses; und auch hier wieder ist das Zusammenwirken der verschiedenen Geisteskräfte, ist der Aufbau und die Einteilung des Stoffes so genau berechnet, daß gewiß jede nur etwas erregbare Natur, die sich in gutem Glauben den Uebungen hingegeben, bis zur Halluzination getrieben wurde. In der dritten Woche, die ausschließlich der Betrachtung der Leidensgeschichte Christi ge= widmet ist, erreicht selbstverständlich auch die Anspannung des Geistes ihren Gipfelpunkt.

Immer jedoch ist dieses bis zur Verzückung getriebene Schauen für Ignatius nur die Vorbedingung für die Läuterung des Wil= lens von den Schlacken der Leidenschaften. Deshalb bietet jede einzelne Uebung den Anlaß eine bestimmte Tugend, den Gehorsam, die Armut, die Demut, die Liebe auszubilden; und so fest ver= läßt sich Ignatius auf die Unfehlbarkeit seiner Mittel, daß er ausdrücklich bestimmt: von der Bekämpfung einer störenden Leiden= schaft durch die betreffenden Mittel sei nicht eher abzulassen, bis sie wirklich überwunden sei. Um zu erkennen, ob dies geschehen, wird die genaueste Buchführung angeordnet. Beim Aufstehen muß der Uebende sich jedes Mal die Sünde oder den Einzelfehler klar machen, von dem er sich zu befreien wünscht; am Nachmittag soll er die Stunden des Tages daraufhin mustern, wie oft er wiederum jener Anfechtung verfallen ist, und ebenso am Abend. Die Anzahl der Fälle wird in ein Schema eingetragen, und da= raus wird von Tag zu Tag mit der Genauigkeit eines Kalkula= tors der jeweilige Sittlichkeitszustand berechnet. Es ist die schlimmste Seite der mittelalterlichen Religiosität: der pharisäische Schacher mit Sünden und Verdiensten, diejenige, gegen welche sich das empörte Sittlichkeitsgefühl des deutschen Volkes durch die Stimme der Reformatoren am entschiedensten aufgelehnt hatte, die Ignatius hier aufs spitzfindigste ausbildet.

3

34

In derselben Weise ist alles geordnet, die Zeit jeder einzelnen Uebung, die immer nur wenige Stunden des Tages in Anspruch nimmt, die Nebenbeschäftigungen, die Abfolge der einzelnen Gedanken. Streng ist darauf zu sehen, daß nicht etwa eine fremde, wenn auch noch so schöne Empfindung den vorgeschriebenen Gang durchbricht, daß nicht etwa, wo der Jammer der Sünde oder der Schmerz des Todes durchzukosten ist, schon vorzeitig der Trost der Erlösung und der Auferstehung eintrete. Diese militärische Schulung des Herzens und des Willens ist das ganze Geheimnis der Exercitia spiritualia. Sie bestehen im absichtlichen, bewußten Hervorrufen von Gedanken und Gefühlen, die auch sonst, aber in ungeregelter Weise den Menschen ergreifen, und ebenso im bewußten Abschließen derselben. Hiermit soll der Mensch zum Herrn seines Geistes, zumal seines Willens, gemacht werden. Da Alles, was in diesen Uebungen vorkommt, nicht Selbstzweck sondern nur Vorbereitung ist, so darf auch während derselben keinerlei Entschluß gefaßt werden, der über die bezeichneten, allgemeinen hinausginge. So verdienstlich auch ein Gelübde sein mag, es soll doch — so bestimmt Ignatius — keines Gültigkeit haben, das in erregtem Zustand während der Exercitien abgelegt ist. Es hätte ja geheißen den eigentlichen Zweck derselben, — den Einfluß der Affekte auf die Entschlüsse zu vernichten, — völlig durchkreuzen, wenn er dies zugelassen hätte. Dies Buch ist nicht ein Werk der Schwärmerei, wie man oft geglaubt hat, es ist vielmehr die Aufhebung der Schwärmerei durch sich selber.

Unwillkürlich fühlt man sich hierbei daran gemahnt, daß einst Aristoteles der Tragödie das Ziel gesetzt hatte: sie solle den Menschengeist befreien von den Leidenschaften, indem sie dieselben anregt, sie sich aber auch in schöner Weise abwickeln läßt. Ist es doch auch bei Ignatius nur ein großes Trauerspiel, das Weltdrama von der Schöpfung bis zum Untergang mit dem tragischen Mittelpunkt der Erlösung, das er sich vor dem Auge des Zuschauenden abspielen, an dem er ihn wie eine mithandelnde Person Anteil nehmen läßt.

Eben hierin liegt Ignatius Loyolas Verurteilung. Den alten Asketen war es doch wenigstens mit ihrer Schwärmerei heiliger Ernst; sie fühlten sich unwiderstehlich von ihr ergriffen;

für sie besaß dieselbe volle Wahrheit. Dem Stifter des Jesuiten=
ordens aber und seinen Jüngern ist selbst das Heilige nur ein
Mittel zum Zweck. Heilig ist dasjenige Gute, dessen Macht der
Mensch sich nicht entziehen kann. Gewiß war für Ignatius der
ganze Kreis von Vorstellungen, den er in den Uebungen benutzt,
ein heiliger; daß er ihn trotzdem der Willkür zu unterwerfen
suchte, daß er ihn zu einer bloßen Schulübung des Geistes
machte, mußte ihn auf die schiefe Bahn treiben, auf der selbst
der höchste Schwung des Gemütes zur Unsittlichkeit verkehrt
wird, zu dem Punkte, auf dem das Sittliche — mag es immerhin
noch Gottes Wille und Befehl genannt werden — zum bloßen
Spiele der Empfindung aufgelöst wird. Unläugbar sind die
Ziele, die Ignatius zunächst jener Ausbildung setzt, sehr hohe:
die christlichen Tugenden einerseits, die Befreiung des Willens,
der nur noch der Stimme der Vernunft gehorchen soll, ander=
seits; auch jenen Seelenzustand, den er als den vollkommenen
betrachtet: die Gottgelassenheit des Gemütes, die den Dingen an
sich — sogar Krankheit und Gesundheit — keinen Wert beimißt,
werden wir nicht schlechthin verwerfen dürfen. Das aber ändert
doch nicht, daß der Weg, der zu ihnen führen sollte, ein Irr=
weg war.

Ungeachtet dieser ablehnenden Kritik des Grundgedankens
der Uebungen muß man zugeben, daß Ignatius sich auch hier
eines der mächtigsten Antriebe seiner Zeit bemeistert hat, weil er
ihn selbst in sich erlebt hatte. Seit dem Beginn der Neuzeit
war es ein Sittlichkeitsideal geworden, das zumal von den Huma=
nisten ziemlich übereinstimmend in allen Ländern vertreten wurde:
der Mensch müsse sich zum Herrn seiner selbst, zum vollendeten
Individuum, ausbilden. Ignatius nahm es auf, ohne doch in
den Egoismus zu verfallen, der jener Richtung von Anfang an
sehr nahe lag; er wollte ja wirken zum Wohle der Mitmenschen.
Auch hat er diesen Grundsatz nicht aus der Hand der Humanisten
empfangen, sondern er hat ihn eingesogen als spanischer Militär.
Für einen solchen war beides vereint: Ausbildung und Unter=
ordnung; er begeisterte sich für beide. Für die gebildeten Kreise
Europas, denen längst die individuelle Ausbildung zum Gegenstand
theoretischer Ueberlegung geworden war, hatten diese Uebungen

viel Anziehendes. Es war hier für sie eine Möglichkeit gegeben
wieder fromm zu werden, wie es die Zeit erforderte, und doch
nicht ungebildet; ja, diese Uebungen versprachen sogar, ihnen zu
einer weit höheren Herrschaft über ihr ganzes geistiges Dasein
zu verhelfen, als es alle klassische Philosophie und alle humanistische Bildung hätten thun können. So haben denn wirklich
die Jesuiten, wie es ihr Meister anfangs gethan hat, überall
wo sie hingekommen sind, festen Fuß dadurch gefaßt, daß sie
ihre Uebungen anstellten; und hierbei haben sie sich nicht mit
gleichgiltigen, ungern nur (mit Ausnahme ihrer letzten Zeit vor
der Aufhebung) mit schwärmerischen, Personen abgegeben; immer
sind es gebildete, hochstehende Leute gewesen, die sie auf solche
Weise zu fesseln verstanden.

Damals, als Ignatius in Salamanca und Paris Jünger für
seine Uebungen warb, sind dieselben gewiß noch nicht im Einzelnen
ausgebildet gewesen. Er gab selbst an: sie seien ihm allmählich
entstanden, indem er jedesmal eigene Erfahrungen, die ihm auch
nützlich für andere geschienen, in ihnen niedergeschrieben habe.
Damals war es ihm offenbar noch ein Zweck, die Uebenden in
ein Gelübde zu verstricken. Es hat ihm das hier wie dort vie-
lerlei Unannehmlichkeiten zugezogen. In ihrer jetzigen Gestalt
schließen vor Allem die Uebungen jede schärfere Askese aus: man
soll nicht während derselben hungern und sich schwer geißeln;
die Vorbereitung, die sie gewähren, ist anderer, ist geistiger
Art. Im Jahre 1527 hatte er sich aber noch nicht so weit los-
gelöst von der alten Mönchspraxis. Ihn selbst ergriff von Zeit
zu Zeit noch die alte abenteuerliche Stimmung, in der er die
Thaten der Heiligen, mit denen er wetteifern wollte, als Kraft-
stücke der Selbstpeinigung verstand: so ist er noch einmal im
Winter barfuß von Paris nach Rouen in drei Tagen gelaufen.
Auch von seinen ersten Genossen hat er damals noch ähnliche
Proben verlangt. Wenn er ihnen glühend von dem erzählte, was
er selbst bestanden, so suchten Leute wie Peter Faber ihm gleich zu
kommen, sich auch eine Woche lang der Speise zu enthalten und
Aehnliches. Freilich konnten schwere Krankheiten Ignatius schon
damals belehren, daß er seinem ohnehin schwächlichen Körper

nicht ungestraft solche Leistungen zugemutet hatte. Immer aber war ihm die Askese das, was ihr Name ursprünglich besagt: Uebung, Kraftprobe, nicht Selbstzweck.*)

Als Ignatius Anfang 1528 nach Paris kam, war der Glanz der alten Hochschule, die sich die Mutter der Weisheit nannte, nicht mehr ganz derselbe wie 20 Jahre zuvor. Der Hohn der Humanisten, die sie keck zur „Mutter der Dummheit" umgetauft hatten, und die Verachtung der Reformatoren, die sich gar nicht mehr bekümmerten um die Art Wissenschaft, die hier gelehrt wurde, und um die hochmütigen Professoren=Machtsprüche, die ihnen von hier kamen, gruben ihr den Boden ab. In der ganzen Schar der magistri nostri war kein Mann von Weltruf. Aber dennoch war die Pariser Universität der Mittelpunkt der katho= lischen Wissenschaft, wie sie es vor 100 Jahren gewesen, als ihr Kanzler Gerson das Conzil zu Constanz geleitet, vor 200, als eben einer ihrer Professoren, Thomas von Aquino, das philosophisch= dogmatische System der Kirche durchgebildet, vor 400 als einer ihrer Privatdozenten Abälard durch seine Lehrwirksamkeit einen der größten Geisteskämpfe des Mittelalters heraufbeschworen hatte. Noch hielt ihre Organisation fest, ihr Aufbau in den einzelnen Collegien, deren jedes fast eine eigene Universität für sich bildete, die Gliederung der Studentenschaft in Bursen. So be= wahrte sie auch ihre Gesinnung: den Trotz, mit dem sie sich als einen Staat im Staate und als ein notwendiges Glied der Kirche fühlte und auch den Studenten die freieste korporative Gliederung gewährte. Noch hielt ebenso fest die alte Methode, der Unterrichtsgang, der durch jahrhundertelange Uebung be= stimmt war. Niemand zweifelte hier an seiner Vortrefflichkeit, während den Vertretern der neuen Wissenschaft längst klar ge= worden war, daß damit nur leeres Stroh gedroschen werde. Im=

---

*) Auch warnt er schon in dem ersten uns erhaltenen Briefe von 1525 „Cartas de San Ignacio I No. 1" vor zu scharfer Askese. Inez Pas= cual, an die er gerichtet ist, möge das Lob des Herrn um so mehr allem vorziehen „je mehr er Euch nicht befiehlt Werke zu thun, die zur Abmattung und Schädigung Eurer Person gereichen, sondern er will vielmehr, daß Ihr in Freude in ihm lebt und dem Körper die notwendigen Dinge zuführt."

merhin hatte man doch auch den humanistischen Studien, für die ein eigenes Colleg, das des Montaigu, bestimmt war, einige Zugeständnisse gemacht.

Ignatius sah sofort ein, daß der unruhige willkürliche Studiengang, bei dem er immer vorzeitig an die praktische Wirksamkeit gedacht hatte, in diesen Kreis nicht passe. Als 36jähriger Mann setzte er sich nochmals für 2 Jahre unter die Knaben, um das Latein besser zu lernen; und weitere 5 Jahre stieg er langsam von Stufe zu Stufe, von einem Examen zum andern, während er zugleich jedesmal mehrere Monate im Jahre sich Geld für die übrige Zeit in Flandern und England erbettelte, denn obgleich er ziemlich reichlich von seinen Freundinnen in Barcelona unterstützt wurde, brauchte er, um für seine Zwecke zu werben, noch bedeutend mehr. Es war die größte Ueberwindung unter allen, die ihm dies lange Studium kostete: entschiedener noch als in Alcalá und Manresa hatte er alle störenden Erleuchtungen abzuweisen, wenn die spitzfindigen scholastischen Formeln in seinen Kopf sollten; aber es gelang ihm so gut, daß bisweilen selbst seinen nächsten Bekannten schien: er sei innerlich ein Anderer geworden. Solche verwies er dann ruhig auf den Zeitpunkt, „wenn er sich aus den Fesseln der philosophischen Studien werde befreit haben."

Als er dann in späteren Zeiten selber Collegien und Universitäten zu gründen hatte, verwertete er seine Erfahrungen, jedoch wie sein ältester Biograph und Freund Ribabeneira bemerkt, in der Weise, daß er alles umgekehrt einrichtete, als wie er es selber durchgemacht hatte. So entschieden er wollte, daß die Jesuiten den geistlichen Weg nachmachten, den er gegangen, und den er in den Exercitien aufgezeichnet, so entschieden wollte er ihnen auch seinen langwierigen und zerfahrenen wissenschaftlichen Bildungsgang ersparen. Auch die Einrichtungen seiner Universitäten, die jede freie Bewegung der Studenten ausschließen, stehen geradezu im Gegensatz zu dem Pariser Geiste studentischer Selbstverwaltung und akademischer Gerichtsbarkeit. Mit diesem hatte er gleich Anfangs eine unliebsame Erfahrung gemacht: als er zwei Landsleute, die seine Uebungen durchgemacht hatten, bewog, sich in ein Kloster zurückzuziehen, waren sie mit Gewalt von ihren

Commilitonen zurückgeholt worden, und es war ein für Igna=
tius sehr bedenklicher Auflauf entstanden.

Darauf wenigstens mochte Ignatius nicht völlig verzichten,
diese seine einzige praktische Wirksamkeit, die Mitteilung der geist=
lichen Uebungen, auszuüben. Sie brachte ihn auch hier vor den
Inquisitor und das Universitätsgericht. Mißtrauisch betrachtete
man in diesen Kreisen den alten Soldaten und überständigen
Studenten als ein ziemlich verkommenes Individuum. Einst
war über ihn als Jugendverführer schon die höchste Strafe, die
aula, d. h. Prügelstrafe vor versammelter Corona der Studenten,
verhängt, als er noch durch ſein persönliches Auftreten den Rektor
des Collegs umzustimmen wußte. In solchen Augenblicken kam
bei ihm wieder der alte Offizier zum Vorschein: mit kalter Gelas=
senheit machte er jenen aufmerksam auf die Folgen, die eine solche
Bestrafung weniger für ihn als für seine Anhänger haben werde.
Es wäre unmöglich erschienen diesen selbstbewußt sicheren Mann
öffentlich prügeln zu lassen: der Rektor, ein Portugiese mit Namen
Govea, nahm Ignatius bei der Hand, führte ihn vor die versam=
melten Studenten und gab ihm eine Ehrenerklärung; er ist später
einer der eifrigsten Förderer des entstehenden Ordens geworden.

Aus den vielen, die Ignatius vorübergehend nahe traten
und seinen Einfluß erfuhren, wählte und bildete er sich nach und
nach seine kleine Schar von Jüngern; es waren insgesamt
Männer, die für die weitere Geschichte des Ordens die höchste
Wichtigkeit erlangt haben. Wie er sie einzeln anzog und ihre
Geister sich unterwarf, zeigt uns wiederum, daß er die Menschen=
kenntnis, die er bald im größten Kreise bewähren sollte, schon im
kleinsten vollkommen ausgebildet hatte; sie zeigt zugleich, wie das
Außergewöhnliche in seinem Wesen, die Gleichgiltigkeit gegen
Alles, was andere seinesgleichen schätzten, die Begeisterung für
eine Idee zuerst die Neugierde beschäftigten, dann Teilnahme er=
weckten, endlich unwiderstehlich anzogen.

In welcher Weise er damals mit den Menschen verkehrte,
zeigen am besten seine Briefe. An jene frommen Damen in
Barcelona, die den besten Ständen angehörten, sind sie geschrieben.
Vielfach richtete sich Spott und Nachrede gegen sie wegen ihres
Verhältnisses zu Ignatius. Er denkt nicht daran sie zu trösten,

im Gegenteil er ermuntert sie wie Soldaten in der Schlacht
mit militärischen Anreden   „So hat es kommen müssen. Wer
zum Ruhm Gottes streitet, sein Banner aufrichtet, die Schlacht=
reihen stellt gegen die Welt, dem gilt Niedrig und Hoch, Ehre
und Schande, Reichtum und Armut, Ruhm und Beleidigungen,
alles gleich einem Strohhalm. Schimpf, der bei Worten bleibt,
kann kein Haar krümmen, und wenn die Worte verdoppelt be=
leidigend und schmählich sind, so thun sie doch nicht mehr noch
minder wohl und weh, als schöne und erwünschte."

Der erste, den Ignatius zu gewinnen trachtete, war Petrus
Faber, ein Savoyarde; er ist wohl auch unter allen derjenige ge=
blieben, den er am vollkommensten zum Werkzeuge seines Willens
geformt hat. Faber war ein armer Bauernsohn, der auf den Alpen=
waiden am Montblanc aufgewachsen war. Mittelmäßige Geistes=
gaben verbanden sich bei ihm mit einem unbeugsamen Willen und
mit einer abergläubigen Phantasie, wie sie den Söhnen des Hoch=
gebirges oft eigentümlich ist. Er war einer von den Menschen,
für die es ein sittliches Bedürfnis ist sich einem überlegenen
Geiste zu unterwerfen und ihm eine schwärmerische Huldigung
darzubringen. Bei einem alten Dorfschulmeister hatte er die
Anfänge des Lesens und Schreibens gelernt. Diesen verehrte
er, nach seinem Tode, auf eigene Hand als Heiligen und richtete
sein Gebet an ihn, wenn er bei seiner Herde auf der Alpe weilte.
In einer Nacht hatte er sich dort oben, unter freiem Himmel
niederknieend, Gott geweiht und war dann hinweg gegangen
ohne Abschied zu nehmen, wie er gehört hatte, daß Christus die
Seinen berufe. Es war etwas Verwandtes in dem baskischen
Ritter und dem savoyischen Hirten, was sie beide zusammen füh=
ren mußte.

Zunächst war ihre Berührung eine äußerliche. Faber war
als Student älter als Ignatius, und es ging ihm noch etwas
kümmerlicher. Ignatius, der trotz aller Verachtung des Geldes
es in seiner Anwendung recht gut zu schätzen wußte, unterstützte
ihn bisweilen, und Faber gab ihm dafür einige Nachhilfe=
stunden. Der Schüler wurde allmählich zum Lehrer. Lange
hielt er mit seinen Plänen zurück, denn an diesem Manne wollte
er die Kraft seiner Methode erproben. Zunächst bewog er ihn

zur religiösen Regelmäßigkeit: zur täglichen Gewissenserforschung, die mit wöchentlicher Beichte und Communion schloß. Dann lehrte er ihn mit jedem Fehler einzeln, methodisch den Kampf aufzunehmen und sich ebenso allmählich auf die Uebung jeder einzelnen Tugend einzulassen. Erst nach vier Jahren fand er ihn hinlänglich vorbereitet, um ihm die Gesamtheit der Exercitien mitzuteilen. Damals machte die Askese den stärksten Eindruck auf Faber, und ebenso lebte sich kaum ein anderer so vollständig wie er hinein in die übersinnliche Welt.

Beides bewahrte er sich auch in seinem späteren Leben. Als das Armutsgelübde der Professen noch nicht fest geregelt war, nahm er für seine Person ein besonders strenges auf sich, — diese Tugend schien ihm die unentbehrlichste —, es ist später in die Constitutionen des Ordens aufgenommen worden. Immer war es ihm Bedürfnis ein ganz besonderes Verhältnis zum Ueberirdischen zu bewahren. Er hatte sich eine eigene Art Verehrung der Engel zurecht gemacht; denn, da er deren Wirken überall erkannte, war ihm auch an ihrem Beistand besonders gelegen. Er führte genau Listen über sämtliche Heilige der einzelnen Länder und Ortschaften, durch die er wanderte und in denen er arbeiten wollte, damit er sich gleich anfangs ihrer Hilfe versichern könne. Dieser selbe Phantast aber ist es gewesen, der auf dem ausgesetztesten Posten, welcher die vorsichtigste Klugheit erforderte, in Deutschland, den Jesuiten die Bahn gebrochen, der hier jene Regeln zur Gewinnung der Ketzer festgestellt hat, denen später die Gesellschaft vornehmlich ihre großen Erfolge zu danken hatte.

Eine ganz andere Natur war Ignatius' zweiter Gefährte, Franz Xavier. Die Jesuiten haben ihn, den Heidenapostel, mit zutreffendem Vergleich als den Paulus der Gesellschaft ihrem Petrus, — Ignatius selber — zur Seite gestellt. Wie Paulus war auch er schwer zu gewinnen. Auch er war ein Baske wie Ignatius, aber nicht Unterthan des katholischen Königs sondern Navarrer. In dem kleinen, damals noch selbständigen Königreich war die Familie der Xavier die angesehenste; durch seine Kriegsthaten war das Geschlecht seit einem halben Jahrtausend mit der Geschichte des Landes verknüpft, Franz's eigener Vater war erster Minister seines Königs. Nur wissenschaftlicher Ruhm hatte der

Familie bisher gefehlt; es war Franz's Ehrgeiz auch diesen jetzt zu erwerben. Zu diesem Zwecke war der glänzend begabte und ebenso schöne Jüngling auf die Universität Paris geschickt worden; eine stattliche Dienerschaft begleitete ihn; er trat mit allen Ansprüchen eines jungen vornehmen Weltgeistlichen, glänzend und etwas hochfahrend, auf. Ignatius näherte sich ihm mit der bestimmten Absicht ihn zu gewinnen. Als alter Offizier wußte er, in welcher Weise rücksichtsvolle Huldigungen bei vornehmen Männern anzubringen seien. Dazwischen ließ er dann einige Ermahnungen einfließen. Franz Xavier ließ sich nach der Art solcher Leute die ehrerbietige Aufwartung gefallen und lachte im übrigen den armen Ritter und alten Studenten aus. Ignatius ließ sich nicht abschrecken; er fand mit der Zeit die Stelle, wo er durch die Eitelkeit zum Herzen Xaviers dringen konnte: er brachte ihm ein volles Auditorium zustande, als jener sein erstes Kolleg las — bekanntlich immer ein etwas bedenklicher Punkt. Dies brachte die beiden zuerst einander näher, und nun gewann ihn Ignatius im Sturm. Vor dem feurigen, ehrgeizigen Jüngling enthüllte sich plötzlich bei dem Verachteten ein viel höheres Feuer, ein weit verwegenerer Ehrgeiz, vor dem jener versank und dem er sich hingab. Ignatius schenkte ihm keine von den härtesten Prüfungen: diese Seele mußte erst geknickt werden, ehe sie wieder erhoben werden durfte.

Das Gefolge des zukünftigen Bischofs war entsetzt über die Umwandlung, die mit ihrem Herrn vorgegangen war, der jetzt lachend ein Kanonikat am Domkapitel seiner Vaterstadt Pamplona zurückwies; einer seiner Trabanten nahte Ignatius mit der Absicht ihn zu ermorden und hat ihn auch später in Italien noch mit Anklagen verfolgt. Xavier blieb unerschütterlich. Ihm ward es dann von Ignatius beschieden, allein das Werk zu unternehmen, das damals noch Allen vor der Seele schwebte, die Bekehrung der Heiden. Wie sich bei dieser stolzesten Aufgabe des Ordens seine glänzende Begabung entfaltet hat, wie er gleich einem der kühnen spanischen Entdecker von Land zu Land flog, überall für seine Religion Besitz ergriff, wie jene für ihren König, auf daß die Nachfolger die geistige Eroberung anträten, wie er diesen überall Maß und Regel hinterlassen hat, das macht ihn zu einer der merkwürdigsten Erscheinungen der Weltgeschichte, — aber vergessen wir nicht: es war doch eigentlich die Gesinnung, die Ignatius in ihn gepflanzt, das Ziel, das dieser ihm gewiesen hatte, welche ihn trieben.

Weit leichter als die beiden ersten wurden Ignatius zwei andere Eroberungen. Eines Tages begrüßte er zwei eben angekommene junge Studenten, beides Kastilianer: Diego Lainez und Alonso Salmeron. Sie hatten schon in Alcalá von Ignatius Mancherlei gehört; nun freuten sie sich alsbald einen Landsmann zu finden, der sich ihrer, der Weltunerfahrenen, aufs freundlichste annahm, der sie in allem verwickelten, wissenschaftlichen und nichtwissenschaftlichen Brauch der Universität unterwies. Diese beiden noch unberührten Gemüter brauchte Ignatius nicht zu gewinnen; sie gehörten ihm von vornherein. Sie wurden recht eigentlich seine Zöglinge, und er scheint in ihnen von Anfang an die Theologen der Gesellschaft erzogen zu haben. Denn das ungeheure Wissen, über das sie geboten, das sie befähigte in ihren ersten Mannesjahren als Theologen des Papstes am Konzil von Trient eine wichtige Stellung einzunehmen, muß mit bewußtem angespannten Fleiß auf der Universität erworben sein.

Diego Lainez, der Nachfolger des Ignatius als General der Gesellschaft und der eigentliche Vollender derselben, ist wohl aber überhaupt die bedeutendste Verstandeskraft, die jene zu irgend einer Zeit besessen: ein Jüngling mit dem Kopfe eines Greises. Er war keine leicht entzündliche Natur, sondern eher kalt und scharf, und, wie er in einem Briefe an Ignatius betont, nicht eben leicht geneigt zu Thränen der Rührung. Aber er hatte den Grundsatz der Gesellschaft in sich aufgenommen und durchgearbeitet wie kein anderer, mit einer unerbittlichen Logik, der er sich ganz unterwarf. Das vor Allem hat ihm die unglaubliche Gewandtheit verschafft, die ihn jeder Stellung, jeder Aufgabe, sei sie groß, sei sie klein, sei sie praktisch, sei sie theoretisch, gerecht werden ließ. Er war ganz der Mann des unmittelbaren Zweckes. So besaß er auch die seltenste aller Fähigkeiten: die ausgebreitetste Gelehrsamkeit immer gegenwärtig zu haben, sie immer zum praktischen Erfolge augenblicklich zusammendrängen zu können. Auch als Redner war er unübertrefflich durch die Klarheit seines

Resumés und seiner eigenen Erörterung. Auf dem Konzil von Trient hat man ihm ein für allemal das Schlußwort gegeben, und mit diesem den entscheidenden Einfluß auf alle Abstimmungen.

Eben damals wies man Salmeron die Eröffnung aller Debatten zu. Der Unterschied der beiden Männer prägt sich in dieser Teilung der Geschäfte aus: Salmeron war eine südlich feurige Natur; mit rhetorischem Schwung warf er den Funken in die Seele der Hörer, gab ihnen die Stimmung, deren sie bedurften. So hat ihn auch Ignatius vorzugsweise zu solchen Missionen benutzt, die eine Verbindung von List, Unerschrockenheit und Feuer erforderten, wie es die geheime Sendung nach Irland war, wo er den Haß gegen Heinrich VIII. schüren und den wankenden Katholizismus stützen sollte. Er behielt immer etwas Jugendliches an sich, und daß er nach 11 Jahren „noch ebenso bartlos und jungenhaft aussah wie als Student", war Ignatius bisweilen etwas ärgerlich.

Zu diesen Männern trat noch ein Spanier, Nicolaus Bobadilla, wiederum ein solcher, den Ignatius sich durch Unterstützungen verpflichtet hatte. Er war ein Eiferer, der zwar für gewöhnlich klug, doch bisweilen über das Ziel hinausschoß. Ganz ist es dem Meister der Menschenbehandlung nie gelungen ihn der strengsten Disziplin zu unterwerfen; durch seinen Eigenwillen nahm er öfters eine etwas gesonderte Stellung ein, die nach Ignatius' Tode fast zu einer Spaltung im Orden geführt hätte. Auch den Portugiesen Simon Rodriguez, der auf Kosten seines Königs in Paris studierte, konnte er, wie wir sehen werden, nicht immer genau auf der vorgezeichneten Bahn halten.

Nachdem die erste Vereinigung gestiftet war, erlas sich Ignatius noch den gewandten und energischen Genfer Claude du Jai, einen der besten Diplomaten der Gesellschaft, den Niederländer Pascal Broët, einen etwas phlegmatischen Mann von ansehnlicher Persönlichkeit, dem mehr Würde, Güte und Beständigkeit als reiche Geistesgaben nachgerühmt werden, und den bald verstorbenen Franzosen Jean Codure.

Mit seiner kleinen Gefolgschaft begab sich Ignatius an Mariä Himmelfahrt 1534 auf den Mont Martre, der damals noch still und einsam außerhalb der Stadt lag; hier legten sie in der

Marienkirche gemeinsam das Gelübde ab: in Palästina zum Wohle der Mitmenschen zu wirken. Wenn sich ihnen wiederum — wie es vor 11 Jahren Ignatius geschehen — unüberwindliche Schwierigkeiten bereiten sollten, so wollten sie sich dem Papst zur Verfügung stellen, um sich von ihm überall hin, wo es das Seelenheil des Nächsten erfordere, senden zu lassen. So war, freilich zunächst wie ein Notbehelf, das spätere vierte Gelübde, die stete Dienstbereitschaft gegen den Papst, das Merkmal des Ordens, hier bereits angedeutet. Von einem Gelübde strenger Armut sah man einstweilen ab, solange es die Studien hindern konnte, und auch für die Reise ins heilige Land wollte man sich nicht aller Mittel entäußern. In diesem letzten Punkt ist man später strenger geworden; den ersten aber bildete man um so mehr aus: die Scheidung in Collegien, die den Studien gewidmet und daher mit Einkünften ausgestattet sind, und in die besitzlosen Häuser der Professen wurde später für die Organisation des Ordens entscheidend.

Faber, der schon Priester war, hielt hierauf eine Messe; ein gemeinschaftliches Mahl in St. Denis schloß den Tag ab. Zunächst dehnte die fromme Studentenverbindung, die sich für den romantischen Plan einer Wirksamkeit in Palästina begeisterte, ihre Thätigkeit nicht über die Universitäts-Studien aus. Im übrigen erfreute sie sich eines vertraulichen und heiteren Zusammenlebens, das durchaus nichts von Askese an sich hatte. Ignatius wußte nun schon, daß solche für den Augenblick statt fördernd nur hinderlich gewesen wäre.

Im Jahre 1535, noch ehe die Mehrzahl der Mitglieder ausstudiert hatte, sah sich der Stifter selbst durch Gesundheitsrücksichten gezwungen nach seiner Heimat zurückzukehren. Zuvor verabredete er für das nächste Jahr eine gemeinsame Zusammenkunft in Venedig, um von hier nach Palästina überzusetzen. Zugleich ließ er sich die Aufträge seiner Freunde an die Ihrigen mitgeben: er wünschte nicht, daß diese selber noch einmal nach Hause zurückkehrten. Er wußte, wie sein Biograph sagt, welche trügerische Versuchungen und Fallstricke in den Lockungen des Vaterlandes und der Familie liegen. Für sich selber trug er kein Bedenken den Männern zu nahen, die ihn als den anrüchigen

Verführer ihrer Söhne und Brüder betrachteten. Er traute sich
Macht genug zu, um auch sie umzustimmen.

Rührend ist der Brief, den Franz Xavier an seinen erzürnten
Bruder schrieb. In seinem ganzen Leben, meint er, könne er
Ignatius nie vergelten, was dieser an ihm gethan, vor Allem daß
er ihn vor schlechtem Umgang, auch mit Ketzern, bewahrt habe.
Den Erfolg dieses Briefes kennen wir nicht; von Lainez Verwandten dagegen wissen wir, daß sie auch später, als der Orden
schon anerkannt war, fürchteten: Diego, der Stolz ihrer Familie,
sei einem Ketzer in die Hände gefallen.

Auch später ist nur einer seiner ursprünglichen Genossen,
Simon Rodriguez, in das Vaterland zurückgekehrt; und für die
Disziplin des Ordens sind alsbald hieraus große Unzuträglichkeiten erwachsen. Franz Xavier aber ebenso wie Peter Faber wird
besonders nachgerühmt, daß sie an ihrer Heimat vorbeizogen, ohne
nur noch einen Augenblick Rast zu machen.

Wie stellte sich nun Ignatius selber zu seiner Familie? War
auch er den Gefühlen, die er bei seinen Anhängern von vorn
herein verpönte, vollständig fremd? Wir haben von seiner eigenen
Hand die merkwürdigsten Aufschlüsse hierüber. Bereits im Jahre
1532 gab Beltran Loyola, der Bruder des Ignatius, der Freude
Ausdruck, daß dieser sein Schweigen, das er fünf oder sechs Jahre
bewahrt, endlich gebrochen habe. Ignatius erwiderte ihm: Er solle
sich nicht wundern. „Bei einer großen Wunde wenden wir gleich
anfangs eine Salbe an, eine andere in der Mitte, eine dritte am
Ende der Heilung." „So war mir", fährt er fort, „am Anfang
meines Weges eine Arznei nötig, ein wenig weiter vorwärts
schadete mir eine von ihr verschiedene nicht mehr. Hätte ich aber
bemerkt, daß sie mir schade, so würde ich sicherlich nicht zu ihr
noch zu einer dritten greifen." Nicht anders sei es auch S. Paulus geschehen, der von der äußersten Verzweiflung, da ihn der
Satan mit Fäusten schlug, und er das Gute wohl sah aber es
nicht vollbringen konnte, bis zum vollen Frieden durchgedrungen
sei, in dem ihn nichts mehr von Gott trennen konnte. Nun auch er
zu jener rechten Liebe gelangt sei, die jedes Wesen nicht um seiner
selbst sondern um des Herrn willen liebt, könne er sich auch ge-
trost seiner Familie wieder nähern. „Denn, wenn zwei auf der=

selbe Stufe Gott dienen, und der eine mein Verwandter ist, der andere nicht, so will Gott, daß ich mich mehr an diesen als an jenen anschließe und mich für ihn erwärme."

Auch nähert er sich jetzt seinen Verwandten nicht, um ihnen Weltentsagung anzuempfehlen. Es ist vielmehr die Sittlichkeit frommer Landedelleute, die er ihnen preist. Er sagt: „Was den Mann anlangt, der sorgt und wacht um sein Vermögen zu vergrößern, so ist es meine Sache nicht ihn zu tadeln, wenn ich ihn auch nicht loben kann. Wem eine Fülle von Gütern verliehen ist, der soll seinen Söhnen, Verwandten und Dienern gutes Beispiel und reine Lehre geben. Mit dem einen soll er mit frommen Reden, mit dem andern mit gerechter Züchtigung ohne Zorn verfahren. Von den einen mag er zum Ansehen des Hauses, von den andern zum Erwerb von Geld und Eigentum Vorteil ziehen, und immer soll er viel Gutes den Armen, den Waisen und den Bedürftigen thun", — von Gaben an die Kirche spricht er mit keinem Worte.

Seitdem finden sich im nächsten Jahrzehnt viele Briefe an seine Geschwister; bald enthalten sie Ratschläge für die Wahl einer Universität, bald Versuche sie zur Sittenreform auf ihren Gütern zu bestimmen. Gern suchte er auch junge bildsame Verwandte in seine Nähe zu ziehen. Der eine, sein Neffe Millan Loyola, starb jung; der andere, sein Vetter Araoz, Ignatius an weltmännischer Klugheit ebenbürtig, hat als Provinzial von Spanien und als geistlicher Berater des Hofes Philipps II. eine große Rolle gespielt.

Als sich der Umkreis seiner Amtsgeschäfte ausdehnte, gewann Ignatius freilich nicht die Zeit mehr, um sich mit den schlichten Edelleuten in den baskischen Gebirgsthälern abzugeben. 1553 schrieb er an den Sohn seines alten Lehensherrn, den Herzog von Najerc, daß er seit zwölf Jahren an Niemand vom Hause Loyola geschrieben, denn nachdem er die Welt verlassen, habe er auch seiner Familie entsagt, die ihn mit jener Welt verbinde. — Sollte er wirklich in dieser späten Lebenszeit, als doch seine innere Entwicklung längst völlig abgeschlossen war, nur gerade in diesem einen Punkte seine Ansicht geändert haben? Wohl schwerlich! Damals handelte es sich darum, daß sich die Erbtochter aus dem Hause

der Loyola mit dem Sohne des Herzogs von Gandia, jenes Franz
Borja, der wichtigsten Eroberung der Jesuiten, vermähle, daß dies
Haus des niederen Adels sich verschmelze mit dem angesehensten
Herzogsgeschlecht, das königlichen Blutes war und Päpste hervorgebracht hatte. Den Spaniern, die schroffer als jede andere Nation
auf Einhalten der Geburtsschranken sahen, erregte diese Mißehe
großes Aergernis. Auch für Ignatius erwuchs üble Nachrede
hieraus; es mußte ihm darauf ankommen, sich als völlig unbe-
teiligt an der Thatsache darzustellen, wenn sie ihn auch wohlgefällig berühren mochte.

Genug! Damals 1535 kehrte er mit Freuden zur Heimat
und zur Familie zurück, nicht nur, um körperlich Stärkung zu
erlangen, sondern vor Allem um an diesen Stätten seiner Jugend
die ersten Versuche einer reformatorischen, volksmäßigen Thätigkeit
zu machen. Mit Freude verweilte er auch später bei diesen Erinnerungen. An die Bürger der Stadt Azpeitia schrieb er nach
sechs Jahren. Gerne möchte er auch jetzt in ihrer Mitte wirken,
denn hier sei ja seine Heimat, in der er seinen irdischen Ursprung
genommen, wofür er Gott nie genug danken könne. Dieser Wunsch
habe ihn einst aus Paris in ihre Mitte geführt. — Es ist merkwürdig, wie stark diese Empfindungen bei ihm selber sind, während er sie doch bei seinen Genossen auszurotten suchte!

Auch seine Landsleute hatten ihn mit offenen Armen aufgenommen. Er lehnte es ab seine Wohnung im Schlosse des Bruders zu nehmen, er zog ins Hospital. Von hier aus begann er
seinen Reformations-Versuch, die erste Probe für größere Unternehmungen. Zuerst kündigte er, was völlig unerhört war, öffentliche Kinderlehre unter freiem Himmel an. Der Bruder riet in
leicht begreiflicher Scheu vor der Lächerlichkeit ab: es würden nur
wenige kommen, meinte er. Ignatius erwiderte mit der Maxime
aller Agitatoren: Wenn das erste Mal wenige kommen, so kommen
das nächste Mal mehr.

Von diesem Ansatzpunkte ging er weiter. Das ganze Leben
des Volkes mit religiösen Grundsätzen zu durchdringen, war sein
Ziel. Frieden wolle er seiner Heimat bringen, verkündete er, den
Frieden Gottes, nicht jenen der Welt. „Denn in dieser Welt
machen viele Fürsten, große und kleine, Verträge und äußeren
Frieden, und der innere Friede kommt niemals in die Herzen

solcher, sondern vielmehr Haß, Neid und böse Wünsche gegen eben jene, mit denen sie Frieden gemacht." Er führte ein, daß zu bestimmter Stunde die Glocken geläutet wurden zum Gebet für alle, die sich in einer Todsünde befänden; er setzte durch, daß kein Spiel und kein Verkauf von Karten mehr geduldet wurde, daß die Konkubinen der Priester nicht mehr die Tracht ehrbarer Frauen anlegen durften. Aber auch praktische Reformen be- zweckte er: der Rat von Azpeitia beschloß auf sein Andringen keine Bettler mehr zu dulden, sondern dieselben in regelmäßiger Weise zu beschäftigen und zu unterstützen. Ignatius war eben doch nicht ganz Spanier, sonden in erster Linie praktischer Baske. Auch später suchte er durch seine Briefe diese guten Vorsätze wach zu halten, er riet zu einer Brüderschaft, die durch den häufigen Genuß des Abendmahls zusammengehalten würde.

Nachdem er seine Gesundheit wieder erlangt, brach Ignatius nach Venedig auf. Bald kamen hier auch seine Gefährten an. Wieder nahmen sie im Hospital ihren Sitz, widmeten sich der Krankenpflege, und die späteren Legenden wissen die ungeheuer- lichsten, abgeschmacktesten Beispiele von Selbstentäußerung zu er- zählen, die Ignatius bei dieser Beschäftigung geübt habe.

Die Lagunenstadt, der Sitz des Luxus und einer den Sin- nen schmeichelnden Kunst, war damals auch der Mittelpunkt einer religiösen Bewegung. Hier in der Nachbarschaft Deutschlands war man sich der Notwendigkeit auch die katholische Kirche zu reformieren am klarsten bewußt; und Weltliche waren es, die am lebhaftesten diesen Gedanken pflegten. Aus dem Ratssaale war der angesehenste Bürger der Stadt, Gaspar Contarini, nach Rom berufen, mit dem Kardinalpurpur bekleidet worden. Eine har- monische Natur, in der sich seine Bildung mit echter Frömmig- keit und unbedingter Hingebung an das Gemeinwohl verbanden, schien er der geeignete Mann, um durch Humanität und Red- lichkeit streitende Gegensätze zu vermitteln, durch sein Beispiel eine Reform der Verwaltung und der Sitten der Kirche zu fördern. So hat er, der liebenswürdigste Vertreter des erneuten Katholizismus, eine kurze glänzende Rolle gespielt. Wenige Jahre später schien es, als ob ihm gemeinsam mit dem geistesverwandten Melanchthon doch das Unmögliche gelingen würde, die Religionsparteien zu versöhnen. Nach dem Scheitern dieser Hoffnung ist er bald gestorben.

Damals war Gaspar Contarini in Rom; aber seiner Familie wußte sich Ignatius eng anzuschließen; und diese Verbindung war es, die ihm den Weg nach Rom bahnte. Gaspar Contarini nahm sich aller an, die für eine Neubelebung der Kirche das Ihre thaten; und so ward derjenige Mann, der sich am meisten der evangelischen Richtung näherte, doch der eigentliche Vertreter und gleichsam der Pflegevater des aufstrebenden Ordens, der die mächtigste Stütze des unveränderlichen katholischen Systems werden sollte.

Ein anderer Hauptvertreter der katholischen Reformation lebte und wirkte eben damals in Venedig, Johann Peter Caraffa. Auch er war kurz zuvor zum Kardinal ernannt worden, in der gleichen Absicht, um der Welt kund zu thun, daß es dem Papste Ernst sei mit der Reformation der Kirche. Früher ein naher Freund Contarinis hatte er doch schon andere Bahnen eingeschlagen. Er hatte den wichtigsten Anteil an der Stiftung des Ordens der Theatiner gehabt, einer Gesellschaft von Weltgeistlichen, die sich durch besondere Gelübde zur strengeren Ausübung ihres Amtes verpflichteten. Hierin glichen sie den Jesuiten, die auch geweihte Priester, nicht Mönche waren; aber alle weiteren Ziele, die sich diese setzten, waren ihnen fremd; und da in ihrem Orden sich von Anfang an ein stark aristokratisches Bewußtsein geltend machte, so mußte die einstweilen ganz auf eine demokratische Wirksamkeit bedachte Gesellschaft Jesu in Gegensatz zu ihnen treten.

Mit Eifer haben die Jesuiten die Ansicht bekämpft, daß damals Ignatius selber die Absicht gehabt, seine Genossen dem Theatinerorden zuzuführen. Und was hätte auch Ignatius bewegen können seinen originellen Gedanken zu Gunsten eines fremden, dem seinen nur von ferne verwandten, aufzugeben! Dagegen ist es leicht möglich, daß Caraffa ihn aufgefordert hat und durch seine Weigerung verletzt worden ist. Caraffa war heftig, unvermögend irgend einen Widerspruch zu ertragen, der heißblütige Sohn des ersten Neapolitaner Geschlechtes, das durch Trotz und Herrschsucht sein engeres Vaterland nie zur Ruhe kommen ließ; er ward bald der unerbittliche Vertreter der Inquisition. So mußte ihn die Weigerung des unbekannten und noch dazu verdächtigen alten Kriegsmannes aufs tiefste beleidigen. Und dieser Mann war ein Spanier; er trug die Züge jenes Volksstammes, den Caraffa mit südlicher Gluth haßte als den Unterdrücker seines Vaterlandes, gegen den er noch einmal den erbitterten Kampf wagte, als er, schon ein Greis, auf den Stuhl Petri gelangt war.

Soviel ist gewiß: eine heftige Abneigung setzte sich in Caraffas Seele gegen Ignatius fest. Damals wagte dieser um deswillen nicht nach Rom zu reisen und sich dem Papste vorzustellen. Von hier ab ging der Lebenslauf der beiden Männer neben einander her; er führte den einen als Paul IV. zur höchsten Würde, die er im Geiste eines Bonifacius VIII. zu benutzen gedachte, den anderen an die Spitze einer Gesellschaft, die mit dem Papsttum die Weltherrschaft teilen wollte. Oftmals noch haben sich ihre Wege gekreuzt, aber selten war die Berührung eine freundliche.

Anfang 1537 waren die Genossen Loyolas nach Rom gewandert; in ihrem seltsamen Aufzuge hielt man sie für Soldaten, die einst an der Erstürmung und Plünderung Roms teilgenommen und nun diesen Frevel an der heiligen Stadt durch eine Wallfart büßen wollten. Als sie in der Osterwoche nach Rom gekommen waren, wurde es den allerwärts neugierig Betrachteten nicht schwer, Zutritt beim Papst zu erhalten. Es gehörte zu der bequemen Umgangsweise, durch die sich Paul III. bei seinen Landsleuten, den Stadtrömern, beliebt zu machen wußte, daß er gern allerlei Leute vor sich kommen ließ, gewöhnlich während der Mahlzeit, halb zur Unterhaltung, halb in der Absicht sich in den verschiedenen Strebungen und Strömungen des geistigen Lebens auf dem Laufenden zu erhalten. Die neun Pilger enthüllten ihm ihre Missionsideen, disputierten mit der Gewandtheit junger Pariser Magister mit einigen Bischöfen und Kardinälen, und erregten allgemeine Zufriedenheit. Der Papst gab ihnen seinen Segen zu ihrem Werke, wenn er auch meinte: sie würden nicht bis hinüber nach Palästina kommen; ihre Gönner sammelten eine reichliche Beisteuer. Dann kehrten sie nach Venedig zurück und

4*

legten hier erst das Gelübde der Armut in die Hände des päpst=
lichen Legaten ab.

Auch Ignatius hatte schon seit längerer Zeit die Möglich=
keit ins Auge gefaßt, daß die Umstände, zumal der unaufhörliche
Seekrieg zwischen Venedig und den Türken, seinen ursprünglichen
Missionsplan verhindern könnten. Er war wohl auch innerlich
bereits über denselben hinausgewachsen. Er hatte früher an
Spanien als das Feld seiner Wirksamkeit gedacht, zumal an Bar=
celona, wo noch immer der von ihm gewonnene Frauenkreis zu=
sammenhielt. Jetzt aber sah er ein, daß er nur in Italien seine
Hebel ansetzen könne. Er sandte die Reiseunterstützungen wieder
an die Geber zurück, schrieb ihnen, daß er nun seine Gefährten
dazu bestimmt habe je zwei und zwei überall hin zu wandern, wo
sie nur für den Herrn wirken könnten. So wollten sie sich einst=
weilen ein Jahr über halten; sei ihnen auch dann die Fahrt
nach Jerusalem versperrt, so wollten sie auf dem eingeschlagenen
Wege fortschreiten.

Ehe sie sich dergestalt in die Städte des venetianischen Ge=
bietes zerstreuten, stellten sie nochmals in einem verlassenen Kloster
vor den Thoren von Vicenza die geistlichen Uebungen an. Zwei
erbettelten in der Stadt das Brod für die übrigen. So wollten
sie sich zur Thätigkeit kräftigen. „Täglich erfahren wir mehr,
was es heißt: Nichts haben und doch Alles besitzen", schrieb Igna=
tius von hier seinem Freunde Contarini.

Um ihren Zusammenhang zu wahren, gaben sie sich wenig
später einfache Regeln: Stets wollten sie in den Hospitälern ein=
kehren, sich dabei soviel als möglich der Krankenpflege widmen,
durch Betteln sich ihren Unterhalt erwerben. Wenn sie zu zweien
wanderten, sollte stets der Eine dem Anderen dienen, und zwar
zur Erbauung der Nächsten öffentlich. Predigt und Kinderlehre
sollten ihre Hauptbeschäftigung sein.

An verschiedenen Orten begannen sie nun zugleich aufzu=
treten. An den Straßenecken sprangen sie auf die Prellsteine,
schwenkten ihren Hut, luden laut die Vorübergehenden ein, ihnen
zuzuhören und begannen, ob viel ob wenig sich sammelten, ihre
Predigt. Es ist die Art der Straßen=Rhapsoden, die so ihre
Volkserzählungen deklamieren, wie sie von alten Zeiten bis auf

die Gegenwart in Italien herrscht, welche sie nachahmten. Diese
Männer mit ihrer ausländischen seltsamen Tracht und ihrem selt=
sameren Gebahren, mit dem halb spanischen halb italienischen
Dialekt — für eine unbeholfene und stürmische Begeisterung ein
treffliches Organ — erregten die allgemeine Aufmerksamkeit. Es
ist zu allen Zeiten nicht schwer gewesen, die Massen anzuziehen, wo
sich Ueberzeugung mit auffälligem Wesen verbindet.

Auch später noch, als die Gesellschaft Jesu in ruhigere Bahnen
eingelenkt war, als sie zahlreichere und feinere Mittel die Geister
zu beherrschen gefunden und ausgebidet hatte, hat sie doch die
improvisierte Gassenpredigt nicht aufgegeben. Es schien zu wich=
tig auf solche Weise die unvorbereiteten Gemüter inmitten des
Tageslebens zu überrumpeln. „Denen, die selten in die Kirche
gehen, — meinte man — muß man das Wort Gottes auf die
Straße tragen." Ignatius hat später diese Uebung besonders
verwertet für junge, noch in der Ausbildung befindliche Jesuiten.
Wer soviel Gewandtheit, Sicherheit und Eifer besitzt, um mitten
unter seinen wissenschaftlichen Studien dieser Aufgabe gerecht zu
werden, von dem konnte man gewiß annehmen, daß er auch zu
größeren Leistungen befähigt sei.

Als Ignatius und seine Gefährten in solcher Weise zuerst
auftraten, war das italienische Volk durchaus nicht religiös er=
kaltet; selbst an Predigern fehlte es nicht. Wie falsch beurteilt
man die Renaissancezeit, wenn man glaubt, daß in ihr nur die
Interessen einer rein weltlichen Bildung gegolten hätten, wenn
man nur die losgebundenen, streitsüchtigen und unsteten Poeten
als vollgültige Vertreter des Humanismus ansieht! Nicht nur
die Geschichte eines Savonarola zeigt, wie leicht empfänglich die
besten Männer ebenso wie die Massen für die religiöse Begeiste=
rung waren, wie vor dieser alle andere, künstlerische und wissen=
schaftliche Bildung in Rauch aufgehen konnte; auch in ruhigeren
Tagen waren fast alle tieferen Köpfe bestrebt ihrem Thun und
Trachten und ihrer Weltanschauung eine religiöse Vollendung zu
geben.

Wenn Petrarca mit seinem großen Vorbild Augustinus alle
Schwächen des Menschen teilt, so hat er doch auch von ihm die
ernste unablässige Arbeit an sich selbst, um ein festes Verhältnis

zu den höchsten Fragen zu gewinnen, gelernt. Die gediegensten der älteren Venetianer und Florentiner Humanisten wandten theologischen Bestrebungen einen Teil ihrer Studien zu; aber auch der bedeutendste des unruhigen, wandernden Gelehrtenvolkes, Lorenzo Valla, ward nicht bloß durch Widerspruchsgeist getrieben, wenn er an den Text der Bibel wie an die weltliche Macht des Papstes mit den Mitteln philologischer und historischer Kritik heranging.

Dann war es in der Blütezeit der Renaissance zu Florenz, die wir sonst als eine Periode des höchsten verfeinerten Genusses ansehen, das Ziel der ernsten Gedanken eines Lorenzo Medici und seiner Freunde: den edelsten humanen Inhalt der antiken Philosophie und Litteratur in Einheit zu bringen mit Glauben und Sittenlehre des Christentums. Sie waren sich bewußt damit auf einer Bahn fortzuschreiten, die schon die Väter der alten Kirche eröffnet hatten. Aber auch in dem halbheidnischen Neapel war man solchen Bestrebungen nicht fremd, und der größte lateinische Dichter des Humanismus, Sannazaro, weihte dort sein Gedicht der heiligen Jungfrau. Selbst in jenem Rom, das um seiner Sittenverderbnis und um seiner Herrschgelüste willen den deutschen Reformatoren als ein Babel galt, fand sich an der Kurie, am lebenslustigen Hofe Leos X., immer eine Anzahl ernstgesinnter, religiöser Männer; und diese: Bembo, Sadolet und ihre Freunde waren zugleich auch die bedeutendsten unter den Gelehrten. Von der edelsten Dichterin Italiens, Viktoria Colonna, wie von dem größten Künstler, der dann dem wiedergestärkten Papsttum das Zeichen seiner Macht, die Peterskuppel, errichtet hat, von Michel Angelo wissen wir, daß sie in ihrem Suchen nach religiöser Erkenntnis sich dem deutschen Protestantismus näherten. Und immer blieb die Grundlage aller nationalen Bildung Dantes göttliches Gedicht, das wie kein anderes die Fülle irdischen Lebens mit den Idealen einer übersinnlichen Welt zu vereinigen, sie zu ihnen zu erheben wußte.

Nur eines hatte der Humanismus hier wie allerwärts nicht verstanden: es zu einer haltbaren Gestaltung zu bringen. Dem Ernste seines Strebens entsprachen seine Resultate nicht. Da war aus Deutschland die Reformation gekommen, und sie, die doch einen so stark nationalen Beischmack hatte, für die unter den weltlichen Triebfedern die mächtigste der Wunsch war, das Uebergewicht der Wälschen zu brechen, sie hatte dennoch durch ihre Lehre alsbald bedeutenden Einfluß erlangt.

Man war nicht der Meinung sich aus dem großen Zusammenhang der christlichen Kirche reißen zu lassen; aber freudig begrüßte man das Dogma von der Rechtfertigung durch den Glauben, das die Religion vom äußeren Thun zum inneren Leben zurückführte; und das Ideal einer reinen, ältesten Kirche glaubte man besser wieder aufbauen zu können, als es mit dem Idealbild des klassischen Altertums gelungen war. So mächtig machte sich diese Strömung in den Geistern geltend, daß sich das Papsttum selber, während es seine Machtsprüche gegen die deutschen Ketzer schleuderte, ihr nicht ganz entziehen konnte.

Etwas Anderes kam hinzu. Da der Humanismus durchaus für die höchsten Klassen berechnet war, waren auch seine Früchte für das niedere Volk ungenießbar. Dieses versank immer tiefer in krassen Aberglauben und verlor zuletzt sogar das äußere Verhältnis zum Christentum. Aus dem hochgebildeten Toscana hören wir später von den Jesuiten, daß sie ganze Schichten der Bevölkerung trafen, die weder eine Ahnung vom christlichen Glauben hatten, noch sich eines Heilsmittels der katholischen Kirche bedienten. Aber schon ehe die Jesuiten auftraten, waren ihnen andere als Volksprediger zuvorgegangen.

Die Seelsorge des Volkes lag bis dahin fast ganz in der Hand der Bettelorden, sie war auch verwahrlost wie diese. Jetzt war schon der Kapuzinerorden gestiftet worden, zwar in der echt mittelalterlichen Absicht die Askese noch peinlicher als bisher zu beobachten, aber auch mit der Aufgabe sich der Predigt anzunehmen in der Weise, wie es schon die Observanten im 15. Jahrhundert gethan. Ihr General Ochino war der gefeiertste Redner Italiens, bei den Gebildeten und dem Volke gleich angesehen. In ihren Predigten trugen auch sie jene neuen Gedanken in die Massen; grade die Rechtfertigung durch den Glauben, die der katholisch = kirchlichen Praxis noch weit mehr als der Lehre zuwiderlief, behandelten sie gern. So kam es, daß sie als ein Gährungsstoff wirkten, daß

Ochino trotz seines Ansehens schließlich als Ketzer ausgestoßen ward von der päpstlichen Kirche.

Ganz anders war von vornherein die Wirksamkeit, die sich Ignatius vorgesetzt hatte. An irgend einem Punkte des Dogmas rütteln zu wollen fiel ihm ebenso wenig ein, als dies Dogma vor das Volk zu tragen. Der unmittelbare praktische Erfolg, der denn am besten durch die einfachsten Mittel erzielt wird, war es, dem er nachfolgte. Er hatte seinen Genossen schon damals die Weisung gegeben: beim Predigen sollen sie es für die Hauptsache halten den Eifer zur Tugend und den heftigen Abscheu vor den Lastern in den Herzen der Hörer zu entzünden. Deshalb sollten sie mit Eifer die zehn Gebote und die Vorschriften der Kirche erklären und zu ihrer Beobachtung durch Vorhalten der himm= lischen Belohnungen und der höllischen Strafen antreiben. Dabei sollten sie immer bedenken, „daß man beim Volke mehr wirke durch die Glut des Geistes und der Augen als durch gefeilte Rede und gewählte Worte." Es ist die niederste Sorte Predigt, die er da empfiehlt, aber für die, welche er erfassen wollte, viel= leicht die einzig mögliche.

Als Ignatius mit Ablauf des Jahres die Reise nach Jeru= salem endgiltig aufgegeben, wendete er sich selber mit Faber und Lainez nach Rom in der Absicht sich und seine Genossen, wie sie es in Paris gelobt, dem Papst zur Verfügung zu stellen „zur Ausbreitung des katholischen Glaubens und zum Heile der See= len." Um als Genossenschaft auftreten zu können, bedurfte man auch eines Namens. Auf der Reise kam Ignatius der Gedanke sich und die Seinen als Compañia de Jesus zu bezeichnen. „Die Gesellschaft Jesu" übersetzen wir das Wort; im Sinne des Igna= tius und in der Sprache jener Zeit würden wir besser von einem „Fähnlein Jesu" reden, denn den wandernden, stets kampfbereiten Schweizer = und Landsknechtstruppen entlehnte er diesen Namen. Was diese für die Fürsten jener Tage, das sollte seine Compagnie für Jesus und dessen sichtbaren Statthalter sein. Es ist unbezwei= felt, daß er sich jenen Namen gebildet im Anschluß an jene Phan= tasievorstellung der geistlichen Uebungen vom Heerlager Christi.

Eine Offenbarung haben die Jesuiten diese Namengebung genannt; daß sie das Wesen der Genossenschaft gut bezeichnet, sie von anderen unterscheidet, ist wenigstens sicher. Auch legte Ignatius den höchsten Wert auf diesen Namen. Als die ersten Konstitutionen beraten wurden, behielt er sich als sein Teil die Bestimmung hierüber vor, hielt trotz der Bedenklichkeit der Anderen an jener Bezeichnung fest und erklärte: er werde dabei bestehen, auch wenn alle Anderen dagegen stimmten. Die tadelnden Stimmen: der Orden maße sich damit eine Bezeichnung an, die allen Christen gebühre, fanden sich bald; „aber", sagt der Geschichtschreiber des Ordens, „er hatte recht; jeder Jesuit fühlt sich als Jesu, nicht als Ignatius' Kriegsgenosse; es ist ein beständiger Stachel auch für die Trägen."

Es war die Zeit der größten Umwandlung, als Ignatius nach Rom kam. Daß ein Wendepunkt der Dinge erreicht sei, das war jedermann klar; aber niemand konnte wissen, nach welcher Richtung sich die Wendung vollziehen werde. Contarini und die versöhnliche Partei schienen am meisten Aussicht zu haben. Doch an der Spitze der Kirche stand seit drei Jahren Papst Paul III., ein Mann von hervorragenden Geistesgaben, schlau und gewissenlos aber wohlwollend, ein originelles Kind der Renaissance, dem man bei der Immoralität seiner Mittel wenigstens eine behagliche Naivität zu Gute halten kann, in vielen Stücken eine hochsinnige Natur, frei von aller Kleinlichkeit. Von den neu erwachten religiösen Tendenzen war er selber wenig berührt; um so eifriger war er darauf bedacht von der geistigen und weltlichen Oberherrlichkeit des Papsttumes nicht das geringste abbröckeln zu lassen, es wäre denn zu Gunsten seines Sohnes, seiner Neffen gewesen. Denn das Ziel: seine Nachkommen, die Farneses, zu einem souveränen Fürstengeschlecht zu machen, verfolgte er ebenso wie seine Vorgänger, aber trotz der schwierigeren Verhältnisse mit mehr Glück als diese.

Weder der asketischen noch der versöhnlichen Richtung mochte er, konnten auf die Dauer seine Nachfolger sich ganz hingeben. Es war ein Drittes nötig: eine Richtung, eine Bildung, die den Päpsten nicht zumutete, weder ihre mittelalterlichen Ansprüche noch ihre Kulturstellung aus der Renaissancezeit aufzugeben. Die drei unscheinbaren Männer, die um die Osterzeit 1538 durch die porta del popolo in Rom einzogen, getrauten es sich zu leisten.

Das wußten sie: sie mußten sich erst bewähren auf dieser „Schaubühne der Welt", wie die Jesuiten selber Rom zu bezeichnen pflegten. Hiervon hängt ihre Zukunft ab. Bisher war alles Vorbereitung gewesen, eine langsame Entwicklung, aus der einige wenige Prinzipien herausgearbeitet waren. Wie weit war Ignatius noch von der Erfüllung jener ehrgeizigen Träume entfernt, die ihn zuerst der Religion zugeführt hatten! Erst jetzt beginnt recht eigentlich seine Wirksamkeit. Wie die losgelassene Kraft eines Stromes, der zuvor durch Deiche eingedämmt war, verbreitet sie sich in erstaunlich rascher Weise über die weitesten Räume.

Papst Paul nahm die drei Männer freundlich auf. Er beauftragte einstweilen Lainez und Faber, an dessen Stelle bald Salmeron trat, Vorlesungen an der römischen Universität, der Sapienza, zu halten. Sein scharfer Blick hatte bei Lainez die Schlagfertigkeit und Gelehrsamkeit rasch erkannt: es vergnügte ihn die beiden von Zeit zu Zeit vor sich kommen zu lassen, ihrer gewandten Dialektik, ihren sicheren Disputationen während des Mittagessens zuzuhören. Ignatius selber behielt sich eine wichtigere Wirksamkeit vor: die Mitteilung und Einübung seiner exercitia spiritualia. Hier wie überall erweckte das originelle Buch, von seinem Erfinder mit Geist und Begeisterung vertreten, das größte Interesse. „Hiermit gewann ich zuerst Gunst und Ansehen bei vielen einflußreichen und gelehrten Leuten", schreibt er. Contarini ließ sie sich von ihm abschreiben andere überwiesen ihre Seele wirklich der Behandlung dieses neuen Arztes. Unter diesen war der Gesandte Karls V., Dr. Ortiz, einst von Paris her ein entschiedener Gegner des Ignatius. Schon früher zu Gunsten der Gesellschaft umgestimmt, nahm er jetzt Ignatius mit in die Abgeschiedenheit von Monte Cassino und ward der erste hervorragende Mann, der durch jene methodische Seelenschulung unauflöslich an die Interessen des Ordens geknüpft wurde.

Bereits nach vier Monaten konnte Ignatius wagen auch die sämtlichen anderen Gefährten nach Rom zu ziehen, um hier dieselbe Seelsorge zu üben, wie bisher in den Städten Ober- und Mittelitaliens. Es war in Rom etwas Ungewöhnliches, daß außer der Fasten- und Adventszeit gepredigt wurde; das erweckte Neugier; aber auch die Eigenart der Predigt, der scheinbare Mangel, daß sie von allem Redeschmuck absahen, zog an.

Jedoch in dieser Stadt, wo sich die Streber aus aller Herren Länder zusammenfanden, jeder mit dem festen Entschluß sich so viel als möglich geltend zu machen, wo Neid und Mißgunst stets den Erfolgen der Andern auflauerten, blieb eine solche Wirksamkeit nicht unbestritten. Ignatius' Vorleben bot Angriffspunkte genug. Erst letzthin in Venedig hatte er nochmals vor den Inquisitoren sich gerechtfertigt, eine Freisprechung erlangt; jetzt erhoben sich die Gerüchte von neuem, die ihn einen Ketzer nannten, der von allen Universitäten vertrieben sei. Ein alter Diener Franz Xaviers, der den Groll gegen Ignatius noch nicht unterdrückt hatte, verbreitete sie mit besonderem Eifer und mit dem Ansehen, das ihm die alte Bekanntschaft gab.

Die Gerüchte erweckten Mißtrauen und selbst Haß im Volke; angesehene Mitglieder der Kurie und reiche Kaufleute schürten denselben. Ignatius fühlte, wie der kaum gewonnene Boden ihm wieder unter den Füßen schwand; er wußte, daß das Schicksal seiner Gründung davon abhing, ob er diesen stillen Widerstand überwand; „die härteste Verfolgung, die wir je erduldet, obwohl man uns nicht an unseren Körpern belästigte, noch vor Gericht zog", nennt er diese acht Monate. Er mußte es nach so vielen halben Freisprechungen nun zu einer Ehrenerklärung von maßgebender Stelle bringen; denn, wie es in der freisprechenden Sentenz selber heißt, es liegt viel daran, daß die Arbeiter im Weinberge Christi gut beleumundet sind in der Oeffentlichkeit.

Eben die öffentliche Untersuchung war es, die man ihm diesmal versagte. Er machte die Verbreiter der Gerüchte namhaft, forderte eine genaue Kenntnisnahme. Nachdem kaum der Prozeß angefangen, wurde er auch schon durch mächtige Einflüsse niedergeschlagen und die Absicht kundgegeben die ganze Angelegenheit mit Stillschweigen zu begraben. Ignatius bestand hartnäckig auf der Wideraufnahme, möge das Urteil ausfallen, wie es wolle. Papst Paul war abwesend in Nizza, um eine Vereinigung zwischen dem Kaiser und Franz I. herzustellen; als er zurückkehrte, ließ ihn Ignatius zuerst durch einen Gönner, dann durch die beiden ihm schon bekannten Jesuiten, Lainez und Faber bearbeiten, zu-

letzt folgte er ihm selber nach auf einen Landaufenthalt in den
Marken.

„Ich sprach mit S. Heiligkeit", schreibt er, „allein in seinem
Zimmer fast eine Stunde; ich redete mit ihm ausführlich von un=
seren Absichten und Bestrebungen, ich erzählte ihm genau, wie
viele Male in Spanien und Paris gegen mich Prozeß angestrengt
worden, ebenso wie oft ich in Alkalá und Salamanca gefangen
gesetzt worden war, und dies zum Zwecke, damit Niemand ihn
genauer unterrichten könne, als ich ihn unterrichtet hatte, damit
er desto mehr bewogen würde eine Untersuchung über uns anzu=
stellen, und damit auf alle Weise ein Urteilsspruch oder eine Er=
klärung über unsre Lehre gefällt werde. Ich bat im Namen
aller S. Heiligkeit: da es zu Predigt und Seelsorge sehr nötig
sei, nicht nur vor Gott, sondern auch vor dem Volk einen guten
Ruf zu besitzen und nicht verdächtig in Lehre und Sitten zu sein,
so möge er als Heilmittel verordnen, daß unsre Lehre und Sitten
von einem ordentlichen Richter, den S. Heiligkeit bestimmen möge,
untersucht und geprüft würden. Wenn sie schlecht befunden würden,
so möge mir eine Korrektur oder eine Züchtigung zu Teil werden,
wenn gut, die Gunst S. Heiligkeit. — Obwohl der Papst An=
laß hatte, argwöhnisch zu sein gegen das, was ich sagte, nahm
er es doch sehr gut auf, lobte unser Talent und unsere guten
Bestrebungen; und nachdem er so eine Weile gesprochen und uns
ermahnt hatte (gewiß mit Worten wie ein wahrer und echter
Hirt), verordnete er mit großem Eifer, daß der Gouverneur so=
fort in unsrer Sache ein Verhör anstelle."

Auf diese Stunde können wir alle weitern Erfolge der Ge=
sellschaft zurückführen. Auch der Papst konnte sich nicht der Per=
sönlichkeit dieses geborenen Feldherrn entziehen; er sah ein, was
dieser Mann für das Papsttum, dem er sich zur Verfügung ge=
stellt, werde leisten können.

Der Erfolg des Prozesses konnte nicht weiter zweifelhaft
sein. Die Gesellschaft hatte sich an allen Orten, wo sie erfolg=
reich gewirkt, Zeugnisse erbeten; Siena, Bologna, der Herzog von
Ferrara hatten solche eingeschickt. Ignatius war nun bereits so
oft in Untersuchung gewesen, daß es nicht eben wunderbar war,
wenn in Rom aus Spanien, Paris und Venedig Beisitzer der

Inquisition zugegen waren, von denen er schon einmal freige=
sprochen war. Nicht einen einzigen Tag hatte man die gewohnte
Beschäftigung aufgegeben.

Dies that man auch nicht, als man sich nun anschickte die
einfachsten Formen für die Gesellschaft, die noch immer eines ver=
fassungsmäßigen Bodens entbehrte, zu finden. Wenn die Genossen
am Tage ihren Geschäften nachgegangen waren, kamen sie des
Nachts zur Beratung zusammen. Die Gewißheit, daß sie unge=
zählte Nachfolger haben würden, für welche die ersten Absichten
der Gründer maßgebend sein würden, bestimmte sie, alsbald selber
einen ausführlichen Bericht über ihre Beratungen abzufassen.
Man solle sich nicht wundern, heißt es dort, daß einige Verschieden=
heit der Meinungen geherrscht habe, nämlich über die besten
Mittel dem Nächsten zu helfen, während sie doch über „das Blanko
ihrer Berufung" einig gewesen. Sei es doch selbst im Apostel=
convent nicht anders zugegangen. Daß sie trotz der Verschieden=
heit ihrer Nationalität, die auch verschiedene Ansichten zur Folge
habe, dennoch eines Sinnes geworden, solle Späteren zum Bei=
spiel dienen. — Auch weiterhin ist es für Ignatius ein haupt=
sächliches Ziel geblieben: jenen nationalen Eigentümlichkeiten
allen Einfluß auf Beschlüsse und Handlungen des Ordens zu ent=
ziehen, sie nach Möglichkeit zu vernichten.

Die Debatte wurde so eingerichtet, daß in einer Nacht alles
erörtert wurde, was gegen einen Punkt sprach, in der nächsten,
was für denselben. Sie machten es sich zur Bedingung, daß in
der Zwischenzeit keiner zum andern von diesen Dingen reden dürfe,
daß jeder sich auf den Standpunkt eines Fremden, der ganz ob=
jektiv die Interessen der Gesellschaft beurteile, stellen solle. Eine
Messe und geistliches Nachsinnen war bestimmt, sie in einen freu=
digen und friedlichen Seelenzustand zu versetzen. Kluge Regeln,
die Ignatius bei den Wahlen und Beratungen der Gesellschaft
immer angewendet wissen wollte.

Darüber, was stets das Wichtigste war, daß sie bedingungs=
los und ungesäumt dem Auftrag des Papstes zu jeder Sendung
in Glaubenssachen, sei es zu Indern, sei es zu Ketzern, zu Gläu=
bigen, zu Ungläubigen folgen wollten, kam es gar nicht zur De=
batte. Das war eben ihre „Berufung"; ob sie aber bei solchen

Sendungen jeder für sich handeln, oder ob sie auch getrennt noch eine Körperschaft bilden, d. h. sich unter einander von ihrem Vorgehen Nachricht geben sollten, war die erste Frage. Sie ward sofort dahin entschieden: „Nachdem sie Gott aus so vielen Nationen zusammengeführt, wollten sie auch diese Einheit bewahren, denn vereinte Thätigkeit habe doppelte Kraft."

Konnten sie dies thun, ohne wie ein anderer Mönchsorden zu werden? Es ist merkwürdig, daß grade über jene Verpflichtung, die bald den Jesuiten als ihr Ein und Alles galt, über den Gehorsam gegen einen Oberen, sich anfangs die meisten Bedenken erhoben. Der Name Mönchsorden sei nun einmal der gegenwärtigen Zeit verhaßt, die Kirche habe selber die Absicht ausgesprochen die Zahl derselben zu verringern; sollte sie aber der Papst nötigen sich einer der alten Regeln zu unterwerfen, so würden alle ihre Wünsche vereitelt werden. Die freie Beweglichkeit, die Möglichkeit überall Gelegenheit und Platz zur Arbeit zu suchen, schien ihnen hiermit unvereinbar. Jedoch die entgegengesetzten Gründe überwogen: Ohne Gehorsam geschieht keine Pflicht ordentltch, jeder sucht die Last von seinen Schultern auf die der andern abzuwälzen. Sei schon für alle andern Orden der Gehorsam das Band, wie viel mehr sei ein solches der Gesellschaft Jesu nötig, die ihre Mitglieder in alle Weltgegenden zerstreut. Endlich entsprießen nur dem Gehorsam die heroischen Tugenden der Weltverachtung. „Demut kann nur mit Gehorsam, Stolz mit Eigenwillen bestehen." Und alsbald beschloß man auch den Gehorsam so scharf zu fassen, daß man dem Vorgesetzten seine Würde auf Lebenszeit übertrug, was bei keinem andern Orden der Fall war.

Wohin Ignatius' eigene Meinung ging, darüber werden wir nicht einen Augenblick in Zweifel sein: der Mann der eine „Kompagnie Jesu" gestiftet, der allerlei Gewohnheiten des Soldatenstandes in ihr nachahmte, der konnte das nur auf dem Grunde eines strikten militärischen Gehorsams thun wollen. Von ihm rührt der Entwurf her, der dem Papst unterbreitet wurde; auf nichts wird bereits in diesem so viel Nachdruck gelegt als auf die Bestimmung des Gehorsams. Gehorsam, zunächst gegen den Papst; „Es sollen alle Genossen wissen und nicht nur beim Eintritt in

ihren Beruf, sondern so lange sie leben, täglich in ihrem Geiste
bewegen, daß diese ganze Gesellschaft und alle Einzelnen unter
dem treuen Gehorsam unsres heiligsten Herrn, des Papstes, Gott
Kriegsdienste leisten." Um die Last, die sie mit diesem Gelübde
auf sich nahmen, würdig zu tragen, sollten sie Tag und Nacht
die Lenden gegürtet, zur Einlösung einer so großen Schuld ge=
rüstet sein. Und damit keinerlei Ehrgeiz oder Mißgunst sich ein=
schleichen könne bei diesen Sendungen, so sollen sie nie über solche
mit dem Papst verhandeln sondern diese Sorge Gott, dessen Stell=
vertreter und ihrem General überlassen. Gehorsam sodann gegen
ihren zukünftigen General. In wichtigen Dingen soll sich dieser
zwar mit den Vätern beraten, aber er allein hat zu befehlen,
und er hat alles zu befehlen, was zum Aufbau des von Gott
und der Gesellschaft ihm vorgesetzten Zweckes dienlich scheint.

Außerdem behielt man jene schon in Paris übernommene
Scheidung bei, daß die Professen, die Mitglieder, welche wirklich
die Gelübde abgelegt hatten, völlig arm sein sollten, daß aber
die Studierenden hieran nicht gebunden seien. Schon hatte man
eigene Collegien an den Universitäten in Aussicht genommen.
Auch in allen andern Punkten wurde Einigkeit erzielt; nur die
Kinderlehre wollte Bobadilla nicht in den Kreis der Verpflich=
tungen aufnehmen — sie solle ein Werk freiwilliger Liebe sein,
meinte er; wie er denn überhaupt diese statt des Gehorsams als
das Band der Gesellschaft auffaßte, eine Ansicht, mit der er jedoch
bei Ignatius' Lebzeiten zurückhielt, um sie dann Lainez gegenüber
entschiedener geltend zu machen.

Mit diesem Entwurf konnte man nun vor den Papst treten.
Contarini überreichte ihm denselben, und überrascht soll Paul
ausgerufen haben: „Hier ist der Geist Gottes." Für das Papst=
tum jedenfalls war hier eine feste Stütze in Aussicht gestellt.
Gelang es diese leichte Ausfalltruppe, die nicht wie die andern
Orden ein unabhängiges Glied der Kirche sein wollte, die auf
den Wink des Papstes bereit stand, zu organisieren, so war damit
ein unvergleichlicher Gewinn für den Stuhl Petri erworben, in=
mitten dieser Zeiten des Abfalls.

Aber ein günstiges Wort des Papstes entschied noch nicht
über die Zulassung eines ganz neuen Ordens in der Kirche. Die

Angelegenheit der Prüfung und Bestätigung ruhte nun einstweilen bei einer Kommission, in der ein berühmter Vertreter des kanonischen Rechtes, der Kardinal Guiduccioni, den Vorsitz führte. Er war der eifrigste Beförderer der Ansicht, daß man die Ueberzahl der Orden einschränken müsse; er hatte einen Plan, wie deren Vereinigung durchzuführen sei, ausgearbeitet und war wenig gesonnen selber die erste Bresche in denselben zu legen. Lange zogen sich die Verhandlungen hin und schienen sich nicht günstig für die Gesellschaft zu gestalten. Als ein echter Spanier gelobte Ignatius der göttlichen Majestät für einen günstigen Ausgang 3000 Messen, die dann der Orden allmählich abgewickelt hat.

Da war der glücklichste Fall, daß inmitten dieser Schwankungen der Gesellschaft ein Ruf kam, der entscheidend für ihre spätere Thätigkeit wurde. Der Kolonisationseifer der Portugiesen stand damals unter König Johann III. auf seiner Höhe; sie überflügelten in Indien, Afrika, Brasilien fast noch jenen der Spanier. Es waren politische und religiöse Beweggründe zugleich, die den König wünschen ließen, daß jene Länder auch durch den christlichen Glauben dem Mutterland erobert würden. Die wenigen Franziskaner, die sich bereits meist als Bischöfe in jenen Ländern befanden, genügten nicht; und überhaupt schien jener Orden, der später durch die Missionsthätigkeit der Jesuiten angestachelt mit ihnen auf diesem Felde in Wettbewerb trat, in seinem damaligen Zustand wenig zu einer solchen Aufgabe geeignet. Es war jener Magister Govea, der einst in Paris einen so mächtigen Eindruck von Ignatius Persönlichkeit empfangen hatte, welcher jetzt als Mitglied des königlichen Rates Johann auf die neue Missionsgesellschaft, deren Entstehen er mit angesehen, aufmerksam machte. Der König ließ in Rom um Missionäre aus derselben, womöglich um 6 oder 8, bitten. Mit vollem Selbstgefühle erwiderte Ignatius in diesem Augenblick, wo noch der ganze Bestand der Gesellschaft an einem Faden hing: „Wenn man aus unsrer kleinen Zahl für eine einzige Provinz 6 nimmt, wie viele sollen wir für die übrigen Teile des Erdkreises behalten?" Er sandte zwei, Franz Xavier und Simon Rodriguez.

Jedoch wußte er wohl, was diese Bitte in diesem Augenblick für die Gesellschaft bedeute. So leicht er auch bei der Hand war vornehmen geistlichen und weltlichen Herren gegenüber die Gesellschaft als ihr Geschöpf, das jenen mehr als ihnen selbst gehöre, zu bezeichnen, bei dem Könige von Portugal war es ihm am ehesten hiermit Ernst. Freilich hat diese Versicherung dazu dienen müssen, um das Königshaus und das Land immer vollständiger in die Hand der Jesuiten zu bringen.

Endlich erfolgte unter dem Eindruck, daß die Gesellschaft schon thatsächlich ihre Lebensfähigkeit erwiesen, die Bestätigung im Herbst 1539; ehe die Bulle ausgefertigt wurde, verging noch mehr als ein Jahr. Als „Vorsteher der streitenden Kirche" gab der Papst dieser Gesellschaft, die, wie man fromm glaube, der heilige Geist aus den verschiedenen Weltgegenden zusammen geführt habe, seinen Segen. Der Entwurf Loyolas wurde durchaus gebilligt und nur die Bestimmung hinzugefügt, daß die Zahl der Professen 60 nicht überschreiten solle. Sie konnte für Ignatius gleichgiltig, fast willkommen sein. Schon im Entwurf hatte er gesagt: „Niemand soll in die Gesellschaft aufgenommen werden, als wer lange und aufs sorgfältigste erprobt ist; und wenn er klug in Christo (!) und durch Reinheit der Lehre und christlichen Lebens ausgezeichnet ist, dann erst soll er zu dieser Miliz Jesu Christi zugelassen werden." Als nach drei Jahren Papst Paul auf seinen Antrag jene Beschränkung fallen ließ, weil unter den in Paris und auf andern Universitäten weilenden Scholaren der Gesellschaft viele geeignet seien als Professen einzutreten, da war dieser Grund für Ignatius nur ein Vorwand. In Wirklichkeit dachte er gar nicht daran, die Zahl der ursprünglichen Gründer, „der ersten Väter", anders als ganz langsam zu vermehren.

Jetzt mußte der Gesellschaft, die ihrem General so viel Macht zuschreiben wollte, dies ihr Oberhaupt wirklich gegeben werden. Es konnte keine Frage sein, daß sich alle Stimmen auf Ignatius vereinigten. „Den Vater, der uns alle in Christo gezeugt", nannte ihn Franz Xaver auf seinem Zettel; und noch überschwenglicher sprach sich der jugendliche Salmeron aus: er bezeichnete ihn bei lebendigem Leibe als „den heiligen Ignatius von Loyola". Auch Ignatius selber zweifelte nicht an diesem Ausgang; auf seinem Stimmzettel stand: er wähle den, der die meisten Stimmen auf sich vereinige, ausgenommen ihn selber. Er wollte sich offenbar

als zukünftiger General nicht die Hände binden gegen einen, den
er selbst jener Würde für wert erklärt hätte. Sobald aber das
Ergebnis feststand, weigerte er sich eben jene Würde anzunehmen;
je mehr man in ihn drang, um so mehr sträubte er sich, bis
Lainez ihm rundweg sagte: „Vater, nimm das Amt an, das dir
Gott so deutlich aufträgt, oder meinethalben mag die Gesellschaft
sich auflösen." Wir werden ein solches Verhalten weder als
Heuchelei noch als Berechnung bezeichnen dürfen, es ist die Art,
wie Ignatius Demut übte.

Schon ehe die Wahl vollzogen war, hatte man einen Statutenentwurf beraten, mit dessen Ausarbeitung Ignatius betraut worden
war. Er scheint nicht viel zu dem hinzugefügt zu haben, was
schon in der Bestätigungsbulle enthalten war. Es sollte, sagt
der Geschichtsschreiber des Ordens, nur eine Saat sein, aus der
die späteren Konstitutionen hervorgehen möchten. Ein so har-
monisches Ganzes habe sich erst mit der Zeit entwickeln können,
und es sei für die Gesellschaft ein großer Vorzug gewesen, daß
sie sich nicht gleich anfangs, während ihre Thätigkeit sich noch
entfaltete, mit allzuviel Regeln belastete.

Als Ignatius nun General geworden war, fiel ihm die
Ausarbeitung einer Verfassung als die hauptsächlichste Aufgabe
von selbst zu. Der Entwicklung des Ordens nachzukommen mit
der Gesetzgebung und durch diese die Bürgschaft zu gewähren,
daß die einmal ergriffene Thätigkeit in gleichem Sinne fort-
geführt werde, war nun das Ziel geworden. So lange diese
Thätigkeit sich noch nicht auf bestimmte Gebiete konzentriert
hatte, konnte auch die Gesetzgebung sie nicht festlegen. Noch
i. J. 1546 gab Ignatius in Ermangelung von Konstitutionen
ganz kurze Lebensregeln heraus, die nur das persönliche Verhalten
der Einzelnen bestimmen sollten. Sie mußten einstweilen genügen.
Gott sich beständig als gegenwärtig vorzustellen, alle Reden und
Handlungen demgemäß einzurichten, aber auch in den Vorgesetzten
immer die Person Gottes zu sehen, das ist auch in ihnen wieder der
Grundgedanke. Geradezu wird das Mißtrauen gegen die eigene
Einsicht verlangt, dabei aber die höchste Willensstärke, die nie
zweifelt an der Göttlichkeit der Berufung, die niemals ein gutes
Werk, sei es noch so klein, verschiebt, um es später besser zu machen.

Denn eine solche Vorspiegelung, meint er, sei die schlimmste aller Versuchungen.

Diese wenigen Bestimmungen mochten einstweilen genügen; in Wahrheit mußte erst die Thätigkeit der Gesellschaft „das Blanko ihrer Berufung" ausfüllen. Der Kreis, den sie sich erobern konnte, gehörte ihr. Vor allem mußte, was in Rom geschehen konnte, hier auch geleistet werden, standen doch dem Papsttum selber die Angelegenheiten urbis et orbis, der Stadt und des Erdkreises, in gleicher Linie. Und für Bekehrung wie für Sittenreform bot Rom auch einen vorzüglich geeigneten Boden.

So lange hatten die Päpste in ihrer unmittelbaren Nachbarschaft den Juden eine Freistatt gewährt. Als Papst Leo X. seinen Krönungsritt durch die Stadt machte, und ihm die Israeliten ihre Privilegien zur Bestätigung überreichten, hatte er geantwortet: „Concedo, non probo" (ich gestatte sie, ich billige sie nicht). Das Zugeständnis dachte man ihnen auch wirklich nicht zu verkürzen; aber wie man ihnen vor den Ausgang des Ghetto eine Kirche hingesetzt hat, die als Aufschrift in hebräischen Lettern die heftigsten Scheltworte der Propheten über das verstockte und gegen die Stimme der Wahrheit taube Volk trägt, so suchte man sie auch bald mit Drohungen, bald mit Begünstigungen dem Christentum zuzuwenden. Ignatius schlug den zweiten dieser beiden Wege ein. Er war entschieden gegen jede Austreibung, da er aber einsah, daß gerade diese Bekehrung nie einen Fortschritt machen würde, wenn sie mit Vermögensnachteilen für die Bekehrten verbunden wäre, so setzte er durch, daß jene nicht nur ihr volles Erbrecht behalten dürften, sondern auch entgegen früheren Bestimmungen ihr durch Wucher erworbenes Geld. Um arme Juden, die bekanntlich immer von ihren Glaubensgenossen freigebig unterstützt worden sind, zu gewinnen, beantragte er die Errichtung einer Stiftung für dieselben; die Kosten sollten nicht die Christen, sondern die im Unglauben verharrenden Juden tragen. Es glückten ihm mehrere Bekehrungen, die mitunter einen etwas pikanten Beigeschmack hatten. Die Taufe, die dann wohl auch einmal mit einer Hochzeit verbunden war, wurde von ihm als öffentliche Schaustellung arrangiert, die Kurie spielte dabei ihre Rolle und das Volk drängte sich so zu, daß die Piazza Navona es kaum faßte.

5*

Mehr als diese äußere Mission nahm ihn die innere in An=
spruch. Auch hier war er kein Freund von schroffen, durchgreifenden
Reformen, wie sie dann später der heilige Asket, Papst Pius V.
unerbittlich durchsetzte. Im Rom Paul's III. wären solche auch
völlig unmöglich gewesen. Mit der Bekehrung der Scharen von
Dirnen machte er geringe Fortschritte angesichts der üblen Lebens=
gewohnheiten der Männer, die schließlich immer der Grund für das
Vorhandensein jener bedauernswerten Geschöpfe sind. Klug be=
schränkte er sich darauf zu verhindern, daß das Verderben nicht auch
in den von der Kirche geheiligten Ehen um sich griffe. Zerrüttet
wie die ehelichen Verhältnisse in Italien waren, dienten sie oft nur
als Deckmantel des Lasters, und ebenso war es häufig, daß von
ihren Männern getrennte Frauen zur tiefsten Stufe sanken. Für
solche errichtete Ignatius sein „Marthastift". Anfangs hatte er
diejenigen, welche ihren Lebenswandel zu bessern gesonnen waren,
in gute Familien verteilt; bald hatte er mit der ihm eigenen Be=
triebsamkeit so viel Geld zusammengebracht, um ein eigenes Haus
zu erwerben, in das die 28 Sünderinnen übersiedelten. Eine
Bruderschaft sollte für die weitere Erhaltung sorgen.

Es war nicht ein Kloster, sondern eine Besserungsanstalt, die
er errichtet hatte; gute Aufsicht und lohnende Arbeit sollten die
Insassen in ihr finden. Es galt eine strenge Hausordnung aber
keine feste Verpflichtung einer Regel; auch durfte die Anstalt nur
verlassen werden, wenn zu einer wirklichen Erneuerung des ehe=
lichen Zusammenlebens Aussicht war. Da Ignatius seinen all=
gemeinen Grundsätzen gemäß bald die Obhut über die Stiftung
niederlegte, hat sie nicht sehr lange in ihrer ursprünglichen Form
bestanden; immerhin ist sie ein Zeichen dafür, wie sich in der ka=
tholischen Kirche, wesentlich unter dem Einfluß der Jesuiten, die
Organisationsthätigkeit umwandelte; statt neuer Orden gründete
man fortan lieber neue Kongregationen, Vereinigungen mit nur
einem, bestimmtem, praktischem Zweck.

Auch gewaltsamere Mittel waren Ignatius gelegen, wo es
darauf ankam, den äußeren Schein der Frömmigkeit zu erwecken.
Er entdeckte ein altes, längst vergessenes Dekret Innocenz' III.
des Inhalts, daß der Arzt den Kranken erst dann in Behandlung
nehmen dürfe, wenn jener zuvor gebeichtet habe. Er erwirkte beim

Papste die Erneuerung mit einigen mildernden Zusätzen, die dann der Eiferer Pius V. wiederum getilgt hat.

Eine andere, der Leitung des Marthastiftes verwandte Thätigkeit lag nahe. Furchtbar zerrüttet waren die sittlichen Zustände der Nonnenklöster. Die Literatur Italiens zeigt uns, wie die öffentliche Meinung über sie war; und mochte hier noch so viel übertrieben sein, auch die öffentliche Meinung hat wiederum rückwirkende Kraft. Die Jesuiten begannen mit Erfolg an verschiedenen Orten Nonnenklöster zu reformieren, die Töchter der Lust wiederum auf den Weg der Bräute des Himmels zurückzuführen. Vielfach interessierten sich hochgestellte Persönlichkeiten, namentlich vornehme Damen, die mit Eifer dies Aergernis aus der Welt schaffen wollten, für ihre Unternehmungen. Bei den Nobili von Venedig, bei den Vizekönigen von Neapel und Sicilien haben sie sich so eingehoben; das Interesse, das Philipp II. von Spanien an ihnen nahm, beschränkte sich längere Zeit auf diese Angelegenheiten.

Aber von Anfang an lehnte Ignatius ab für solche reformierte Klöster auch dauernd die geistliche Obhut zu übernehmen; höchstens gestattete er seinen Jesuiten hin und wieder die Beichte der Nonnen zu vernehmen. Es war sein Grundsatz, daß die stets auf dem Sprung stehende Gesellschaft kein Amt, das eine dauernde Verpflichtung auferlegte, bekleiden sollte; und er wollte überhaupt je länger je mehr seinen Orden von dem zeitraubenden geistlichen Verkehr mit den Frauen freimachen.

Es war in diesem Punkte eine Wandlung mit ihm vorgegangen. Fromme Frauen waren es ja gewesen, bei denen er wie alle Propheten zuerst Eingang gefunden; an Nonnen sind jene Briefe gerichtet, in denen er die geistlichen Uebungen erörtert; vornehme Damen waren es auch weiterhin, die fast überall der Gesellschaft Jesu den Weg bahnten. Auch dachte Ignatius gar nicht daran, seine Genossen von dem Verkehr und der Beeinflussung solcher entfernt zu halten; aber wo es sich nicht um einzelne, sondern um ganze Vereinigungen von Frauen handelte, da wollte er nicht mehr die Hand im Spiele haben. Alle andern große Orden hatten ihre Regeln auch auf Nonnen ausgedehnt, und fast ebenbürtig trat Scholastica neben Benedictus, Catarina von Siena neben Dominikus. Es war von vornherein

zweifelhaft, ob der kriegerische, zu beständiger Wanderschaft be=
stimmte, des aktiven, unverblüfften Mutes höchst bedürftige
Jesuitenorden ein solches weibliches Gegenstück vertragen könne.

Anfangs war Ignatius dieser Meinung. Verschiedene vor=
nehme Frauen legten das Gelübde des Gehorsams, entsprechend
dem der Mitglieder der Gesellschaft, ab. Aber die Art, wie sie
sich über dies ihr Gelübde aussprachen, leidenschaftlich, verworren,
asketisch, diente nur dazu Ignatius auf seinen Irrtum aufmerk=
sam zu machen. Denn der Gehorsam des Jesuiten darf nicht
aus einer leidenschaftlichen Hingebung herfließen, sondern er ent=
springt einem Grundsatz; er will erworben und geschult sein, und
dies Gehorchen ist zugleich eine Schule des Befehlens. Den Aus=
schlag gab das Verhalten eben jenes katalonischen Damenkreises,
der Loyolas erste Anhängerinnen enthielt. Noch 1539 hatte er
an Isabelle Roser geschrieben: er wolle von Gott vergessen sein,
wenn er jemals vergessen würde, was sie an ihm gethan; aber
schon bald nachher glaubte er sich beschweren zu müssen, daß
man seine Briefe anders auffasse, als sie gemeint seien. Immer=
hin blickte der Kreis zu Barcelona noch mit Stolz auf die Erfolge
seines geistigen Vaters. Da kam 1543 Isabelle Roser mit
einigen Freundinnen nach Rom; sie brachte eine für den Bau
des Profeßhauses sehr erwünschte Spende, aber sie begehrte auch
für ihre Skrupel und Seelenzustände eine Berücksichtigung und
eine Beschäftigung, wie sie Ignatius, der jetzt wichtigeres zu thun
hatte, nicht geben konnte. Die drei Frauen machten ihm in drei
Tagen mehr zu schaffen, als die ganze Gesellschaft in einem
Monat.

Es kam zum Zerwürfnis, und Ignatius entließ sie aus dem
Gehorsam. Er that es mit den freundlichsten Worten; es sollte
durchaus keine Strafe sein, aber in der leidenschaftlichen Spanierin
erweckte diese Zurückweisung tiefen Groll. Sie forderte jetzt ihr
Geld wieder, das nur ein Vorschuß gewesen sein sollte, sie er=
füllte die Paläste der Kardinäle mit ihren Klagen und Thränen,
und Ignatius beschwert sich mit Bitterkeit: ein wie übler Ruf
der Gesellschaft in Rom und Barcelona aus diesem Handel er=
wachse. Es bedurfte vieler Klugheit, um diesen Eindruck wieder
zu verwischen.

Die Haupsache aber war, daß er während dessen ein päpst-
liches Breve erlangt hatte, durch das die Gesellschaft von aller
geistlichen Fürsorge und Leitung des weiblichen Geschlechts ent-
bunden ward. Aufgegeben hat Ignatius damit nichts; er wußte
gut genug, daß der katholische Priester hinreichend Hilfsmittel
zur Beherrschung der Frauen hat. In viel höherem Maße waren
es die Männer, die er nicht nur zu gewinnen, die er auch zu
organisieren suchen mußte.

Die Hauptsache war und blieb hierbei die Predigt. Wichtiger als je zuvor war sie jetzt geworden. Die versöhnliche
Richtung an der Kurie war völlig unterlegen, seitdem sie in den
deutschen Angelegenheiten nicht zu dem gewünschten Erfolg geführt hatte. Ignatius hatte den Männern dieser Richtung
scheinbar bisher nahe gestanden. Noch 1541 hatte Faber Contarini nach Speier begleitet; hingegen hatte sich mit dem Führer
der Unversöhnlichen, Caraffa, eben wieder ein Zwiespalt ergeben,
weil ein Geistlicher seines Gefolges ohne sein Wissen der Gesellschaft beigetreten war; aber die Umstände brachten es mit sich,
daß sich jetzt die beiden Männer näherten. Man hätte es nach
Ignatius' bisherigen Erfahrungen nicht für möglich halten sollen,
daß er ein Verehrer der Inquisition sein könne. Aber er war
ganz Spanier in diesem Punkte. Die Geschichtsschreiber seines
Ordens rechnen es ihm zu besonderem Ruhm an, daß er 1543
den Plan eingegeben, das furchtbare Tribunal zu reorganisieren,
es einer besonderen Congregation der Kardinäle zu untergeben,
deren Seele dann Caraffa wurde, deren blinder Arm jener Michele
Ghislieri, der als Papst Pius V., als Heiliger der Kirche, den
Höhepunkt der Gegenreformation bezeichnet.

Ignatius ward namentlich auch durch den Wunsch geleitet,
daß er auf diese Weise jene vielen, der neuen Meinungen verdächtigen Priester von sich abschütteln könne, die nun einmal,
da sie eine populäre Wirksamkeit verfolgten, dem Volk mit den
Jesuiten zusammenfielen. Sie waren ihre schlimmsten Kon-
kurrenten, überall stießen sie mit ihnen zusammen. In Parma,
der neuen Fürstenstadt der Farnesen, und in Padua, der Universität der Venetianer, hatte Lainez mit ihnen heftige Disputationen,
so auch Broët in der stets leicht erregbaren Romagna, dem

Wirkungsfelde Ochinos. Dort war es so weit gekommen, daß wie in Deutschland — den Jesuiten das ärgste Gräuel — Handwerker und Kaufleute in Werkstätten und Läden sich über den Glauben und seine Dogmen unterredeten. Grade gegen jene Prediger wandte sich nun die Inquisition mit voller Schärfe, unerbittlich. Auch Ochino, der Kapuzinergeneral, flüchtete vor ihr in das Hauptquartier der Ketzer nach Genf; sein Orden mußte sich eine durchgreifende Aenderung gefallen lassen, er leistete später den Jesuiten eine Art Schildknappendienst, dafür überließen ihm jene die Bearbeitung der Massen durch derbe Predigten.

Für Ignatius wäre es freilich noch ein besonderer Triumph gewesen, wenn er auch den Mann, der doch immerhin in Rom eine so hohe Würde bekleidet hatte, und nun auf dem Wege war, ein Häresiarch zu werden, in den Schoß der Kirche zurückgeführt hätte. Er ließ Ochino durch seine Abgesandten bearbeiten, stellte ihm den mildesten Urteilsspruch, völlige Verzeihung in Aussicht. Sein Verhältnis zu den Inquisitoren war so eng, daß er glaubte so etwas versprechen zu können. Immer kann er, wenn er einer Stadt oder einem Bischof die Sendung von Predigern abschlägt, sich darauf berufen, daß sie unter andern Aufträgen auch durch diejenigen der Inquisition vollauf in Anspruch genommen seien.

Jetzt aber war es nötig, daß in die Lücke, die durch das Ausscheiden so vieler Prediger gerissen war, unbedingt zuverlässige Leute eintraten. Das waren die Jesuiten; und ihre Betriebsamkeit kam ihnen hier ganz besonders zu Statten. Ignatius selbst predigte einst 45 Tage hinter einander in Rom; in spanischer Sprache, aber schon war diese für die vornehmen Geschlechter, die Anschluß an Spanien suchten, verständlich.

Schon der Aufschwung der Predigt in den katholischen Ländern war nicht ohne Rücksicht auf den Protestantismus zu Stande gekommen. Denn der evangelische Geistliche war ja recht eigentlich „der Prädikant". Dadurch daß er dem Volke das lautere Gotteswort verkündete mit der Lutherbibel und dem Katechismus in der Hand, daß er nicht mit vieldeutigen Ceremonien, sondern mit dem verständlichen Wort sich an Herz und Vernunft der Hörer wandte, hatte die Reformation ihren Siegeslauf festbegründet, von Anfang an abhold jedem Priestertum, das

Phantasiebilder und willkürliche Symbole dem Volk als Religion verkauft. Bald war Petrus Canisius um ihren Fortschritten in Deutschland entgegenzutreten auch genötigt, den Lutherschen Katechismus nachzuahmen.

Nächst der Predigt aber wirkte die Wiederherstellung der alten — wenn auch nicht der ältesten — Abendmahlfeier, die zum Zeugnis diente, daß man sich dem ersten Christentum wieder angenähert habe, nachdem das jüdische Opfer zum zweiten Male, jetzt in der Gestalt der katholischen Messe, abgeschafft worden war. Für Ignatius blieb natürlich die Messe der unerschütterliche Grundpfeiler seines Wunderglaubens, das Band, welches den Priester und durch ihn die gläubige Gemeinde an das Ueberirdische knüpft; aber er war viel zu klug, um nicht den Vorteil jenes protestantischen Gebrauchs zu sehen. Wohin auch die Jesuiten kamen, stifteten sie auf seinen Antrieb Bruderschaften zum häufigen Genuß des Abendmahls. In den Briefen, die er deshalb schrieb, erklärte Ignatius ganz in Uebereinstimmung mit den Fortgeschrittensten der Abgefallenen: der tägliche Genuß, wie ihn die ältesten Christen gepflegt, sei das beste; daß man hiervon abgewichen, sei das erste Zeichen einer beginnenden Lauheit gewesen. Nun wolle er zwar nicht zur Rückkehr zu jenem Standpunkt raten, aber er halte es mit dem Kirchenvater, der erklärt hatte: eine tägliche Abendmahlfeier lobe er nicht und table er nicht, zu wöchentlicher aber muntere er auf. Wenigstens eine monatliche verlangte Ignatius.

Es fehlte nun aber sehr wenig, daß solche Bruderschaften zu Konventikeln wurden, daß sie gewöhnt an einen häufigen gemeinsamen Gottesdienst sich absonderten von der Mehrheit der Gemeinde. Und da nun einmal der Geist der ältesten Christen wachgerufen war, so ließ er sich auch nicht mehr bannen. Bald fanden in Spanien einzelne Priester, die mit den Jesuiten in Verbindung zu treten suchten, Anhänger, welche die Kommunion sogar zweimal täglich nahmen und austeilten. Wieder ward gegen die Jesuiten der niemals ganz eingeschlummerte Ruf wach: sie seien Ketzer; und der heftigste Strauß, den bei Ignatius' Lebzeiten die Gesellschaft zu bestehen hatte, die Feindseligkeiten des Primas von Spanien Siliceo von Toledo, fanden hier ihren

Ursprung. Nicht immer also war die volksmäßige Wirksamkeit in der Hand der Jesuiten eine glückliche.

Doch es galt durchaus nicht allein das Volk zu bewegen. Mochte dies auch Hauptzweck und Endziel sein — um zu diesem zu gelangen, bedurfte man der guten Meinung und des guten Willens der Fürsten, der Stadtobrigkeiten. Wenn die Jesuiten nun diese überall zuerst zu gewinnen verstanden, so geschah es freilich auch deshalb, weil man in ihnen die rechten Männer sah, um die Umwälzung, die Ketzerei im Volke, zu bekämpfen. Aber sie wußten auch von vornherein geistige Gaben zu bieten, die nur für jene höher stehenden schmackhaft waren. Sie selber waren Volksredner nur aus Grundsatz. Nicht darum, weil sie selbst mitten im Volk gestanden hätten, redeten sie seine Sprache — dazu hätten sie nicht so ernsthaft in Paris den Wissenschaften obzuliegen brauchen, — sondern auch hier war das Studium ihre Vorbereitung. Das Werk, welches für sie die Grundlage war, von der sie ausgingen, und die Quelle der Verjüngung, zu der sie immer wieder zurückkehrten, die geistlichen Uebungen, waren berechnet und bestimmt für Leute, die ihr Denken, ihre Phantasie, ihr Wollen schon geschult hatten und es noch weiter zu schulen begehrten. Die Exercitien und ein verständnisvolles Beichthören sind es, die sie bei den höheren Klassen einführen. Als der vornehmste von Ignatius' Anhängern, Franz Borja, durch seine persönliche Vermittlung beim Papste erlangt hatte, daß die Exercitien durch ein Breve allen Christen empfohlen wurden, da war einer von Ignatius drei Lebenswünschen erreicht.

Wie oft wird uns nicht berichtet, daß der Jesuit in der Stadt, in die er gekommen, solchen Zudrang gefunden habe, daß er von der ersten Morgenstunde bis zur einbrechenden Nacht den Beichtstuhl nicht verlassen können! Von Anfang an waren sie auch vorübergehend oder dauernd die geistlichen Väter der Fürsten und Fürstinnen. Ignatius vertrat die An= sicht, daß, wenn jene nur sonst der Kirche und der Gesellschaft Jesu wohlgesinnt seien, man ein solches Amt milde handhaben müsse. Wir werden noch sehen, wie er in einzelnen Fällen zur Nachsicht riet oder diese geradezu anbefahl. Er handelte damit nur als praktischer Mann, denn eine schroffe Sittenreform an den Höfen der romanischen Länder durchzusetzen, wäre ein Ding der Unmöglichkeit gewesen; dachte man doch bis kurz vor Ignatius' Tod in der römischen Kurie selber nicht an eine solche.

Gerade die Handhabung der Beichte bei Hohen und Geringen ist dann der Punkt, um dessentwillen von Ignatius' Tagen an bis auf die unseren den Jesuiten die schwersten Vorwürfe gemacht worden sind. Ihr ganzes, unsrer Anschauung nach verwerfliches Sittlichkeitssystem findet hier seinen Angelpunkt; denn die Beichte, das Sakrament der Sündenvergebung, ist es ja, in welchem der keinem Menschen ersparte Konflikt mit dem Sittengesetze durch die Hand des mit göttlicher Vollmacht ausgestatteten Priesters ausgeglichen werden soll. Und die Werke, aus denen jene berüchtigten Maximen besonders geschöpft sind, sind Handbücher, die dem Beichtiger zur Beurteilung der Sünden dienen sollten. Wie für den Rechtsgelehrten seine juristische Kasuistik, die Ab= leitung der einzelnen Fälle aus der allgemeinen Regel, die Auf= lösung der verwickelten Probleme in einfache nötig ist, so wünschen diese Richter über moralische Vergehen die ihre.

Es fragt sich nun, in wie weit dieses System, das mit spitz= findigen Unterscheidungen allerhand Grade zwischen den Sünden aufstellt, und vieles von dem Namen der Sünde entlastet, was dem natürlichen Gewissen doch als solche erscheint, welches andrerseits übermäßigen Wert legt auf die Absicht, die der Wille verfolgt, im Vergleich zu den Mitteln, die er zur Erreichung wählt, sich auf Ignatius selber zurückführt. Wir erinnern uns, daß man einst in Spanien Ignatius verbot zu definieren, was Todsünde, was läßliche sei. Seine Definition wird sich von der in den Exercitien enthaltenen nicht wesentlich unterschieden haben. Hier lag in der That der Kernpunkt. Es gilt Ignatius als eine läßliche Sünde, wenn der Mensch bei dem aufsteigenden Gedanken einer Todsünde eine Zeit lang verweilt, indem er ihr Gehör giebt, oder wenn er durch eine Ergötzung des Sinnes flüchtig erregt wird, oder bei der Zurückdrängung solcher sich nachlässig zeigt. Zur Todsünde wird dies Wohlgefallen in dem Augenblick, wo der Wille ihm seine Zustimmung erteilt. Ob die That dann ausgeführt wird, ist eine weitere Erschwerung, ändert aber an der Qualität eigentlich nichts.

Solche Grundsätze waren auch vor Ignatius des öfteren ausgesprochen worden; bei ihm aber hatten sie eine ganz besondere persönliche Bedeutung. Der Willensentschluß ist ihm alles; ein Gedankenleben, das von diesem absieht, war ihm immer eine bloße Schulübung, an sich gilt es ihm wenig oder nichts. Man mag das für eine solche Natur berechtigt finden. Aber welcher Fülle von Selbstbetrug, von Heuchelei war hier Thür und Thor geöffnet! Wenn selbst das Verweilen bei sündigen Gedanken, selbst das flüchtige Ergötzen an ihnen ein läßliches Vergehen war, wo war denn die Grenze der Zustimmung, dieser heikle Punkt des Sündenfalls, zu setzen?

Ignatius scheute sich auch vor den Konsequenzen einer solchen Ansicht gar nicht. Der armen Teresa Rejadella, deren lebhafter Geist sich in den Klostermauern abquälte, und der die geistlichen Uebungen nur noch mehr lehrten in einer Welt von Phantasiebildern zu leben, welcher sie nicht immer Herr blieb, schrieb er zur Tröstung in ihren Anfechtungen: „Denket, daß Gott der Herr Euch liebt, und daß Ihr ihm mit derselben Liebe erwidern sollt, und macht Euch nichts aus den schlimmen, unkeuschen und sinnlichen Gedanken, den Schwächen und Lauheiten, wenn sie gegen Euren Willen entstehen." Er meint: St. Peter und St. Paul selber seien ja nicht so weit gekommen, um von jenen frei zu sein. „Denn" fährt er fort „wie ich nicht glaube, daß ich selig werde durch die guten Werke der guten Engel, so glaube ich auch nicht verdammt zu werden um der bösen Gedanken und Anfechtungen willen, die mir die bösen Engel, die Welt und das Fleisch eingeben." *)

Es ist der äußerste Gegensatz zu dem Sittlichkeitsbewußtsein der Reformatoren, der uns in diesen Worten entgegentritt. Für jene war das Gefühl der Sündhaftigkeit alles menschlichen Dichtens und Trachtens die Grundlage, und am wenigsten waren sie ge=

---

*) Cartas I Nr. 8. Es soll nicht verschwiegen werden, daß der positive Grundsatz, den er im Verfolg des Briefes ausspricht, der trefflichste ist. „Das sei Gottes Wille", fährt er fort, „daß sich die Seele bilde nach dem göttlichen Wesen, dann wird auch der Körper, wolle er oder wolle er nicht, dem göttlichen Willen nachgehen. Darin besteht unser eigentlicher Kampf und das Wohlgefallen Gottes."

sonnen das Denken hiervon auszunehmen; eben in dieses verlegten sie den Quell des Uebels. Für Ignatius ist es der freie Wille, der den Menschen zur Götterhöhe, zur Heiligenwürde, emporheben, der ihn zur Verdammnis herabziehen kann. Was kümmern ihn die Gedanken, wenn sie einflußlos auf das Wollen bleiben! Legte man auf sie Wert, so wären ja selbst die Apostelfürsten keine Heiligen mehr! So ist es doch im Grunde immer wieder die Selbstgerechtigkeit, dieser ärgste Stein des Anstoßes für die Reformatoren, der den Kern seines sittlichen Empfindens bildet.

Daß hingegen Ignatius zu jenem berüchtigten Grundsatz, den die Gegner, zumal aus der jesuitischen Praxis des Beichtstuhles folgerten, zu dem Grundsatz: der Zweck heiligt die Mittel, jemals vorwärts gegangen sei, kann man nicht behaupten. Ueberhaupt ist es wohl nicht denkbar, daß ein Mensch cynisch oder verblendet genug sein kann, um einen solchen Satz als ein Prinzip der Moral hinzustellen. Aber daß Ignatius, der Mann des praktischen Erfolges, den höchsten Nachdruck darauf legte, daß zur Erreichung eines Zweckes alle dazu nötigen Mittel ergriffen würden, ist begreiflich. Mit besonderer Vorliebe wandte er auf sich und seine Gesellschaft das Wort des Heidenapostels an: daß er Allen alles sei. Er faßte es dahin auf, daß die Jesuiten alle Rollen spielen könnten und sollten, jede Stimmung, jeden Charakter, je nachdem es der Zweck erfordere, sich im Nu zu eigen machten. Freilich fügt er hier, wie bei der Forderung des blinden Gehorsams, auch hinzu: „soweit nicht eine Sünde deutlich erkennbar ist". Aber wenn der Gehorsam erst durch das Opfer der Einsicht vollkommen wird, wenn auch jene etwa möglichen Zweifel an der Lauterkeit des Befehls durch eine Verordnung aufs kleinste Maß beschränkt werden,*) wo blieb da überhaupt noch ein Platz für das moralische Urteil über die Mittel?

Es sind das Fragen, zu denen wir bei der Betrachtung von

*) Cartas I 47. Danach ist es nur die niedere Art des Gehorsams: das Befohlene zu thun, wenn kein Scheiu einer Sünde dabei ist, die höhere dagegen: wo ein solcher vorhanden, mit dem eigenen Urteil zurückzuhalten, die Zweifel dem Oberen vorzulegen und dann nach seiner Entscheiduug mit ruhigem Geiste das Befohlene zu thun.

Ignatius' praktischem Wirken noch öfters werden geführt werden, und die uns beim Abschluß seines Lebenswerkes, bei den Konstitutionen, noch einmal in aller Schärfe entgegen treten werden.

Nachdem nun einmal die Gesellschaft in Beziehungen zu Fürsten und Staatsmännern getreten war, schien ihr eine andere Thätigkeit nahe zu liegen: die Beteiligung an der Politik. Ignatius befand sich hier in der That in einem seltsamen Zwiespalt. Seine Gesellschaft sollte ebenso wie die Kirche international sein. Nicht umsonst wird in den päpstlichen Bullen und in dem ersten Sitzungsbericht der Gesellschaft hervorgehoben, daß sie aus den verschiedensten Völkern zu einem Zwecke zusammengekommen sei. Jedes politische Gespräch und insbesondere jeden Streit über Vorzüge und Fehler der einzelnen Nation verbot Ignatius seinen Jesuiten aufs strengste. Auch mußte er wünschen, daß seine Gesellschaft in allen Staaten Eingang finde, trotz deren einander zuwiderlaufenden politischen Interessen. Es schien ihm möglich, seinen Orden allen diesen Streitfragen zu entheben. Noch in seinen letzten Lebensjahren gab er dem Beichtvater des Königs von Portugal, dem Jesuiten Luiz Gonzalez, der sich in seinem Gewissen durch die übernommene Verantwortlichkeit bedrängt fühlte, die Weisung: er möge sich eines Rates in Staatsangelegenheiten enthalten und sich nur auf das Seelenheil des Königs und auf die kirchlichen Verhältnisse beschränken. Auch das vierte Gelübde, der Gehorsam gegen den Papst, schien zunächst den Jesuiten nicht einen bestimmten politischen Charakter aufzuprägen, denn es bezog sich seinem Wortlaut nach nur auf den Gehorsam in Sachen des Glaubens: zu seiner Ausbreitung, seiner Verteidigung sollten sie stets dem Papste zu Gebote stehen.

Unmöglich aber war es in diesem Jahrhundert, unmöglich überhaupt, hier eine strenge Trennung eintreten zu lassen. Ueberall standen die religiösen Fragen im Vordergrund der Politik; um die Ansprüche des Papsttums in den bedrohten Ländern aufrecht zu halten, bedurfte es vor allem auch diplomatischer Mittel. Wie hätte man sich diesen Ansprüchen bei den Sendungen des Papstes, in der Stellung eines fürstlichen Beichtvaters entziehen können! Bereits im ersten Jahre des Bestehens der Gesellschaft war es sonnenklar, daß ihre Mitglieder grade für solche Zwecke

besonders brauchbar sein würden. Zu der gefährlichen Sendung
nach Irland und Schottland — ersteres betrachtete man auch seiner
politischen Zugehörigkeit nach als ein Lehen des heiligen Stuhles,
— bestimmte Paul III. den feurigen Salmeron, und gab ihm den
langsamen, ruhigen Broët zu, der seiner milden, einnehmenden Per=
sönlichkeit halber bei hochgestellten Leuten das Wort führen sollte.
Klug ahmte man die Verteilung der Geschäfte zwischen Moses
und Aaron nach. Gerieten die Beiden König Heinrich VIII. in die
Hände, so waren sie rettungslos verloren; Kühnheit und alle Künste
der Verstellung waren nötig, wenn sie dem Despoten, gegen den sie
den Haß schüren sollten, entgehen wollten. Die Instruktion, die ihnen
Ignatius mitgab, ist für alle weiteren ähnlichen Sendungen der Je=
suiten das Urbild geworden. Mit Allen sollten sie in steter Rück=
sicht auf Stand und Würde reden, dabei selber sparsam und ge=
mäßigt mit ihren Worten, um so geneigter und geduldiger im
Zuhören sein, bis es ihnen scheine, daß der Mitunterredner seine
ganze Herzensgesinnung ausgedrückt habe. — Dann sollten sie
eine kurze, gefällige Antwort geben, so daß alle Gelegenheit zum
Drängen den andern abgeschnitten werde. Er verweist sie auf
jenen Spruch und jenes Verhalten des Apostels Paulus. Denn
nichts erwerbe Wohlwollen in dem Maße, wie Gleichheit des
Charakters und der Bestrebungen. So sollten sie denn jeden
Charakter beobachten und sich an ihn, so weit es recht und billig,
anpassen, an den heftigen, den besonnenen, den würdevollen. Sie
selber aber hätten jeden Zorn zu dämpfen, jede Beleidigung ruhig
zu ertragen. „Wer die Menschen zur Tugend rufen will, der
muß den Satan mit seinen eigenen Waffen bekämpfen, seine Künste
zum Heile der Seelen brauchen, die er zu deren Verderben miß=
braucht. Denn der Satan beginnt auch nicht mit offenem An=
griff, sondern mit verstecktem; im Anfang widersprechen seine Rat=
schläge keinem guten Grundsatz, ja er flüstert wohl selber manches,
was einen Schein des Guten hat, ein; so schleicht er sich ganz
allmählich mit schlauer Heuchelei ins Vertrauen ein, bis er den
arglosen, der Verstellungskunst unkundigen Menschen ganz mit
seinen Schlingen umstrickt hat, und den umgarnten dann für immer
festhält." Ebenso sollen sich die Jesuiten verhalten. Zum Anfang
sollen sie in kluger Weise loben, was sie Rechtes und Gutes bei

einem zu gewinnenden sehen, und die Fehler unberührt lassen; so müßten sie sich leise in seine Gunst einschleichen. Erst wenn sie diese erworben, dürften sie den Krankheiten der Seele mit den Heilmitteln nahen. „Sei der Eingang, wie er wolle, der Ausgang muß immer unser sein." Und wenn sie dann die Seele erschüttert, so sollen sie doch selber Heiterkeit des Antlitzes und größte Freundlichkeit der Rede immer bewahren. Er giebt ihnen weiter Anweisung, wie sie sich bei öffentlichen Reden, wie bei Privatgesprächen verhalten sollen; immer sollen sie ihre Worte so einrichten, daß sie dabei bestehen können, auch wenn dieselben über kurz oder lang in die Oeffentlichkeit kommen. Und vor allem: nie sollen sie irgend ein Geschäft, das heute geschehen kann, auf den morgenden Tag aufschieben! — So ward denn die Hochschule diplomatischer Verstellungskunst und Schlagfertigkeit gleich anfangs von Ignatius selber eröffnet.

Immerhin ähnlich waren die Eigenschaften, welche zur Heidenmission erforderlich waren, die gleiche Gewandtheit sich in alle Umstände zu finden, die gleiche Klugheit sich zuerst Vertrauen, dann Glauben zu erwerben, dieselbe Unerschrockenheit beständigen Gefahren gegenüber, dieselbe Verwegenheit immer auf den Kern der Sache loszugehen, nicht behaglich ein kleines Feld anzubauen und zu begießen, sondern die Herrschaft festzustellen und dann deren Ausbildung der allmählichen Gewohnheit zu überlassen. Die Ausbildung der Heidenmission kommt wesentlich auf Franz Xaviers Rechnung; aber auch hier war es Ignatius' Grundsatz, daß alle Fäden zu Rom in der Hand des Generals zusammenliefen. Die wechselseitigen Berichte, durch welche die Verbindung aufrecht erhalten wurde, waren hier von besonderer Wichtigkeit. Und Ignatius forderte dabei nicht nur, er gab auch. Jede Judenbekehrung in Rom, alle erbaulichen Umstände, unter denen sie vor sich gegangen, wurden alsbald bis nach Indien berichtet.

In dieser Weise entfaltete sich sofort mit dem Entstehen des Ordens seine Thätigkeit. Was der Gesellschaft Jesu so oft als Wahlspruch gedient hat: die ganze Erde in den Bereich ihrer Arbeit zu ziehen, das vertrat sie von dem Augenblicke an, als ihr freie Hand gelassen, als sie als Glied der Kirche anerkannt worden war. Nur ein Arbeitsfeld, das mit der Folgezeit das wichtigste

werden sollte, auf das bis heute die Gesellschaft den größten
Eifer verwendet, war noch nicht in Besitz genommen: der höhere
Unterricht. Zu ihm wurde Ignatius weniger durch eigenen Entschluß als durch die Macht der Umstände gedrängt. Jene Reli-
gionslehre, zu der man sich schon in den Gelübden verpflichtet
hatte, war noch höchst einfach: die schlichtesten Begriffe des Glaubens sollten Kindern und Unkundigen beigebracht werden. Sie
war eine Zugabe zur Predigt und konnte wie diese auch von einem
wandernden Geistlichen ausgeübt werden. Um aber wirkliche Schulen zu gründen und zu leiten, bedurfte es einer dauernden Wirksamkeit an Ort und Stelle. Vor der Uebernahme solcher Pflichten
schreckte Ignatius einstweilen noch zurück; sie hätten die Gesellschaft
gebunden.

Es war das eigene Bedürfnis der Gesellschaft, das hier Wan-
del schaffte: sie mußte die Ausbildung ihrer Leute auch selber in
die Hand nehmen. Nur ungern entschloß sich Ignatius ältere
Männer aufzunehmen; selbst an einigen seiner frühesten Gefährten
hatte er und sein Nachfolger die Erfahrung zu machen, daß sie
den Geist des Institutes, wie er sich völlig eben erst in der
Thätigkeit entwickelt hatte, nicht in sich aufgenommen, daß sie
„Gäste in der Gesellschaft“ geblieben waren. Zu einer Wirksamkeit, wie sie dem Jesuiten bestimmt war, mußte der ganze
Mensch von Grund auf erzogen werden. In diesem Sinne
waren schon die geistlichen Uebungen die wirksamste Pädagogik.
Deshalb waren zur Erziehung junger Jesuiten schon im ersten
Statutenentwurf Collegien geplant worden, und bald darauf hatte
man in Coimbra das erste eröffnet. Zumal in Universitätsstädten
sollten sie errichtet werden, aber nicht in ihnen selbst wurden ursprünglich die Studien betrieben. Dieser Mangel hatte bisweilen
zur Folge, daß ganz gegen Ignatius’ Absicht die Werke der Entsagung einen ungebührlich breiten Platz neben den Uebungen der
Wissenschaft einnahmen. Zumal in Portugal war dies der Fall.
Noch bei Ignatius’ Tod war die Mehrzahl der Collegien auf
der spanischen Halbinsel ohne eigene Schuleinrichtungen.

Wenn nun aus diesen geschlossenen Anstalten, die eine so
strenge Lebensgemeinschaft aufstellten, die Scholaren in die Hör-
säle der Universitäten gingen, dann fühlten sie sich selber bereits

fremd in diesen, und argwöhnisch wurden sie auch von den andern
Hörern betrachtet. Noch galt bisher Ignatius die Lehrmethode
von Paris als die einzig musterhafte; auch meinte er: die Sitten
der dortigen Studenten seien denen an anderen Hochschulen vorzuziehen. Hierher sandte er Jahr aus Jahr ein die begabtesten
unter seinen jüngeren Anhängern; ohne daß es zur Stiftung
eines eigenen Collegs in Paris gekommen wäre, lebten diese doch
in der Weise eines solchen. Peter Faber beglückwünschte sie, weil
sie unter guter Leitung jetzt alle Mißgriffe vermeiden könnten, die
einst die Aelteren gemacht hätten; jene selber waren aber durchaus nicht dieser Meinung. Heftig beklagte sich ihr Oberhaupt
Viole bei Ignatius, daß sie hier ihre Zeit verlören, frug an, ob
sie dies noch weiter thun sollten; sie wollten es ja gern, wenn es
der Gehorsam geböte. In einem meisterhaften Briefe verwies
ihm Ignatius eine solche Auffassung des Gehorsams und zeigte
ihm, wie er einen durchaus rationellen Lehrplan vorgeschrieben
habe; aber es entging ihm sicherlich nicht, daß er besser thun
würde, jenen Beschwerden den Boden zu entziehen und die Ausbildung der Jesuiten ausschließlich in die eigene Hand zu nehmen.
Groß war der Schritt nicht einmal, denn von allem Anfang an
wurden in den Collegien Repetitorien gehalten.

Sobald man aber erst einmal so weit gelangt war, ergab
sich alles Weitere von selbst. Sollte man diesen ganzen umständ-
lichen Apparat nur für den Selbstgebrauch des Ordens einrichten?
Das konnte für eine Gesellschaft, die mit ihren Kräften so haus-
hälterisch war, nicht die Absicht sein. Der Geschichtsschreiber des
Ordens drückt den Gedanken dahin aus: die Caritas, die werk-
thätige Liebe gegen die Mitmenschen, dies oberste Gesetz des
Ordens, habe die Erweiterung der Lehrthätigkeit auch auf Auswärtige gefordert.

Der Anstoß dazu, daß dies geschah, kam wiederum von Spanien. Schon war der Herzog von Gandia, Franz Borja, später
der zweite Nachfolger des Ignatius als General der Gesellschaft,
völlig gewonnen für die Zwecke des Ordens, noch ehe er in denselben eintrat. In seinem Herzogtum wollte er ihm am liebsten
die ganze geistliche Verwaltung übertragen, und Ignatius hatte
nur immer abzuwehren, daß er nicht zuviel thue. Eines aber

setzte Franz Borja durch: daß, nachdem schon ein Colleg in
Gandia errichtet war, dieses auch die Fürsorge für die ebendort
bestehende Universität übernehmen solle. Auch hier war es eine
Art Missionsrolle, die den Jesuiten von dem Herzog zugedacht
wurde. Die fleißigsten seiner Unterthanen waren nicht seines
Glaubens sondern halbbekehrte Mauren, Marranen. Noch war
der Stammesdünkel der Spanier damals nicht so erhitzt, daß er
auf unbedingter Ausscheidung des semitischen Elementes aus dem
unverfälschten spanischen Blute bestanden hätte; um so kräftiger
verfolgte man das Ziel diese Namenchristen dem reinen Glauben
und damit der Nation zu gewinnen Die Unduldsamkeit, mit der
man das that, mußte freilich binnen Kurzem zu jener anderen Gesinnung führen. Franz Borja wollte, daß die Jesuiten die Erzieher seiner Unterthanen würden; so faßte er die Universität auf,
und seine Lieblingsstiftung an derselben war ein Seminar, das
aus jungen Marranen selber Priester, die unter ihren Stammes-
genossen wirken sollten, erzog.

Ehe Ignatius auf jenen Antrag einging, hatte er doch mancherlei Bedenken. Am leichtesten kam er mit der Frage zu Stande,
wie es mit dem erblichen Protektorat der Herzöge über die Universität zu halten sei, ohne daß die Selbständigkeit der Gesellschaft
beeinträchtigt werde. Von prinzipieller Wichtigkeit aber war der
andere Punkt: soll die Universität Freiheiten und Exemtionen
von geistlicher und weltlicher Gerichtsbarkeit genießen? Ignatius
meinte: unzweifelhaft lockten dieselben viele Studenten an, aber die
Gesellschaft würde auch durch solche Rechte und die mit ihnen
verflochtenen Pflichten in ärgerliche Streitigkeiten aller Art ver-
wickelt werden. Er lehnte ab. Sein wahrer Grund war wohl
doch, daß er der halbrepublikanischen Verfassung mittelalterlicher
Universitäten von vornherein aus dem Wege gehen wollte. In
dem Briefe, den er jetzt an die studierende Jugend von Gandia
schrieb, hat er nur sein Lieblingsthema, den Gehorsam, behandelt;
er wendet es diesmal auf die Verhältnisse der Lehranstalten an,
die er in das Gefüge der Gesellschaft einordnen will. Kein Körper, so erklärt er, kann sich ohne Einheit erhalten; und mehr als
jeder andere bedarf die Gesellschaft Jesu einer solchen, denn sie
besteht aus literarisch gebildeten Männern, die von Papst und

Prälaten umhergeschickt werden, die an vielen vom Sitz des Gene=
rals weit entfernten Orten zerstreut sind, die mit hohen Herrschaf=
ten beständig zu verhandeln haben. Das alles seien Gründe, die
sie verleiten könnten ihrem eigenen Kopfe zu folgen. Wenn der
Gehorsam nicht wäre, so würde sich eine solche Menge nicht regie=
ren lassen. Auch dem Ehrgeiz der Studenten weiß er ein Ziel zu
setzen: „Um Andre zu beherrschen und sie zu leiten zu verstehen,
muß man zuerst ein völliger Meister in der Kunst des Gehor=
chens sein." So ist es denn eine monarchische Verfassung, für
welche er die an republikanische Selbstverwaltung gewöhnten Stu=
denten zu begeistern sucht. Wenn er sie trotzdem aufforderte ihren
Rektor sich selbst zu wählen, so war das eine Anpassung, ein vor=
läufiger Versuch. Noch im gleichen Jahre 1547 weist er den
Provinzial von Spanien, Araoz an, alle Oberen zu ernennen; nur
wenn er selber zweifle, möge er eine Wahl anordnen. Bald, nach=
dem erst der feste Mechanismus der Gesellschaft ausgestaltet war,
nahm er die Ernennung völlig in die eigene Hand, behielt sie
dem General vor.

Es war eine kleine Provinzial = Universität, welche die Jesui=
ten so in ihre Hände bekamen; drei Lektoren der Grammatik und
Litteratur, ebensoviele für die andern Fächer der Artistenfakultät
und zwei für scholastische und positive Theologie schienen zu ge=
nügen. „Klein wolle man anfangen auch bei den Universitäten",
schrieb Ignatius, „wie die Gesellschaft pflege bei ihren geistlichen
Feldzügen, wenn sie zuerst in ein Land komme, um dann zu
wachsen und auf größere Aufgaben ihre Wirksamkeit auszudeh=
nen." Dieser Keim, das wußte man, war entwicklungsfähig.

Während in Gandia sich das Lehrsystem ausbildete und er=
probte, gingen auch die anderen Collegien nach und nach in Lehr=
anstalten über. Da sie ganz und gar den Studien gehören soll=
ten, so wurden neben ihnen für die Gesellschaft selbst die Proba=
tionshäuser nötig, in die der werdende Jesuit zuerst eintrat um
hier die Entsagung und den völligen Gehorsam zu erlernen. Daß
auch die Collegien in erster Reihe für das Bedürfnis des Ordens
selber da seien, hielt als Grundsatz Ignatius auch weiter fest,
aber mit immer größerem Eifer ging er auf den Gedanken ein,
daß die Gesellschaft ein Schul = Orden werden müsse, wenn sie

ihre Grundlagen aufs festeste legen wollte. Er erkannte, sagt sein Geschichtsschreiber, daß er sich an die Jugend wenden müsse, weil das gereifte Alter doch schwerlich den einmal eingeschlagenen Weg verlassen würde, und weil die göttliche Kraft überhaupt in fertigen, den irdischen Sorgen zugewandten Geistern nicht so leicht Eingang findet als in zarten und weichen Gemütern. Darum habe er gethan wie alle großen Philosophen, für die die Er- ziehung immer eine der wichtigsten Fragen gewesen sei.

Im Erziehungswesen vor allem war es für den centralisierten Orden nötig eine Centralstelle zu haben. Nur in Rom konnte diese sein. Wieder war es Franz Borja, der bereitwillig das nötige Geld gab, als er, nun schon selber Jesuit, nach Rom kam. So ward i. J. 1550 das Collegium Romanum gegründet, und in ihm, unter Loyolas Augen, entwickelte sich rasch der ganze Lehr- plan, der Altes und Neues zu einem originellen Ganzen verschmolz. Ignatius verfolgte selbst die Leistungen der Schüler; aus den auswärtigen Collegien ließ er sich die uncorrigierten Hefte ein- schicken. Alsbald traf er auch über diese Seite der Thätigkeit seine genauen Bestimmungen und legte sie in den Konstitutionen nieder. Vom Collegium Romanum aus begann jetzt jener Hauptfeldzug des kriegerischen Ordens, der ihn in den katholischen Ländern zum völligen Siege führen sollte: der Kampf um die Schule. Schon nach wenigen Jahren war Ignatius fest überzeugt, daß in diesen Schulen die Hauptstärke des Ordens beruhe. 1551 schrieb er an einen neapolitanischen Großen: „der Nutzen, den die Gesellschaft stifte, beruhe viel weniger auf den Predigten als auf dem guten Beispiel, das in den Collegien gegeben werde, und auf dem Eifer, mit dem man hier ohne einen Schein von Habgier die Seelen in Wissenschaft und Tugend fördere. Diese wissenschaftlichen Vorlesungen und Uebungen leiteten die Jugend nicht nur zur weltlichen Gelehrsamkeit an, sondern auch zum Verständnis der dem Christen wissenswürdigen Dinge, ebenso zu häufigem Beichten, zu täglichem Hören der Messe und wöchent- lichem der Predigt. So mache man der Jugend die Tugend beliebt, ziehe vermittelst der Söhne auch die Eltern zur Frömmig- keit, und wandle so allmählich das Leben zum Guten um, gediegener als durch Predigten." „Der Weg der Demut ist

anzufangen ohne viel Aufhebens, aber von Tag zu Tag ist vor=
wärts zu schreiten."

Der Orden aber hatte, um dieser Aufgabe gerecht zu werden,
mit sich selber eine Umwandlung vornehmen müssen. Ignatius
war ausgegangen von dem Grundsatz, daß der Jesuit keine Ver=
pflichtung übernehmen solle, die ihn dauernd binde. Mit dem
Ausdruck, daß die Erziehung des eigenen Nachwuchses erster
Zweck der Jesuitenschulen sei, war die Thatsache einer Veränderung
nur umgangen. Deshalb ersann Ignatius eine neue eigene Klasse,
die bisher kein anderer Orden besaß: die geistlichen Coadjutoren.
Für die Professen, erklärte er, sei eine so vielseitige Bildung not=
wendig — namentlich auch eine vollkommene Beherrschung der
Theologie — um ihrem Beruf zu genügen, daß man für viele
Aufgaben mit einer weniger eingehenden sich begnügen könne.
Er meinte natürlich die Schule, für welche die humanistischen
Fächer, Mathematik und Naturwissenschaften wichtiger waren
als theologische Kenntnisse. Für die Schulzwecke bedurfte man
auch rasch einer größeren Anzahl zuverlässiger Kräfte. Mit der
Aufnahme der Professen aber war Ignatius aus guten Gründen
sehr langsam bei der Hand. Die Coadjutoren sollten nur die
einfachen drei Gelübde ablegen, so daß auch ihre Entlassung
aus dem Orden, wenn sie sich als unbrauchbar erwiesen, keine
großen Schwierigkeiten hatte; jedoch der Gehorsam gegen die
Oberen galt für sie nicht weniger streng als für die Professen.

Der Papst gab einstweilen nur für 20 Coadjutoren, die
mit den Rechten der bisherigen Mitglieder ausgestattet sein sol=
ten, seine Zustimmung — eine lästige Fessel, die Ignatius als=
bald durch Borja's Vermittelung abzustreifen suchte. Damit war
äußerlich der Aufbau der Gesellschaft Jesu vollendet; aber es fragt
sich, ob nicht noch andere Mitglieder ihr angehörten, auf deren Dienst
sie nicht verzichten mochte, die sie mit dem gleichen Bande des
Gehorsams an sich knüpfte, die man aber im übrigen als Jesui=
ten offen zu bezeichnen Bedenken trug. Wenn die Gesellschaft
als eine Truppe organisiert ist, so hätten diese „Affiliierten" die
Rolle der Spione zu übernehmen. Frühzeitig ist von den Geg=
nern der Jesuiten die Existenz einer solchen eigenen Klasse behaup=
tet worden; die zeitweise epidemisch werdende Jesuitenfurcht richtete

sich vornehmlich gegen sie, die Jesuiten selber haben aber stets diese Thatsache geläugnet. Ich weiß nicht recht, mit welchem Grunde, denn es handelt sich hier nicht um einen bloßen Verdacht sondern um eine von dem unverdächtigsten Gewährsmann bezeugte Sache. Ignatius selber hat nämlich ziemlich ausgiebigen Gebrauch von dieser Institution gemacht. Sein Lieblingsschüler war Miguel Torres, er nannte ihn selbst seinen Augapfel. Als Doktor der Universität Salamanca, als Geistlicher, der dem königlichen Hause nahe stand, wagte er bei seinem Aufenthalt in Rom 1546 nicht dem noch immer beargwohnten Loyola öffentlich zu nahen, heimlich suchte er ihn auf und ward gewonnen. Aber Ignatius hielt es, einzig und allein aus praktischen Rücksichten, nicht für geraten ihn öffentlich in den Orden aufzunehmen. Torres nahm seine Aufträge mit nach Spanien, ohne daß irgend jemand gewußt hätte, er sei Jesuit geworden. Erst als jene praktischen Rücksichten wegfielen, ward es offenbar, daß er längst Profeß abgelegt habe.

Torres hat dann namentlich Franz Borja gewonnen. Ignatius trug keinerlei Bedenken, alsbald den Herzog die Gelübde leisten zu lassen, aber er bewahrte dabei die strengste Heimlichkeit. Er veranlaßte ihn seinem Herzogtum, seinen Aemtern und Würden noch Jahre lang vorzustehen, und wenn dies auch zunächst im Interesse seiner Kinder und Unterthanen lag, so nutzte er doch auch den weltlichen Einfluß, den der Herzog besaß, hinreichend aus. Ob jene, die er an den Gebeten und Verdiensten der Gesellschaft teilnehmen ließ, als Gegenleistung ihm den Gehorsam schuldeten — auch ein Bischof befindet sich unter ihnen — möchte ich nicht behaupten, es kann das ein ganz harmloses Verhältnis ähnlich dem der Tertiarier anderer Orden gewesen sein. Entscheidend für die Frage ist aber ein Brief, den sein Geheimschreiber Polanco in seinem Auftrage verfaßte. Villanueva, der Rektor des Collegium Alcalá, hatte den Wunsch ausgesprochen, daß auch ausgetretene Mitglieder anderer Orden Jesuiten werden dürften. Solche Leute waren aber Ignatius ein Dorn im Auge. Jeder, pflegte er zu sagen, solle der Berufung, die einmal an ihn ergangen, treu bleiben; so faßte er die Gelübde auf. Unbeständigkeit schien ihm im Orden fast so schlimm als Ungehorsam. Aber es war auch die Rücksicht gegen die anderen Orden, neben denen seine Gesellschaft so wie so einen harten Stand hatte, die ihn beeinflußte. Also lehnte er jenes Ansinnen rundweg ab, jedoch Polanco fügte hinzu: „Gleichwohl sehe ich in der Praxis, daß einige solche der Gesellschaft sich verbinden und sie gemäß dem Talent, das Gott ihnen giebt, unterstützen, und obwohl sie eigentlich weder Professen noch Coadjutoren noch Studierende sind, erfüllen sie doch beständig dasselbe wie die, welche es sind, und können an ihrem Teil das Verdienst des Gehorsams besitzen." Auf solchen heimlichen Beitritt verweist er Villanueva.

Auf diese geheimen Jesuiten hat man oft die Artikel der Constitutionen bezogen, die von der vierten Klasse (neben Professen, Coadjutoren, Schülern,) den Indifferenten, handeln, zumal man einen offenen Gebrauch von diesen Bestimmungen nie gemacht hat. Diese werden in unbestimmter Weise zugelassen, ohne daß sich die Gesellschaft entscheidet, welchem Grade ihre Leistungen entsprechen, und welchem sie daher zuzuteilen sind. Nie darf ein solcher auf irgend eine Weise einen anderen Platz im Orden begehren als den ihm der Obere gegeben; völlig indifferent — daher sein Name — und ruhig soll er sein, welche Pflichten ihm auch die Gesellschaft aufträgt, seien es hohe, seien es geringe.

Wie es aber auch mit diesen Bestimmungen sich verhalten mag, so viel ist sicher, daß Ignatius selber im Geheimen solche Mitglieder in den Orden aufgenommen hat, deren öffentliche Anerkennung mißlich war, und es ist nicht einzusehen, warum die Nachfolger ein so wirksames Hilfsmittel des Meisters aus der Hand gelassen hätten.

Mit der Ausbildung der Lehrthätigkeit war nun aber auch der Kreis der möglichen Wirksamkeit der Gesellschaft geschlossen. Was darüber war, das konnte nur zersetzend, nicht fördernd wirken. Das ist Ignatius' eigenste Größe, daß er mit Ueberzeugung einzuhalten versteht, daß er, wo sich ihm scheinbar ein großer Gewinn bietet, ein unermessenes Feld zu erschließen scheint, wo er sogar durch seine Weigerung verletzen muß, doch abzulehnen und ohne Wanken auf seiner Idee zu bestehen weiß.

Die Gesellschaft Jesu war eine Vereinigung von Priestern, nicht von Mönchen — gern hob das Ignatius hervor. In einer

Zeit, in der die Weltgeistlichkeit mit wenigen Ausnahmen ihrer
Pflichten uneingedenk war, in der auch die zu ihrer Ergänzung
gestifteten Bettelorden ganz und gar nicht geeignet waren sie zu
ersetzen, bot sich der Jesuit als Priester an, überall verwendbar
wo man ihn wollte, wo man seiner bedurfte. Ignatius pflegte,
wenn ein Bischof seine Jünger begehrte, zu sagen: jener thue dies
zur Entlastung seines Gewissens, denn den Bischöfen waren ja
recht eigentlich die Seelen anvertraut. Wie nahe lag nun die
Versuchung, selber die Leitung einer dauernden Seelsorge zu über=
nehmen! Die Größe der alten Orden hatte vornehmlich darauf
beruht, daß aus ihren Reihen so viele selbständige Kirchenlehrer,
Bischöfe, Kardinäle, Päpste hervorgegangen waren. Nichts war
für die Gesellschaft Jesu leichter, nichts lag ihr näher, als in die=
selbe Laufbahn einzulenken. Ignatius verschmähte diese Aussicht.
Er wußte: sein Orden ruhe auf einer andern Grundlage; in der
Selbständigkeit und Einheit fand er dessen Größe. Der Jesuit
gehörte der Hierarchie nur durch die Vermittlung seines
Ordens an. Wer seinen Intellekt geopfert hat, der kann doch
unmöglich selber unfehlbar werden. Nicht daß ein Jesuitengeneral
Papst werden könne, sondern daß er neben dem Papst als dessen
unentbehrliches Hilfsmittel stehe, für sich allein so mächtig wie
die ganze purpurtragende Genossenschaft der Kardinäle — das
war ein, des höchsten Ehrgeizes würdiges Ziel; denn der höchste
Ehrgeiz setzt sich immer neue Ziele, er verfolgt nicht alte. Und
wie hätte der Gehorsam in der Gesellschaft bestehen können, wenn
dem Gelehrten, dem Diplomaten, dem Prediger als Lohn ein Bis=
tum, ein roter Hut gewinkt hätte? Ignatius blieb in diesem
Punkte felsenfest, er hatte den persönlichen Ehrgeiz als die Pest
aller bisher bestehenden Orden erklärt und handelte dieser Ueber=
zeugung gemäß.

Das erste Mal war es König Ferdinand von Deutschland,
der gern de Jay zu dem wichtigen Bistum Triest befördert
hätte. Damals entwickelte Ignatius alle Gründe, die ihn grund=
sätzlich zur Ablehnung bestimmten. Der wichtigste war ihm, daß
in der Bewahrung ihres ursprünglichen Geistes die Lebenskraft
religiöser Genossenschaften ruhe; die getreue Befolgung des Ge=
lübdes sei das Band jedes Ordens. Die erste und ursprüngliche

Triebkraft dieser Familie — so nennt er hier seinen Orden — sei es aber gewesen in aller Demut und Einfachheit von einer Stadt, einer Provinz zur andern zu Gottes Ruhm und der Seelen Heil zu ziehen und in keine bestimmte Schranke ihre Thätigkeit einzuschließen. Der schlimmste Feind des Ordens, erklärt er geradezu, könne kein sichereres Mittel, um ihn zu verderben, ersinnen, als die Verleihung von Bistümern. Er führt auch noch andere Gründe an, namentlich die geringe Zahl — noch immer gab es 1546 nicht mehr als 10 Professen, — aber jener gab den Ausschlag.

Es war kein Grund für Ignatius vorhanden, je von diesen Ansichten abzuweichen. Seine Gesellschaft stieg höher und höher, immer von neuem trat die Versuchung an ihn heran, um einzelner glänzender Erfolge willen sein Prinzip in die Schanze zu schlagen. Reiche Pfründen aller Art und feste Professuren auszuschlagen, war eine Kleinigkeit — um solche Scheinerfolge kümmerte sich der alte Feldherr nicht — aber als Ferdinand I. von neuem anbot, diesmal das Bistum Wien, den wichtigsten Posten, den damals ein Kirchenfürst einnehmen konnte, und als Petrus Canisius der vorgeschlagene war, den die Bewunderung der Katholiken den Apostel Deutschlands genannt und S. Bonifacius an die Seite gestellt hat, da war das in der That ein schwerer Kampf. Damals hat Ignatius wenigstens erlaubt, daß Canisius ein Jahr lang die Verwaltung übernehme, ohne etwas von den Einkünften zu beziehen. Im Uebrigen riet er ihm allerlei Ausflüchte, um doch noch gegen den Willen des Königs und des Papstes den Willen der Gesellschaft durchzusetzen. Und als Lainez schon der unentbehrliche Vertreter des katholischen Dogmas und der päpstlichen Ansprüche geworden war, da war nichts natürlicher, als daß dieser Mann in das Collegium der Kardinäle eintrete. Der öfters wiederholte Wunsch der Päpste war so dringend, daß Ignatius nicht ohne weiteres „nein“ sagen konnte; er ließ die Genossen beten, daß Gott dieses Unheil von der Gesellschaft abwenden möge. Diego Lainez selber, der gemütlose Fanatiker des Prinzips, wäre nie auf einen solchen Vorschlag eingegangen; aber nicht umsonst stellte ihn Ignatius in solchen Zeiten auf die schärfste Probe; um eines kaum sichtbaren Verstoßes willen behandelte er ihn — oder was schlimmer ist, ließ er ihn durch seinen Schreiber behandeln — härter als er es dem jüngsten Schüler gegenüber gethan hätte, er, der selbst über argen Ungehorsam langmütig wegzusehen wußte, wenn in der Härte eine Gefahr lag.

Wie auf Lainez, konnte er sich auch auf Franz Borja verlassen. Der war viel zu stolz, viel zu begeistert für die eben erworbene Stellung in dem Orden der Zukunft, als daß er sie um den ihm oft angebotenen Platz, in dem großen, uralten, sich immer neu ergänzenden Verbande der Kardinäle aufgegeben hätte.

So wahrte Ignatius bei seinen Lebzeiten den Grundsatz, daß kein Jesuit irgend eine kirchliche Würde bekleiden dürfe. Ihn in die Konstitutionen aufzunehmen war freilich unmöglich, schon im Hinblick auf die anderen Orden, gegen die Ignatius immer eine ausgesuchte Rücksicht wahrte, schon deshalb um die unvermeidlichen Zusammenstöße möglichst mild verlaufen zu lassen. Auch nach seinem Tode ist man nur einmal von dem Grundsatz abgewichen, in einem ganz ungefährlichen Fall, als der Papst den größten Gelehrten, welchen der Orden hervorgebracht hat, Bellarmin durchaus zum Kardinal machen wollte. Wenn hingegen Ignatius selber gleich in den ersten Jahren des Bestehens des Ordens und dann weiter bis zu seinem Tode nie Anstoß daran nahm, daß man Jesuiten zu Patriarchen von Abessynien ernannte, so konnte er mit Recht dies damit entschuldigen, daß doch in der That solche Missionsbistümer nur den Namen mit den gleichbenannten Würden des Abendlandes gemeinsam hatten. Aus der Geschichte der Kolonisationsbestrebungen der Jesuiten ist dann bekannt, wie sie auch später Gebiete, die sie geistig erobert und zivilisiert hatten, nicht gern an fremde Nachfolger, Bischöfe und Weltgeistliche, abgaben.

Immerhin lag auch bei diesen Missions-Pflichten eine dauernde Wirksamkeit vor, die Ignatius seine Gesellschaft übernehmen ließ. Und hier sehen wir die überraschende Thatsache, daß er einer solchen gar nicht so abgeneigt war, wie es anfangs scheinen möchte. Nur wollte er nicht, daß sich der Einzelne dauernd bände. Wenn nur die Gefahr vermieden wurde, daß die Gesellschaft die Leitung ihrer Mitglieder aus der Hand gebe, so schien es ihm erträglich und wünschenswert, daß der Jesuit in katho-

lischen wie in ketzerischen Ländern beständig zum Rechten sehe,
daß er durch seine außerordentliche Thätigkeit die ordentliche der
Ortsgeistlichkeit erst ergänze und schließlich ersetze. Daß in den
heidnischen Ländern, die durch den Orden dem christlichen Glauben
erobert wurden, dieser den Erwerb nicht gern an Nachfolger aus
der Hand geben würde, war schon damals vorauszusehen. Aber
auch in Europa konnte schon Ignatius ein Musterland dieser
Art rühmen, soviel er auch an seinen eigenen Genossen in demselben auszusetzen hatte: Portugal. In einem Brief an Herzog
Albrecht von Baiern schildert er diese Zustände als Vorbild;
wie aus dem einen Colleg zu Coimbra so viele Arbeiter hervorgehen, daß sie zugleich in Goa, Malakka, Ormus, den Molukken,
am Kongo, in Abessynien, Brasilien, Afrika wirkten, daß sie in
Portugal selbst so notwendig sind, daß oft allein 15 Prediger das
Land durchwandern, daß, obwohl 250 Personen in dem Gebiet
beschäftigt sind, doch keines einzigen Hilfe entbehrt werden kann.
Ein solches Colleg scheint ihm viel nützlicher als ein Seminar,
wie es Albrecht wollte, das die Landgeistlichen ausbilden sollte
unter der Obhut der Gesellschaft Jesu.

Es ist dies vielleicht der einzige undiplomatische Brief, den
Ignatius geschrieben, denn so weit war doch kein deutscher Fürst
verblendet, daß ihm ein solcher Zustand, die Verwandlung der
Kirche in ein ständiges Kriegslager, erbaulich und wünschenswert
erscheinen konnte. Damals scheiterte Ignatius' Absicht, aber die
Macht der Umstände war stark genug, um schließlich auch Baiern
in diese vorgezeichnete Richtung zu treiben. Es ist nicht zu ver-
wundern, daß, sobald man diese Perspektive mit der rastlosen,
mächtig aufstrebenden Thätigkeit des Ordens zusammenhielt, man
schon drei Jahre nach seiner Bestätigung zu der Ansicht kam, daß
er die Welt beherrschen wolle. Ignatius that sein Möglichstes,
um dieses Ansinnen zu entkräften, aber es ist ihm weder bei der
Mitwelt noch bei der Nachwelt gelungen, — und es kam bald die
Zeit, in der sich die Gesellschaft selber mit rhetorischem Schwung
keck dieser Weltherrschaft rühmte.

Bewundernswert bleibt vor allem, mit einer wie geringen
Truppe dieser geistliche Conquistador seine Eroberungszüge unter-
nahm. In der Schulung, im Einexerzieren, bestand schließlich

doch seine Haupt=Meisterschaft. Bald anfangs stellte er den Grundsatz fest, daß ganz bestimmte Eigenschaften allein zum Jesuiten befähigen. Wer sie nicht besaß, der mochte eben wieder gehen. Das sollte an und für sich gar keine Schande sein, zum Jesuiten taugte eben nicht ein jeder. Keiner der früheren Orden war besonders wählerisch verfahren; aber diesem Verhalten hatten sie auch ihre Einbußen zu danken. Ignatius legte großen Wert darauf vornehme Leute der Gesellschaft zu verbinden. Wie groß ist nicht allein der Vorschub gewesen, den Franz Borjas Beitritt ihr leistete! Aber sobald diese Männer nicht den Geist des unbedingten Gehorsams in sich aufnahmen, konnte er sie nicht brauchen.

Ein Braganza, ein Mitglied des jetzigen portugiesischen Königsgeschlechtes, gab als Novize die erbaulichsten Zeichen der Selbstverleugnung. Jedoch, daß ein Prinz von Geblüt in der Residenzstadt betteln ging und mit dem Eimer auf den Schultern Wasser holte, hatte in Ignatius' Augen nicht viel auf sich. Aber daß er im Collegium nicht folgsam war, daß er dort den Prinzen spielte, der geborene Herrscher auch im Orden sein wollte, das konnte er nicht dulden. An dem harten Kopfe verlor er seine Mühe. Schließlich schied der Jüngling aus und war zum Kirchen= fürsten noch immer brauchbar.

Nicht minder erkannte Ignatius den Vorteil Männer von erprobter Gelehrsamkeit zu gewinnen. Polanco, sein Geheimschrei= ber, Torres seine rechte Hand in den Angelegenheiten der pyre= näischen Halbinsel, Olave, dem er den wichtigsten Posten, das Rektorat des Collegium Romanum übergab, endlich Petrus Canisius gehörten zu diesen. Aber die Wissenschaft, die für den Orden unentbehrlich war, erkannte er auch in ihrer Gefährlichkeit. Erasmus schien ihm fast ebenso verwerflich wie Luther. So begeistert und selbst hochsinnig er bei Gelegenheit den veredelnden Einfluß der Wissenschaft rühmen konnte, auch das Wort des Apostels, daß das Wissen aufblähe, wußte er zu Zeiten zu ver= wenden. Im Jahre 1545 kam ein geistreicher Franzose, der in Paris rasch zu hohen Würden gelangt war, Guillaume Postelle, nach Rom. Ein moderner Gelehrter, dachte er in dem modernen Orden den passendsten Anschluß zu finden. Ignatius war entzückt von ihm. Was er sonst bei keinem eben Eintretenden zu thun pflegte, that er diesmal: er schrieb nach allen Seiten, welchen Gewinn der Orden an diesem Manne gemacht habe, der schon Vorleser des Königs gewesen sei, der Griechisch und Hebräisch fertig könne, der auch das Italienische vollkommen beherrsche, und zu allem noch ein bedeutender Mathematiker sei. Auch bestand Postelle die Proben, denen sich ein angehender Jesuit unterziehen mußte, ausgezeichnet. Er fand sich mit viel Anstand in die Rolle des Küchenjungen und des Gassenpredigers — nur das Opfer des Intellekts konnte der Gelehrte nicht bringen. Ignatius entdeckte bald, daß sein Geist und der Geist der Gesellschaft grundverschieden seien. Vor allem kritische Ansichten über die Bibel, die Postelle sich im Verkehr mit Rabbinen gebildet hatte, konnte der Verfechter der Autorität nicht dulden. Nach vergeblichen Versuchen Postelles Geist zu beugen stieß ihn Ignatius aus dem Orden, verbot allen Gefährten streng den Verkehr mit ihm. Bald wurde der Unglückliche von Paul IV. in die Gefängnisse der Inquisition geworfen, ein Fluchtversuch mißglückte ihm, das Schicksal des Feuertodes harrte seiner. Da öffneten sich nach dem Tode des schrecklichen Caraffa auch für ihn die Pforten des Kerkers, gebrochen an Geist und Körper kehrte er nach Frankreich zurück und starb bald; aber beständig beargwohnte und beobachtete ihn die Inquisition, wie der jesuitische Geschichtsschreiber mit Behagen erzählt.

In solchen Fällen war Ignatius erbarmungslos. Einen Genossen, der im römischen Hause schon eine Vertrauensstellung einnahm, aber in den Verdacht kam mit den deutschen Protestanten in Verbindung zu stehen, lieferte er selber der Inquisition aus, ließ ihn als Sklaven an die Galeeren schmieden. Man kann nicht sagen, daß er solche Beispiele statuiert habe, um Schrecken zu verbreiten, so wenig die schimpfliche Kassation eines Offiziers bestimmt ist Furcht zu erwecken bei seinen Standesgenossen. Seine Compagnie war eine durchaus zuverlässige Truppe, denn sie war sein Geschöpf.

Mit der Thätigkeit zugleich hatte sich auch die Verfassung und Verwaltung des Ordens ausgebildet und umgestaltet. Von Anfang an hatte Ignatius ein durchaus monarchisches, centralisiertes Regiment gewollt. Die jesuitischen Geschichtsschreiber sprechen es selbst aus, daß ihm das Beispiel seines spanischen Vaterlandes hierbei vorgeschwebt habe. Dort war der trotzige Unabhängig= keitssinn der Granden und Communen von Karl V. gebrochen worden, und das jüngere Geschlecht, dem auch Loyola angehört hatte, begeisterte sich für die Idee, daß alle Staatsgewalt in der Hand des Monarchen zusammengedrängt sei, daß alle Kraft der Nation so zu einheitlichem Wirken gelenkt werde, daß alle Ehre vom Königsdienste ausgehe.

Schroffer als es je ein weltlicher Herrscher vermocht hätte, suchte jetzt Ignatius die gesamte Intelligenz einer großen, hoch= gebildeten Genossenschaft einem einzigen Willen zu unterwerfen.

Es gelang ihm zunächst besser in Ländern, in denen der Orden bereits festen Fuß gefaßt hatte, als in solchen, die erst das Feld vorläufiger Rekognoszierung waren. So viel selbständiges Denken und Handeln an richtiger Stelle auch Ignatius verlangte, dergleichen Stellungen entwickelten diese Gabe doch in höherem Maße, als sich mit dem unverbrüchlichen Gehorsam vertrug. Man wußte recht gut, daß die Bobadilla und Viole um ihrer langen Entfernung vom Mittelpunkt des Ordens willen sich nicht genü= gend mit dem Geiste des Instituts erfüllt hatten. Auffallend wenige Briefe hat Ignatius nach Deutschland und Frankreich geschrieben, obgleich doch auch in jenen Ländern die Jesuiten eine rege Thätigkeit entfalteten. Dieselbe entzog sich eben sehr häufig der Kontrolle des Generals. So ward auch der Versuch die Collegien ihre Rektoren selber wählen zu lassen nur gemacht, so= lange sich Ignatius die volle Sach= und Personenkenntnis nicht zutraute. Sobald er diese besaß, nahm er diese Ernennung an sich.

Ein Mittel besaß Ignatius um solche Mißstände zu vermei= den: die häufige Versetzung von einer Provinz in die andere. Für eine gleichmäßige praktische Ausbildung seiner Untergebenen, wie er sie wünschte, war es unentbehrlich, daß sie lernten sich rasch und gewandt in völlig verschiedene Verhältnisse und Men= schen zu schicken. Er machte in ausgiebigem Maße von diesem Erziehungsmittel Gebrauch; aber ein solcher Wechsel war oft der Wirksamkeit selber nicht zuträglich. Wohl die Hälfte seines Brief= wechsels mit hochgestellten Leuten hatte Ignatius mit Entschul= digungen auszufüllen, wenn er einen Jesuiten abberief, den man

gern noch behalten hätte; und schließlich mußte sich doch der
Zustand herausbilden, daß einzelne Männer für bestimmte Länder
und Städte Autorität wurden.

Hier lag eine noch größere Gefahr vor. Es zeigte sich
an Simon Rodriguez, wie bedenklich es war, wenn ein Jesuit
mit den Interessen einer Landschaft ganz verwuchs, wenn er
in ihr wie der zweite Stifter des Ordens verehrt wurde, und
wenn er nun mit der großen Masse seiner Untergebenen eigene
Wege zu wandeln begann. Ehe sich Ignatius in solchem Falle
zum Aeußersten entschloß, wie es in Portugal doch zuletzt ge=
schah, suchte er durch eine Fülle von Briefen zu wirken, die
immer nur das eine Thema variieren, das Wort des greisen
Samuel: „Gehorsam ist besser als Opfer." Je geringer die
Möglichkeit für ihn war persönlich einzugreifen, um so mehr
suchte er durch seine Persönlichkeit zu wirken; und diese „gött=
lichen Episteln", die wie Evangelien verehrt wurden, mußten
dazu dienen, um die Person des Generals nicht ganz durch die
des Provinzials verdunkeln zu lassen.

Auf dem brieflichen Verkehr beruhte die ganze Centralleitung
der Gesellschaft. Dieses moderne Mittel des Gedankenaustausches
wußte der Jesuitenorden zuerst ganz auszunutzen, vollkommner als
die Diplomatie des sechzehnten Jahrhunderts in ihren Depeschen
und die Humanisten im gelehrten Briefwechsel. Ganz sachlich
sollten diese Briefe gehalten sein; schon 1548 hatte Ignatius in
einem sehr entschieden lautenden Rundschreiben erörtert, was er
von Briefen halte, die alle Punkte ungeordnet, gemischt mit per=
sönlichen Betrachtungen oder gar mit persönlichen Angelegenheiten
brächten, während diese doch in einen Beizettel gehörten. Gern
zeigte und las er neu eingegangene Briefe Gönnern der Gesell=
schaft vor, um bei ihnen so den unmittelbaren Eindruck von der
Thätigkeit der Gesellschaft zu hinterlassen; deshalb waren ihm
solche Mängel besonders unangenehm. Er verwies auf seine
eigene Art zu schreiben, wonach er Briefe, die erbaulich wirken
sollten, immer erst im Unreinen aufsetzte, ausbesserte und dann
abschreiben ließ. Das thue er, meint er, obwohl er Tag und
Nacht für alle Interessen der Gesellschaft zu sorgen und an 250
Personen zu schreiben habe, wo jene doch ihm allein Bericht zu

erstatten hätten. Bobadilla spöttelte zwar mit vielen sarkastischen
Bemerkungen: dann müsse Ignatius viel Zeit übrig haben; aber
mit jener unerschütterlichen Ruhe, auf die er ein eigenes Studium
verwandt hatte, dankte ihm dieser für die freundschaftlichen Ermahnungen, während er ihn zugleich zu widerlegen suchte.

Diesem von ihm aufgestellten Muster entsprechen seine späteren
Briefe in der That. Während sich in den früheren, abgesehen
von der zeremoniösen spanischen Umständlichkeit die originelle Persönlichkeit des Schreibers durchaus geltend macht — ich erinnere
an die Briefe zur Erläuterung der Exerzitien, an den für Beltran
Loyola, den für seine Vaterstadt Azpeitia, an den Bericht über seinen römischen Prozeß — so fehlen seinen späteren, etwa von 1540
an, alle diese Züge. Sie sind sachlich und erbaulich; jene völlige
Gelassenheit, die ihm als der vollkommene Gemütszustand galt,
spricht sich darin aus; fromme Geschäftsbriefe könnte man sie
nennen. Man hat mit Recht bemerkt, daß Ignatius in ihnen
gleichsam über seinem Gegenstand schwebe. Aber alle jene Briefe
sind von diesem Urteil auszunehmen, in denen er mit unerschöpf-
licher Redefülle, mit kühnen Bildern und schroffen soldatischen
Wendungen den Gehorsam preist. Es ist dann, als ob in ihm
der alte Offizier auflebe. Und so ist auch ein ganz originelles
Schreiben der kurze Armeebefehl, den er an das zur Bekämpfung
der Mauren in Tripolis stehende Heer erließ.

Für die Brief-Arbeit besaß Ignatius ein treffliches Werk-
zeug in seinem Geheimschreiber Polanco. Er hatte ihn einst ge-
fragt, worin er die hauptsächliche Aufgabe eines Sekretärs sehe,
und Polanco hatte unverzüglich geantwortet: „Darin, daß er Ge-
heimnisse unverbrüchlich bewahrt.“ Darauf hatte ihn Ignatius
zu jenem Vertrauensposten erhoben, den er dann auch unter den
beiden folgenden Generälen bekleidet hat. Unbrauchbar zu Sendungen, bei denen es auf persönlichen Takt ankam, war er unübertrefflich als Sprachrohr seines Herrn und Meisters. Aus der
Masse einkommender und abgehender Schreiben stellte er dann
mit peinlicher Sorgfalt Commentare her, die Orlandini und Sac-
chini zur Grundlage gedient haben.

Dadurch daß Ignatius alle diese Briefe empfing und mit
einander vergleichen konnte, daß er vom Mittelpunkt aus die In-

7

teressen der gesamten Gesellschaft betrachtete, scheint er sich wirklich überall ein zutreffendes Urteil gebildet zu haben. Man gewinnt aus seinen Anordnungen den Eindruck, als ob er in jedem einzelnen Falle das Richtige angebe; man begreift, daß die Jesuiten ihm nächst der Frömmigkeit „die übermenschliche Klugheit" nachrühmen, die er in beständiger Beobachtung seiner selbst und im unaufhörlichen Verkehr mit den Menschen erworben habe, daß sie alle Vorzüge ihrer Gesellschaft abwägend immer darauf zurückkommen: der eigentliche Kernpunkt ist doch die einheitlich monarchische Leitung.

Wenigstens in der Theorie besaß Ignatius und vermachte er seinen Nachfolgern diese unumschränkte Exekutivgewalt. Ignatius war ein abgesagter Feind aller oft wiederholten Zusammenkünfte, Konvente, Synoden, in denen sich die andern Orden gefielen. Bei der demokratischen Verfassung der Franziskaner und Benediktiner waren dieselben nötig, um ein Gefühl der Zusammengehörigkeit zu erzeugen, eine Verbindung zu gemeinsamem Handeln zu erzielen. Auch in der Bestätigungsbulle des Jesuitenordens war vorgesehen, daß der General die wichtigsten Angelegenheiten der Gesellschaft gemeinsam mit den ältesten Genossen berate; einige Male sind unter Ignatius die gerade abkömmlichen Mitglieder zu solchen Beratungen zusammengetreten, späterhin genügten hierzu die vier Assistenten des Generals, und die allgemeine Kongregation der Gesellschaft brauchte dann nur bei der Neuwahl eines Generals zusammenzutreten.

Sobald sich in den einzelnen Ländern die Wirksamkeit ausgebreitet hatte, ordnete Ignatius die sämtlichen Häuser und Collegien besonderen Provinzialen unter. Allzu groß war die Macht nicht, die er ihnen überließ; sie waren Aufsichtsbeamte, und wenn er ihnen bisweilen das Recht der Einsetzung von Rektoren und Oberen überwies, so war das immer ein einzelnes Zugeständnis. Sie sollen sich nicht in alle besonderen Geschäfte einmischen, auch wenn sie die Fähigkeit dazu besitzen. Die Anordnungen sollen sie für die ganze Provinz geben, sich aber in die Ausführung nicht eindrängen. Besser sei, wenn einmal von Unterbeamten etwas Unrechtes geschehe; so könnten sie es ändern, nicht aber wenn sie es selber gethan hätten. „Nur als gemeinsame Beweger sollen sie

in ihrem Kreise die Regeln aller Einzelbewegung geben". Die Un=
tergebenen aber schuldeten wie jedem Vorgesetzten so doch zunächst
dem Provinzial den blinden Gehorsam.

Mittel= und Oberitalien hatte sich Ignatius noch eine Zeit
lang selber zu unmittelbarer Leitung vorbehalten; auch hier er=
nannte er schließlich einen Provinzial: es konnte nur Lainez sein.
Wenn nun selbst dieser vollkommenste aller Jesuiten alsbald eif=
riger die Interessen seiner Provinz vertrat, als es Ignatius für
seinen Gesamtzweck gut schien, so war dies das deutlichste Zeichen,
wie bedenklich für das Gefüge des Ordens die Verführung dieses
Amtes werden konnte. Als Ignatius selbst diese Säule leise
wanken sah, erregte dies ihn zum schärfsten Auftreten. So
mußten ihm denn außerordentliche Beauftragte, Visitatoren, dazu
dienen wiederum den Einfluß der Provinziale im Zaume zu
halten. Wenn er Diego Miron und Torres als solche mit den
außerordentlichsten Vollmachten nach Portugal schickte, so machten
das die dortigen verwahrlosten Zustände nötig; aber auch in
ruhigeren Verhältnissen forderte er von den Visitatoren die größte
Strenge. Jedes Vertuschen und Uebersehen war ihm ein Gräuel.
Sonst forderte er von den Jesuiten, daß sie in ihren Oberen
Christus sehen; vom Visitator verlangt er aber auch: er solle
selber eingedenk sein, daß er den Untergebenen gegenüber die
Person Christi bekleide. Zu allem kam dann noch das ausge=
bildete Denuntiationswesen um dem General die Möglichkeit zu
gewähren, die Amtsführung des Provinzials beständig zu beob=
achten und bei Gelegenheit auch einmal lahm zu legen. Daß
unter weniger energischen Generälen dennoch der Einfluß der
Provinziale oftmals überwog, ist nur natürlich.

Von seiner Machtfülle hat Ignatius nur von einem Rechte
keinen Gebrauch gemacht: sich bei Lebzeiten einen Generalvikar
zu ernennen. Er hat bis zur Stunde seines Todes als ein echter
Selbstherrscher keinen einzigen seiner Untergebenen in solcher
Weise ausgezeichnet. Die Jesuiten haben das wunderlicher Weise
für ein Zeichen seiner Demut ausgegeben. Für die Gesellschaft
aber ward es höchst gefährlich, daß bei seinem Tode nicht alsbald
ein Mann vorhanden war, der mit unbestrittener Autorität die
Zügel in die Hand genommen hätte.

7*

Während nun Ignatius alle Jesuiten seinem einheitlichen Machtgebot unterwarf, mußte er sie auch nach Möglichkeit unabhängig von allen andern kirchlichen Gewalten stellen. Mit reichlichen Vollmachten waren bereits die alten Orden versehen, der neu entstehende mußte sich solche erst erwerben. Gern hätte Ignatius durch Franz Borjas Einfluß erlangt, daß die Gnadenfülle, die in der Bulle Mare magnum den Bettelorden gespendet war, auch der Gesellschaft Jesu zuerteilt werde. Der Plan mißglückte. Und da diese Trauben sauer waren, suchte er wenigstens den Schein zu verwerten, als ob er aus eigener Bescheidenheit solche Privilegien verschmäht habe. So ließ er es durch Olavius der feindseligen Sorbonne verkündigen. Immerhin waren schon die Rechte, die zuerst Paul III., dann Julius III. Ignatius für den Orden spendeten, sehr bedeutende.

Nur die wichtigsten derselben, außer den schon früher erwähnten, seien hier angeführt. Das war noch das wenigste, daß der Papst bald alle Beschränkungen, wonach anfangs die Zahl der Professen 60, die der Coadjutoren 20 nicht überschreiten sollte und Profeß nur in Rom geleistet werden dürfte, fallen ließ; auf die positiven Vorteile kommt es an. Die anderen Mönchsorden übten für gewöhnlich nur aushilfsweise priesterliche Funktionen, der Jesuitenorden dagegen war eine Gesellschaft von Priestern, für welche daher jene die Hauptsache bildeten. Diese Thätigkeit mußte ihnen zunächst erleichtert werden, indem ihnen gestattet wurde, überall zu predigen, Beichte zu hören, die Sakramente zu verwalten, Dispense für die meisten kirchlichen Vergehen zu erteilen, Gelübde außer einigen wenigen dem Papste vorbehaltenen umzuwandeln. Nicht ohne Mühe erlangte Ignatius auch das Vorrecht, daß sie wenigstens in ihren Missionen und in weit entlegenen Ländern von allen jenen Vergehen absolvieren durften, die in der Bulle In coena Domini namhaft gemacht waren, jener schroffsten Formulierung der päpstlichen Ansprüche, die im Entscheidungskampf über die Weltherrschaft Papst Bonifacius VIII. erlassen hatte. Selbst die eifrigst-katholischen Herrscher hatten über die Anwendung dieser Bulle in ihren Ländern beständig mit dem heiligen Stuhle Zwistigkeiten; Ignatius, der Verfechter des Papsttumes, erkannte sie natürlich an, aber wo sie die jesuitische Thätigkeit hemmen könnte, ließ er sich von ihr lossprechen. Auch an andere Schranken, die den Weltgeistlichen binden, wie das Inter= dikt, braucht sich der Jesuit nicht zu kehren; seine Propaganda= Thätigkeit wäre hierdurch gehemmt worden.

Nicht minder sorgten Paul und Julius dafür, daß die Rechte des Generals gegenüber der Gesellschaft genügend festgestellt wur= den. Ausdrücklich ward ihm die Fähigkeit zuerkannt ebenso wie der Papst die Mitglieder der Gesellschaft zu beliebigen Sendungen zu verordnen und sie abzuberufen. Da man den Jesuiten nicht ganz die Möglichkeit abschneiden wollte kirchliche Würden anzu= nehmen, so ward dies doch wenigstens von der Zustimmung des Generals abhängig gemacht. Wiederholt wurde die strenge Ver= bindlichkeit der Gelübde bestätigt, den Austretenden der Eintritt in jeden andern Orden, die strengen Karthäuser ausgenommen, verwehrt. Die Bestimmungen über die Leitung der Gesellschaft, wie sie bald in die Konstutitionen aufgenommen wurden, fanden schon vorläufig von Paul und Julius III. ihre Bestätigung, wie überhaupt alle wesentlichen Anordnungen derselben, z. B. die über die Armut der Professen und über Erwerb, Verwaltung und Freiheiten der Güter, die zur Erhaltung der Collegien dienten.

Wichtiger als alles andere war aber, daß der Papst, indem er den Jesuiten alle Rechte der Weltgeistlichkeit mitteilte, sie zu= gleich unabhängig von derselben, außerhalb ihrer Organisation hinstellte. Ihre Seelsorge ging selbständig einher neben der des Orts= pfarrers; wer bei ihnen gebeichtet und die Sakramente genommen, der brauchte sich nicht an jene zu kehren. Ihre Priesterweihe mochten sie von jedem Bischof, der dem General genehm war, empfangen. Während sie fortwährend den Bischöfen an die Hand gehen sollten, waren sie doch nicht verbunden einem Prälaten zu Gefallen sich irgend einem Dienst zu unterziehen, wenn es ihnen nicht von Rom aus befohlen wurde. Es war nur folgerichtig, daß schon Paul III. in seinem letzten Regierungsjahr 1549 erklärte: „Die Gesellschaft selbst und alle ihre Genossen und Personen nehmen wir aus und sprechen wir frei von jeder Rechtsprechung und Strafgewalt der ordentlichen geistlichen Behörden und nehmen sie nur unter unsern Schutz." Damit war der Rest des Aufsichts= rechtes über die jesuitische Seelsorge in ihren Diöcesen, der den

Bischöfen blieb, fast illusorisch; und Ignatius erkannte nicht einmal diese Ansprüche an.

Da die Jesuiten auch Pfleger der Wissenschaft geworden waren, so stellte man sie ebenso unabhängig deren altüberkommener Organisation in den Universitäten gegenüber. Ihre eigenen Hochschulen erhielten dieselben Rechte wie jene — auch die älteren Universitäten führten sich in der Theorie auf den Papst zurück — und dem General ward ohne weiteres gestattet, wen er unter seinen Genossen für tauglich hielt, dem auch eine Professur, sei es selbst die der Theologie, zu übertragen.

So vieles hatte schon Ignatius erworben; immer weiter vermehrte sich mit dem Aufblühen des Ordens auch sein Privilegienschatz, bis schließlich Pius V. die Gesellschaft auch noch für einen Bettelorden erklärte und damit die ganze Gnadenfülle des mare magnum auf sie ergoß.

Bisher hatten immer nur einige Klöster eine solche Sonderstellung außerhalb der bischöflichen Gewalt eingenommen. Die Gesellschaft Jesu bedurfte dieselbe, weil sie nur dem Papst, auf dessen Wink sie bereit stand, unterworfen, weil sie international wie die Kirche sein wollte. Sie wollte hilfbereit sein aber sich nicht unterordnen. Denn nichts lag den Jesuiten ferner als in offene Opposition zu den Bischöfen zu treten; sie boten ihnen ihre Dienste an, und in allen Ländern sind Bischöfe ihre eifrigsten Förderer gewesen. Aber sie machten doch auch manchmal ihr Vorrecht bemerklich, kamen auf den Wunsch eines Bischofs nicht sogleich, besuchten ein Provinzialkonzil nicht eher, als bis es ihnen vom päpstlichen Legaten geheißen war; und wenn Ignatius die Seinen an einen andern Ort ziehen wollte, war immer die bequemste Ausrede: der Papst wolle es so. Sobald sie ihre Collegien gegründet hatten, beharrten sie erst recht auf ihrem Privileg und wiesen jeden Eingriff, jede Aufsicht des Bischofs ab.

Kam es dann zum heftigen Zusammenstoß wie mit Erzbischof Siliceo von Toledo, so ließ es Ignatius nicht an der ausgesuchtesten Demut fehlen; es schien, als ob er sich und die Gesellschaft, „diese allergeringste Gesellschaft", wie er die „Minderbrüder" überbietend zu sagen pflegte, so tief als möglich zu erniedrigen

suchte; in der Sache aber war er um so eifriger bedacht sich in
Rom die Befreiung gewährleisten zu lassen.

Hierher gehört auch eine eigentümliche Bestimmung, an der
Ignatius mit großer Hartnäckigkeit festhielt. Während alle andern
Priester=Genossenschaften die regelmäßige Form des Gottesdienstes
übten, beim Hochamt gemeinsam im Chor sangen, dispensierte
Ignatius die Jesuiten hiervon, obwohl er ein großer Freund der
Musik war. Dies schien ihm für so vielbeschäftigte Leute überflüs=
sige Zeit und Arbeit. Ironisch bemerkt er in den Konstitutionen:
wer Chorgesang hören wolle, der finde ja anderweit Gelegenheit
genug dazu. Aber wichtiger war, daß er hierdurch die Gesellschaft
von den Weltpriestern auch äußerlich trennte, ebenso wie er sie
von den Mönchen getrennt hatte, indem er die Askese hatte fal=
len lassen.

Um diese ganze über den Erdball ausgebreitete, fast alle Gebiete
des menschlichen Lebens umfassende oder streifende Thätigkeit zu
regeln, um dieses künstlich ausgebreitete Gespinnst einzelner Fäden
unzerstörbar zu machen, bedurfte es endlich einer eingehenden
Gesetzgebung. Andere Orden hatten ihre Regeln: die Verpflich=
tungen, die sie dem Einzelnen auferlegen, die Lebensweise die sie
ihm vorschreiben, die Gesinnung, die sie dadurch erzeugen wollen,
sind in diesen ein und alles. Wenn so gleichsam die einzelne Zelle
hergestellt ist, mag sich aus ihr von selber durch Wachstum, durch
Vervielfältigung der Körper bilden. Auch Ignatius hat die Lebens=
regeln nicht vernachlässigt, aber sie stehen für ihn nicht im Vorder=
grund; sie sind entweder allgemein gehalten oder beziehen sich auf
äußeres Benehmen. Die Gesellschaft Jesu bedurfte vor allem einer
Gesamt=Verfassung; nur als ein dienendes, durchaus abhängiges
Glied in der großen Maschine hatte hier der Einzelne Wert. Vor=
bildlich war in dieser Ordensverfassung angedeutet, wohin sich die
Theorien der Jesuiten neigen sollten, sobald sie — was Ignatius
noch fern lag — als politische Systematiker auftraten. Nur als
die ersten und eifrigsten wissenschaftlichen Vertreter eines mechanisch
aufgebauten, auf einmaligem, ausdrücklichem Vertragsverhältnis
beruhenden Staates konnten sie ihre Bedeutung erlangen.

Noch i. J. 1546 hatten für Ignatius die einfachsten Grund=
züge genügt; nun erst, nachdem die Gesellschaft in allen ihren

Teilen vollendet war, nachdem die Uebernahme des Schulwesens und die Errichtung der Coadjutorenklasse entschieden war, machte er sich ernsthaft an die Ausarbeitung der Konstitutionen. Merk= würdig, wie er dabei zu Werke ging! Er kannte durch genaues Studium und langjährige Beobachtung die Regeln aller übrigen religiösen Genossenschaften; aber wenn er selber eine Bestimmung abfassen wollte, zog er zunächst jene nicht zu Rate. Er entsagte dann zeitweise allen Geschäften und zog sich, ohne ein anderes Buch als das Meßbuch mitzunehmen, zurück. Dann wog er alle Momente, alles was für und gegen die Satzung sprechen konnte, sorgsam ab, und zugleich beobachtete er aufs genaueste seinen eigenen Seelenzustand: er führte vollständig Buch über denselben. Als es sich um den schwierigen Punkt handelte, wie sich der Orden zu den irdischen Gütern stellen sollte, die er für seine Zwecke nicht entbehren konnte, und die doch keine Fessel für seine leichte Beweglichkeit werden sollten, bedurfte er einen ganzen Monat um zu bestimmtem Entschluß zu gelangen. Aus dieser Zeit sind uns Bruchstücke seines Tagebuchs erhalten, darin hat er genau, nach Stunde und Minute aufgezeichnet, welche Stimmungen ihm kamen, jeden Antrieb zum Weinen, jede freudige Erhebung des Geistes, jeden Drang seiner Seele sich Gott ganz hinzugeben. Wir sehen, wie die Methode, die er in den Exerzitien ausgebildet hatte, ihm ganz in Fleisch und Blut übergegangen ist. Hier nun galt es sich selber methodisch zum Gefäß der Offenbarung zu machen. Denn daß er dies auf solche Weise würde, daran zweifelte er nicht. Er frug wohl Lainez: was er von den Regeln der Ordens= stifter halte; und sein Freund erwiderte ihm, getreu seiner Grund= anschauung: dieselben seien in allem Wesentlichen von Gott ein= gegeben und nur im Unwesentlichen Menschenwerk. Ignatius erwiderte: das sei auch seine Meinung. Gewiß haben die Jesui= ten Recht, wenn sie dies als seine Ansicht über sich selbst auf= faßten; demgemäß haben sie die Exerzitien und die Konstitutionen als eine Art göttlicher Offenbarung gepriesen. Wir erschrecken vor einer solchen Selbstvergötterung; der Katholik, der an das nie beendete Fortwachsen der Offenbarung und an heilige Menschen glaubt, nimmt einen solchen Anspruch ohne Bedenken hin.

Wenn Ignatius seinen Grundgedanken festgestellt, dann erst zog er die Bücher zu Rate, und hatte er ihn formuliert, so ließ er die Bestimmung erst versuchsweise sich praktisch bewähren. Einmal hat er die ältesten Genossen zur Beratung zusammengerufen; sie stellten nur einen wesentlichen Grundsatz fest, daß die Konstitutionen nicht in dem Sinne verpflichten sollten, daß jede Uebertretung derselben eine Todsünde sei, wie dies z. B. von der Regel der Dominikaner galt. Wichtigere Stellen teilte er jetzt im Voraus in seinen Briefen mit, viele Bestimmungen ließ er bereits vom Papst bestätigen; als die Sammlung beendet war, schickte er Genossen, die mit seinen persönlichen Absichten wohl vertraut waren und Rede und Antwort stehen konnten, mit derselben in die Provinzen. Drei Wünsche, sagte er oft, habe er im Leben gehabt: daß die Gesell= schaft, daß die geistlichen Uebungen und daß die Konstitutionen die päpstliche Bestätigung erhielten. Die Erfüllung der beiden ersten hat er erlebt, die des letzten nicht mehr. Erst nach seinem Tode ist der Entwurf, ohne daß man eine Aenderung getroffen, von der Generalkongregation des Ordens angenommen und dann nach längerer Prüfung durch einen Ausschuß der Kardinäle ebenso gebilligt worden. Die einzige Abänderung, die Paul IV. aufdrängte, die Verpflichtung zum Singen im Chor, ließ nach dem Tode des Papstes schon während des Konklaves Lainez wiederum fallen. So hat Ignatius im wesentlichen selber noch sein Lebenswerk zu Ende geführt.

Die Verfassung, die in solcher Weise zu Stande gekommen ist, hat in späterer Zeit kaum eine Erweiterung erfahren; sie hat nur nähere Erläuterungen und eine noch verfeinerte Ausführung erhalten: namentlich gilt dies von der Organisation des Schul= wesens. Im übrigen aber kann man sagen: wüßten wir nicht, wie sich erst nach und nach die einzelnen Ziele der Gesellschaft fest= gestellt haben, so müßten wir annehmen, daß diese Verfassung als ein einheitlicher Plan wie eine gerüstete Minerva dem Kopfe ihres Vaters entsprungen sei.

Dem Zwecke, den Ignatius an die Spitze gestellt hat, ist in der strengsten aber auch in der vollständigsten Weise jede weitere Maßregel angepaßt. Dieser Zweck ist: nicht nur mit dem Heil und der Vervollkommnung der eigenen Seele sich zu beschäftigen, sondern zugleich mit diesen energisch das Heil und die Vervollkommnung der Nächsten zu betreiben.

Hiermit ist jener Grundgedanke ausgesprochen, den Ignatius von Anfang an erfaßt, den er sich in seiner langen Entwicklungsperiode immer bewahrt hat, der der Krystallisationspunkt für alle übrigen Gedanken war: der thätige Dienst für die Mitmenschen, natürlich in ihrer Organisation als katholische Christenheit, ohne eine nähere Einschränkung ist der Zweck der Gesellschaft. . Zugleich ist der Unterschied des Ordens der Neuzeit von denen des Mittelalters hiemit scharf genug gekennzeichnet. Jene andern dienen Gott doch vor allem durch die eigene asketische Vervollkommnung; so reich bisweilen ihre Thätigkeit gewesen war, sie war doch immer nur ein Ausfluß jenes ihr Leben erfüllenden Bestrebens gewesen. Der Jesuit aber gehört vor Allem einem Zwecke außer ihm; sobald er diesen nicht mehr erfüllt, hört er auch auf Jesuit zu sein: er wird entlassen. Er selber zwar darf nicht gehen, aber das Damoklesschwert der unfreiwilligen Entfernung schwebt über ihm; selbst den Professen kann es noch treffen. Ihn bindet sein Gelübde, aber die Gesellschaft ist ihm gegenüber nicht gebunden. Nur das Wohl der Gesellschaft — so schärft Ignatius ein — darf bei diesen Fragen den Ausschlag geben. Die Entlassung soll in möglichst milder und liebreicher Form vollzogen werden — ausgestoßene Ordensleute pflegen ja sonst die bittersten Feinde ihres früheren Standes zu werden —, zugleich aber soll sie doch auch als mahnendes Beispiel für alle Uebrigen verwandt werden.

Es sind dies dieselben Grundsätze, welche während der ganzen Neuzeit im Militärstande gegolten haben, weil sie allein zu einem gleichförmigen, zweckentsprechenden Offizierkorps führen können. Die Jesuiten haben diese Eigenheit ihres Ordens, die sie scheinbar hinter andere zurücksetzt, besonders gepriesen fast wie eine ihnen vorbehaltene Panacee. Wirklich hat einmal ein Jesuitengeneral, es ist wohl Franz Borja gewesen, auf die Frage eines spanischen Königs: warum sich die Gesellschaft Jesu immer jugendfrisch erhalte, während andre Orden so leicht alterten, unbedenklich geantwortet: „weil sie sich bisweilen zur Ader läßt."

Wenn nun ein solcher Aderlaß sehr selten vorkam, so war dies — wie schon Ignatius andeutet, — allein der Sorgfalt zu danken, mit der man bei der Auswahl verfuhr.

Da nämlich eine rationelle Wirksamkeit auch eine rationelle Auswahl und Ausbildung verlangt, ist dieser die Hauptsorge zugewandt. Wer als Jesuit in die Welt gehen, wer jenem Zwecke dienen will, der muß sich auch der nöthigen Disziplin unterwerfen, wie Ignatius in den „Geistlichen Uebungen" Christus selber es aussprechen läßt. Nicht jeder ist brauchbar zum Jesuiten: eine peinliche Auswahl, an die andere Orden nie gedacht, muß hier eintreten, und eine genaue aber in den Formen des freundschaftlichen Verkehrs sich bewegende Beobachtung geht der Zulassung nicht etwa erst zur Gesellschaft sondern zur Ausbildung voran.

Schon wo er diese Forderungen aufstellt, zeichnet Ignatius den Jesuiten wie er ihn sich denkt: gesund — nur bei sehr gelehrten Leuten könne man hievon absehen —, bescheiden, thätig, ruhig, energisch, beständig. Seine Fassungsgabe soll rasch und scharf, all sein Handeln maßvoll sein, in seinem Herzen aber soll der Eifer für die eigene Vervollkommnung und für das Seelenheil der Nächsten brennen. Und dieser Eifer soll es sein, der ihn dem Institut verbindet. Auch äußere Vorzüge sind erwünscht, denn ein angenehmes und würdiges Aussehen dient zur Erbauung. Auf andre äußere Güter, auf Reichthum, Adel und — seltsamer Weise — auf guten Ruf ist hingegen bei der Aufnahme keine Rücksicht zu nehmen.

Diesen Forderungen entsprechen die Gründe, welche die Aufnahme verhindern oder sie als wenig rätlich erscheinen lassen. Das versteht sich von selbst, daß der Betreffende weder verheiratet noch Mitglied eines andern Ordens, weder rückfälliger Ketzer noch verurteilter Verbrecher sein darf. Untauglich zum Jesuiten ist aber auch sonst jeder, der seine Leidenschaften nicht zähmen kann, auch wenn es fromme Leidenschaften sind; ebenso der, welcher unbeständig, eigensinnig oder schlaffen Geistes ist. Gleichmäßig werden auch die ausgeschlossen, welche zum Lernen und zum Reden keine Anlage besitzen, und jene, welche die Sehnsucht nicht bezähmen können, weiter in der Wissenschaft fortzuschreiten, als es der ihnen zugewiesene Platz im Orden wünschenswert erscheinen läßt. Man sieht: die Leidenschaftslosigkeit auf der einen, ein konsequentes Zweckbewußtsein auf der andern Seite sind die Eigenschaften, welche den Ausschlag zu geben haben.

Auch sie erfordern noch eine Ausbildung. Es ist dies im wesentlichen dieselbe, wie sie in den geistlichen Uebungen zusammengedrängt erscheint, nur daß sie hier auf die 2 Jahre der Probation verteilt ist. Auch hier ist die Hauptsache, daß alle Gedanken und Empfindungen, gute wie böse, vor dem Erzieher offen liegen, und daß jede einzelne Tugend allmählich und methodisch geübt werde. Auf keiner liegt so viel Wert als auf der des Gehorsams. Nicht nur den eigentlichen Oberen sondern auch allen unteren Beamten und Dienern wird er gleich unbedingt geschuldet; und damit sich der Geist des Einzelnen mit dem Geiste des Instituts ganz erfülle, muß bei ihm die Ueberzeugung walten, daß sich durch solchen Gehorsam der Mensch genau forme nach der ersten und höchsten Regel alles guten Wollens und Denkens: der ewigen Weisheit und Güte.

Entsagung ist das Studium der Probationshäuser, die Wissenschaft erst jenes der Collegien. Doch ist weder die theoretische und praktische Ausbildung im Reden und Predigen während der Probation ganz ausgeschlossen, noch ist in jenes Studium der Entsagung irgendwelche Askese eingeschlossen. Gute körperliche Pflege und angemessene körperliche Uebung wird besonders angeordnet, um auch den Leib geschickt zu machen für die Arbeiten des Geistes. Es ist streng verboten eigenmächtig irgend eine Kasteiung auf sich zu nehmen.

Nachdem nun der Grund der Entsagung gelegt ist, soll auf ihm das Gebäude der Wissenschaft aufgeführt werden; denn zu einer gedeihlichen Wirksamkeit trägt nächst dem Beispiel die Lehre am meisten bei. Ihr widmet man sich in den Collegien der Gesellschaft. „Hier sollen die zukünftigen Arbeiter lernen, welches Verhalten sie zu beobachten haben in den so verschiedenen Gegenden der Welt, im Verkehr mit so verschiedenen Sorten von Menschen, in welcher Weise sie allen etwa möglichen Unzuträglichkeiten vorbeugen und alle Vorteile, die sich für den Dienst Gottes bieten, erhaschen mögen, immer in der möglichst rationellen

Art". Eine solche Begabung beruht zwar in erster Reihe auf der Salbung durch den heiligen Geist, wie Ignatius selber salbungsvoll bemerkt; aber als Kenner dieser Welt setzt er sofort hinzu: zu der Klugheit, die der Herr denen mitteile, die auf ihn trauen, könne durch richtige Unterweisung der Weg eröffnet werden.

Wenn nun Ignatius eine so mannichfaltige Wirksamkeit vor Augen hatte und haben mußte, hätte es scheinen mögen, daß er diesen Männern je nach der Verschiedenheit ihres Wirkungs= kreises auch eine verschiedene Vorbildung hätte geben müssen. Denn das war von vornherein sicher, daß man in Deutschland anders als in Spanien, in China anders als in Südamerika auftreten müsse. Ignatius verkannte dies am allerwenigsten, aber grade darum wünschte er, daß seine Jesuiten überall die= selben seien. Es war — wie wir bereits wissen — ein beson= derer Gegenstand seines Nachdenkens, wie er jede nationale Eigen= tümlichkeit von seinem Orden fern halten konnte, denn in solcher sah er das Verderben aller anderen. Was er festgesetzt hatte, das sollte auch ausnahmslos für jeden Jesuiten gelten; die Aus= nahmen brechen die Gesetze, meinte er. Der Jesuit sollte nach dem Idealbild, das er sich entwarf, jedem Beruf, jeder Sendung gerecht sein, und deshalb mußte die Ausbildung zwar die viel= seitigste aber auch die gleichförmigste sein.

Dieser Gedanke lag, wenn auch nicht deutlich ausgesprochen, schon dem vierten Ordensgelübde zu Grunde: Wenn der Jesuit überall hingehen mußte, wohin ihn der Papst in Glaubenssachen sende, so bedurfte er, wenn dies nicht ein leeres Wort bleiben sollte, auch eine universelle Vorbildung; und wenn bei einer solchen Zersplitterung der Ordenskräfte die Einheit bewahrt wer= den sollte, so mußte auch die Schulung die gleiche sein.

Demgemäß machte Ignatius einen Unterschied zwischen den der Ausbildung der Jesuiten gewidmeten Collegien und den von Mitgliedern der Gesellschaft geleiteten Gymnasien. So wichtig ihm auch die Lehrthätigkeit des Ordens war, so wünschenswert es ihm schien, daß an dem Unterricht in den Collegien auch Auswärtige teilnähmen, und daß durch die Disputationen der Einfluß dieser Lehrthätigkeit in noch weitere Kreise getragen werde, der Grundsatz ward doch festgehalten: Zuerst und vor allem sind die Collegien für den Orden als dessen Pflanzstätten bestimmt. Sie sind einer festen, für alle Länder gleichen Ordnung unterworfen; für jene andern Schulen lehnt Ignatius eine solche noch ab. Diese Schulen für Auswärtige — meint er — sollen so mannichfaltig sein, wie die Länder und Völker; er begnügt sich den Grundsatz festzustellen, daß in jeder einzelnen eine angemessene rationelle Ordnung durchgeführt sei. Doch hat auch Ignatius schon, zunächst für das Collegium Romanum, vorläufige Regeln aufgestellt, wie es mit den auswärtigen Schülern zu halten sei: Der Unterricht soll durchweg unentgeltlich sein; um Argwohn zu vermeiden ist die Zustimmung der Eltern oder Vormünder bei Minderjährigen zum Eintritt erforderlich; regelmäßiger häufiger Gottesdienst — täglich Messe, wöchentlich Predigt, monatlich Beichte — wird angewöhnt. Die humanistischen Fächer, für die Befähigtsten auch Hebräisch, bilden die hauptsächlichen Gegenstände des Unterrichts. Wenn eine genügende Anzahl so Vorgebildeter vorhanden ist und sich nicht anderweit Gelegenheit findet Vorlesungen zu besuchen, so sollen solche über Logik und Philosophie in der Weise von Paris gehalten werden. Doch soll über diesen Lehrgang hinausgegangen werden durch Uebungen im freien Aufsatz, im Disputieren, in Vergleichungen: das helfe noch mehr als die Vorlesungen. — Es ist mit einigen Einschränkungen derselbe Lehrplan, den Ignatius als verbindlich für die eigene Ausbildung der Jesuiten entwarf.

Bald ist man über das von Ignatius gesteckte Ziel noch hinausgegangen. Es lag in der Natur der Sache, daß diese gleichmäßig herangebildeten Jesuiten auch bei Fremden eine möglichst gleichartige Bildung zu pflanzen strebten. Aber auch für diesen allgemeinen Studienplan, wie er dann am Ende des Jahrhunderts festgesetzt wurde, haben die Bestimmungen, welche schon Ignatius gegeben, als Grundlage gedient.

Eine mächtige Zeitströmung kam dieser Jesuitenschule entgegen. Das Ziel, welches Ignatius der Ausbildung seiner Genossen gesetzt hatte, berührte sich nahe mit jenem, welches nun

bereits seit zwei Jahrhunderten den humanistisch gebildeten Männern vorschwebte: es hieß, vielseitige, womöglich allseitige Menschen zu bilden. Dennoch war diese Bildung ihren Mitteln nach
eine formale, d. h. man war immer von dem Grundsatz ausgegangen, daß man an den Unterrichtsgegenständen, also zunächst
dem Altertum, die Formen eines richtigen und vielseitigen
Denkens ebenso wie die eines richtigen und schönen Ausdrucks bei
dem Schüler einüben solle, um so seinen Geist in den Stand zu
setzen die mannichfaltigsten Gegenstände selber zu bewältigen.
Ignatius stellte diese Bildung in den Dienst der Religion. Er
gab ihr hiermit eine ganz andere Schwungkraft, als sie bisher
besessen hatte, aber er raubte ihr die wissenschaftliche Zeugungskraft.

Alles paßt der große Organisator geschickt diesem Zwecke an.
In Alcalá und Paris hatte er einst bei sich durch freien Entschluß alle fromme Ueberschwänglichkeit zurückgedrängt. Bei seinen
Schülern wollte er sie erst nicht aufkommen lassen. Er fordert:
es sei freilich darauf zu sehen, daß nicht die Liebe zu den Studien
die Liebe zu gediegener Tugend und zum religiösen Leben er-
kalten lasse, namentlich aber doch darauf, daß nicht Bußübungen,
Gebeten und langgedehnten Betrachtungen viel Zeit eingeräumt
werde. Eine Stunde täglich genüge zu zweimaliger Gewissenserforschung und zum Begehen des Amtes der heiligen Jungfrau.
In einem erläuternden Briefe erklärt er: In jedem Falle seien
Bußübungen, welche die Ehre und Selbstachtung betreffen, denen
vorzuziehen, welche das Fleisch angreifen. Bei solchen sei, zumal in
der Studienzeit, nicht der Sporn sondern der Zügel anzuwenden.
Und den asketisch angehauchten Studenten von Coimbra führt er
zu Gemüte: Maßhalten sei die höchste Tugend. Selbst die Gerechtigkeit sei nach dem Ausspruch des Predigers Salomonis dem
Maß unterworfen. Ganz thöricht sei namentlich eine Askese,
die den Körper schwächt. In der Unterwerfung ihres eigenen
Urteils nicht im Wüten gegen ihren Leib sollten sie ihren Ruhm
suchen. Kasteiungen seien gut im Anfang, wenn man lernen
wolle sich selber zu überwinden; weiterhin aber möge statt ihrer
das Gefühl des gemeinsamen liebevollen Zusammenhanges eintreten. Ebensowenig sollten sie glauben, daß sie in dieser Zwischen-

zeit den Zweck des Ordens: den Mitmenschen zu dienen, nicht erfüllten. Wie der Soldat seinem Herrn dient, wenn er sich ausrüstet und verproviantiert, so thäten auch sie mit wissenschaft= licher Vorbereitung.

Es ist eines seiner schönsten und tiefsten Worte, das er öfters in seinen Briefen wiederholt und auch in die Konstitutionen aufgenommen hat: „Die Beschäftigung mit der Wissenschaft, wenn sie mit dem reinen Streben eines Gottesdienstes getrieben wird, ist gerade darum, weil sie den ganzen Menschen erfaßt, nicht weniger sondern noch mehr Gott wohlgefällig als Uebungen der Buße." Wüßten wir nur nicht aus seinen anderen Aeußerungen, daß für ihn die Wissenschaft im Grunde doch nur den Wert einer Vorbereitung zum Handeln besaß!

Rastlos thätige Menschen sollten in den Collegien erzogen werden; die Anspannung zu solcher Thätigkeit ist deshalb eine Hauptsache in diesem Unterrichtsplan. Unausgesetzte Arbeit, so weit die Kräfte langen, hatte Ignatius schon für die Probations= zeit gefordert. Für die Collegien gilt dies noch mehr; sie war recht eigentlich der Wahlspruch des ganzen Ordens. Eigentliche Erholung, abgesehen von etwas körperlicher Uebung, scheint Igna= tius für die Collegien gar nicht zu kennen. Es schwebt ihm wie den meisten pädagogischen Organisatoren offenbar das Ziel vor durch eine regelmäßige Zeiteinteilung und durch Abwechselung der Beschäftigungen auch die Stunden der Muße noch nutzbar zu machen. So soll z. B. während des Frühstücks und der Mahl= zeit entweder vorgelesen oder disputiert oder deklamiert werden. So wird den Schülern wie den erwachsenen Jesuiten strengstens jede Unterhaltung untersagt, die ohne bestimmtes Ergebnis ver= laufen muß, z. B. politisches Hin= und Herreden und Streitereien über Vorzüge und Mängel der einzelnen Nationen. So wird auch, mindestens für die Abteilungen, in denen klassische Studien getrieben werden, keine Verkehrssprache geduldet als das La= teinische.

Dies alles ist immerhin nur Vorbedingung einer gedeihlichen Ausbildung; auf den Inhalt des Studiums kam alles an. Igna= tius hatte erkannt, was dem restaurierten Katholizismus Not thue: Theologen wollte er bilden, die das System des Mittelalters

vom Boden des Humanismus aus verteidigten. Einige Zugeständ=
nisse hatten auch die alten Universitäten gemacht, aber erst die
Jesuiten führten diese Verschmelzung ganz durch. Mit einem
zutreffenden Vergleich wird in den Erläuterungen zu den Konstitutionen gesagt: der Jesuit solle zu den Büchern der Heiden Stel=
lung nehmen wie die Israeliten zu den goldenen und silbernen
Gefäßen der Aegypter. — Die auswandernden Juden entlehnten
dieselben bekanntlich von ihren Feinden unter dem Schein der
Freundschaft und verschwanden damit auf Nimmerwiedersehen.

Dieses zweckbewußte Verfahren sollte der antiken Litteratur
gegenüber beobachtet werden. Daß der Schüler sich den Sach=
inhalt derselben aneignen solle, ist mit keinem Worte bemerkt;
Ignatius konnte es gar nicht wünschen. Das eben war für den
jetzt verdrängten Humanismus, der das Leben auf antiker Grund=
lage neu aufbauen wollte, bei aller Bewunderung und Ueber=
schätzung der Form doch die Hauptsache gewesen. Für den Stifter
des Jesuitenordens aber hat nur noch die Form, die rasche und
sichere Erlernung des Lateinischen, Wert. Daß man zur vollen
Beherrschung der Form auch gelangte, zeigt der glatte, gewandte und
sichere Styl der lateinischen Schriften des Ordens im 16. Jahr=
hundert.

Selbst für die Jesuiten=Universitäten, wie vielmehr für die
Collegien, wird bestimmt, daß alles sittlich Anstößige aus Klas=
sikern und Humanisten entfernt werden solle. Terenz, aus dem
doch während des ganzen Mittelalters selbst die Nonnen anstands=
los ihr Latein gelernt hatten, verfiel jetzt einem unbedingten Ver=
bannungsurteil. Die Humanisten und sogar noch ihre Nachfolger,
die protestantischen Schulmeister, waren ja nach der andern Seite
etwas weit gegangen. Aber bei allen Besseren unter ihnen hatte
sich das mit einer kernigen Sittlichkeit vertragen und war jeden=
falls ehrlicher als eine solche fälschende Prüderie.

Auf der Grundlage einer derart zurecht gemachten huma=
nistischen Bildung sollte nunmehr, wie es an den alten Universi=
täten der Brauch gewesen, das Gebäude der freien Künste, der
scholastischen und schließlich der positiven Theologie aufgeführt
werden. Mit dieser letzten möge dann auch die Kenntnis der
heiligen Schrift verbunden werden, oder dieser noch ein nachträg=

8

licher letzter Kursus bestimmt sein. Was Einzelne ihrer Begabung entsprechend etwa noch nebenher lernen sollen, das wird der abwägenden Klugheit des Rektors überlassen, der einen eigenen Beamten zur Seite hat, um durch ihn diese einzelnen Anlagen zu erkunden. Zu diesen Extra = Fächern gehören besonders die beiden Ursprachen der Bibel. Diejenigen, welche die Erlaubnis sie zu lernen erhalten haben, sollen dabei den Zweck verfolgen, die von der Kirche angenommene Uebersetzung zu verteidigen.

Niemand wird von Loyola etwas anderes erwarten. Er verfuhr mit seiner Auffassung nur folgerichtig. Für den Wert freier Untersuchung fehlt ihm auch in den Fächern, die mit der Theologie nicht in unmittelbarem Zusammenhange stehen, jeder Sinn. Auch in diesen sollen die Jesuiten immer nur der sicheren und mehr gebilligten Lehre folgen. Hierzu stimmt, daß auch zur Bibliothek nur der Rektor einen Schlüssel hat; nur so konnte er auch den Privatfleiß völlig kontrolieren. In einem Briefe erklärt Ignatius: so weit es irgend möglich sei, wolle er in der Gesellschaft auch keinerlei Verschiedenheit der wissenschaftlichen Meinungen. Freilich gilt es damals für jede Universität — katholische wie protestantische —, daß man an ihnen immer nur eine Richtung, nur eine, bis ins kleinste ausgebildete Meinung dulden wollte.

Wenn nun zum Nutzen der Studien die Zeit für die Andacht eine bedeutende Einschränkung erfahren hatte, so ward um so mehr Nachdruck gelegt und Fleiß verwandt auf unmittelbare praktische Ausbildung. Auf alle Zweige der späteren Thätigkeit sollte diese sich erstrecken; da ward der äußere Ritus eingeübt und das Beichthören, das volkstümliche Predigen und die Kinderlehre, die Vorbereitung Sterbender und vor allem die Abhaltung der geistlichen Uebungen. Das wichtigste war wohl die beständige Uebung im Disputieren. Diese reißt eigentlich niemals ab. Sie beginnt gleich morgens beim Frühstück, und zwar sofort vor einer großen Zuhörerschaft, denn jedermann ist dabei zu erscheinen und teilzunehmen eingeladen; sie setzt sich im Laufe des Tages in eigens ihr gewidmeten Unterrichtsstunden fort; sie führt an den Sonntagen und bei festlichen Gelegenheiten zu großen Schaustellungen.

Dies ist die Bildung, die ein jeder Jesuit durchzumachen hat; sie zeigt die Verbindung niederer und höherer Studien. Der Besuch einer Universität konnte durch eine solche Vorbereitung ersetzt werden. Nachdem aber einmal die Gesellschaft neben ihren Collegien auch Universitäten übernommen hatte und gerade auf diese besonderen Wert legte, waren auch solche in das Schema der Konstitutionen einzureihen. Während im Lehrgang sich einstweilen Ignatius ganz dem Pariser Vorbild anschloß, mußte er die Verfassung ganz iu seinem Sinne gestalten. Seine Universitäten sind nichts als erweiterte Collegien.

Das spricht sich schon darin aus, daß auch in ihnen die Theologie den Mittelpunkt zu bilden hat, nur daß hier noch entschiedener wie bei den Collegien die Notwendigkeit sprachlicher Vorbildung betont wird. Für die Universität sind Griechisch und Hebräisch unbedingt nötig, aber doch nur, wie Ignatius meint: „als Zeitbedürfnis". Für den Orden, der seine Arme über den ganzen Erdkreis ausbreitete, ist es bezeichnend, daß auch für arabische, chaldäische und indische Professuren gesorgt werden soll, was damals wohl noch keiner andern Universität in den Sinn kam. Auch in den Naturwissenschaften erblickt Ignatius nur „eine geeignete Vorbereitung der Geister zur Theologie, die zur vollkommenen Erkenntnis und Praxis jener diene." Ihnen also wird ein Platz an der Universität eingeräumt. Dagegen sind Medizin und Jurisprudenz ausgeschlossen, oder, wo dies nicht angeht, sollen sich doch die Jesuiten selber nicht mit ihnen befassen.

Gegen die Juristen hat Ignatius eine besondere Abneigung. Auch das Studium vieler Teile des kanonischen Rechtes scheint ihm „nur dem zanksüchtigen Gerichtssaal" zu dienen; er untersagt es den Theologen. Ihm, dem Manne des unmittelbaren praktischen Eingreifens, waren Rechtsnormen offenbar nur ein Hemmschuh. Wenn später sein Orden gerade auf dem Gebiete des Staatsrechtes Bedeutendes geleistet hat, so hat er wenigstens dies nicht gefördert.

Auch bei den Universitäten des Ordens liegt das Originelle mehr in der Art, wie gelernt wird, als in den Stoffen, die gelernt werden. Die mittelalterlichen Universitäten nach dem Vorbild von Paris hatten aus einzelnen Collegien bestanden, deren jedes zwar seine Angehörigen in strenger Zucht hielt, deren Wesen aber doch die freie Selbstverwaltung war. Diese wurde noch

8*

besonders dadurch erhöht, daß in ihnen der Unterschied zwischen Lehrern und Hörern fast ganz verschwand, daß er sogar aus pädagogischen Rücksichten verwischt wurde, weil das „Im Lehren lernen wir" maßgebend war. Allerdings hatte diese Verfassung alle möglichen anderen Vorzüge nur nicht den: zur raschen Förderung der Wissenschaft beizutragen; sie vor allem machte die Irrtümer und Irrwege zur gemeinen Sache und verewigte sie so.

Das war freilich nicht der Grund, weshalb Ignatius diese Verfassung nicht brauchen konnte. Er konnte vielmehr nicht die freie Bewegung, den körperschaftlichen Zusammenhang, die trotzige Selbständigkeit der Studenten zulassen. Ganz richtig bezeichnet ein neuerer jesuitischer Geschichtsschreiber den Grund der unversöhnlichen Feindschaft zwischen den alten Universitäten und den Jesuiten dahin: jene seien durchaus selbstgewachsene organische Bildungen gewesen — in der That greifen ja diese einzelnen Korporationen, in denen wiederum jedes Individuum ein vollberechtigtes Mitglied ist, zu einem organischen Ganzen zusammen — während die Gesellschaft Jesu durchaus eine künstliche Bildung sei, — wirklich ist sie ja ein großer Mechanismus, in dem alle Räder durch einen Einzelwillen gestellt und getrieben werden sollen.

Diesem Bilde des Ordens sollten auch seine Hochschulen gleichen. Von Anfang an verzichtet Ignatius freiwillig auf das Palladium bisheriger Universitäten, die akademische Gerichtsbarkeit, die damals durchaus kein leerer Schatten sondern die Grundlage der akademischen Freiheit war. Diese Freiheit ist es, welche er in ihrer Wurzel treffen will, und gern räumt er hier der Obrigkeit ein Recht ein, das ihm nichts gilt, und für das er andere, bessere eintauschen kann. Ebenso abhold ist er den akademischen Würden, die damals noch wirklich die Stellung bezeichnen, die der Einzelne in dem großen Organismus einnimmt, und die mit wirklichen Rechten verknüpft sind. Ganz kann er sie nicht abschaffen, denn sie seien, meint er, nun einmal bei einer Wirksamkeit „zum Wohl des Nächsten" unentbehrlich. So hatte er selber die nach Deutschland bestimmten Gefährten noch rasch in Bologna den Doktorgrad erwerben lassen, weil sie ohne diesen an keiner Universität hätten festen Fuß fassen können. Wenigstens soll aber aller Prunk von den Promotionen ausgeschlossen sein.

Dagegen wird nun von Ignatius die Jesuiten=Universität ganz als Schule konstruiert. Daß bestimmte Kurse vorgeschrieben sind, für Artes (Philologie) und Naturwissenschaften 3½ Jahr, für Theologie 6 Jahre, von denen 2 auf Repetition und Examen abgehen, ist natürlich. Schon wird aber der Hauptwert nicht auf die öffentlichen Vorlesungen sondern auf die privaten gelegt. Diese verdienen bei Ignatius ihren Namen wirklich, denn in ihnen soll der Lehrer die Fortschritte eines jeden Schülers speziell verfolgen, darum gehen ihnen auch beständige Repetitionen, stylistische und rhetorische Uebungen zur Seite. Es ist nur folgerichtig, daß auch die Lehrbücher genau vorgeschrieben werden — Theologie und Philosophie waren nach Thomas von Aquino zu behandeln —, daß eine Klasseneinteilung, oft wiederholte Prüfungen, Versetzung nach dem Gutbefinden des Rektors angeordnet werden, daß ebenso die sittliche Erziehung der Studenten, auch jener, die nicht selber Jesuiten werden wollten, die Ordnung des Beichtens, des Messe- und Predigthörens von der Universitätsverwaltung in die Hand genommen werden.

Die Leitung einer solchen Anstalt konnte nur eine monarchische sein. Die der Collegien war geradezu diktatorisch. In ihnen hatte der Rektor, der jedoch selbst einen Teil des Jahres als Lehrer fungieren sollte, die gesamten Interessen der Anstalt, geistliche und weltliche, wahrzunehmen und zu vertreten. Die ihm untergeordneten Väter, die Lehrer, haben im gewöhnlichen Lauf der Dinge keine Spur eines Rechtes gegen ihn. Er ist ihr Oberer, sie sollen gemäß der allgemeinen Forderung des Ordensgehorsams Jesus Christus in ihm sehen.

Bei den Universitäten, die doch einen weit größeren Geschäftskreis hatten, konnte Ignatius so weit nicht gehen; sie erhielten zum Behuf der Arbeitsteilung eine Art genossenschaftlicher Verfassung. Die Hauptsache ist freilich auch hier: der Rektor ist ständig; dieser wichtigste Posten wird nicht durch Wahl der Kollegen sondern durch das Vertrauen des Generals besetzt. Wie dem General selber so stehen auch ihm vier Assistenten zur Seite, seine Instrumente zur guten Ordnung der Studien, zur Leitung der Disputationen, zur Abnahme der Examina. So sind auch die Syndici nur seine Werkzeuge: sie sollen ihm berichten, was in jeder Klasse vor sich geht; selbst der aus den Dekanen und ihren designierten Nachfolgern bestehende Senat hat doch nur eine beratende Stimme. Die einzige einigermaßen selbständige Stellung neben dem Rektor hat der General-Syndikus, der nach Gutbefinden den Rektor und den Ordensgeneral selbst in Sach- und Personenfragen erinnern soll.

Viel nötiger als Selbständigkeit des Lehrkörpers schien Ignatius das leidige Auskunftsmittel, durch das er überhaupt im Orden die monarchische Verfassung einerseits aufrecht erhalten, andererseits mildern wollte: das Denunziationswesen. Dieses war in jener Zeit der Krebsschaden aller Universitäten, protestantischer wie katholischer; Ignatius brachte es aber in ein System. Ob er wohl wirklich geglaubt hat dadurch, daß er das Denunzieren zur Regel machte, es beim heiligen Gehorsam befahl; ihm seinen sittlich verderblichen Charakter zu nehmen? Der Erfolg mußte ihm Unrecht geben, und hat es gethan. Aus dem Munde einer der ersten wissenschaftlichen Autoritäten des Ordens, Marianas, wissen wir, daß schon 50 Jahre später dieses geheime Auflauern, diese Heuchelei, dieses Anschwärzen den ganzen Orden durchsetzte und zersetzte. Bei den Universitäten ging die Spürerei so weit, daß selbst die zur Aufnahme in den Orden bestimmten Jesuitenschüler, die schon die Probationszeit durchgemacht hatten, ihre regelmäßigen Berichte erstatteten, alle so versiegelt, daß keiner vom andern wissen könne, was er geschrieben. Diese Bestimmungen allein genügen für jedes gesunde Urteil zur Kenntnis des Geistes, der in diesen Anstalten und mit ihnen im ganzen Orden waltete.

Bis hierher war alles Vorbereitung, denn auch die Lehrthätigkeit des Ordens fassen die Konstitutionen prinzipiell doch so auf, daß der Unterricht, welcher für zukünftige Jesuiten bestimmt ist, nur um der christlichen Liebe willen auch an andere, an Auswärtige, mitgeteilt werde. Was hat nun aber der fertige Jesuit zu geloben und zu thun?

Andere Orden hatten in der Ausspinnung und Zuspitzung der Regeln die Gewähr ihres unveränderten Bestehens gefunden. Sie wollten, daß jeder Einzelne auch in allen äußeren Lebensbeziehungen der Zucht einer unabänderlichen Ordnung unterworfen sei. Hiervon hatte Ignatius abgesehen; alles Aeußerliche hatte

für ihn entweder gar keinen Wert oder nur den vorübergehenden
einer vorbereitenden Erziehung. Den fertigen, zum Handeln be=
rufenen Mann dachte er nicht an solche Hemmnisse zu binden;
und wir wissen ja, wie ihm selbst die regelmäßig sich wiederholende
Form des Gottesdienstes, das Singen im Chor, als ein solches
Hemmnis galt. Er dachte nicht einmal daran die Professen,
wenn sie sich nicht auf ihren Reisen sondern in den Häusern
befanden, an den Zwang einer Regel zu binden. Genug, daß
ihnen befohlen war „in der Bahn Christi zu laufen, so lange
ihre Kraft ausreiche." Mit Gebet, Fasten, geistlichen Ueber=
legungen, Kasteiungen möchten sie es halten, wie es ihnen eine
„maßhaltende Liebe" eingebe.

Oder doch! Eine Regel giebt er, aber nicht eine solche die
Askese fordert, sondern die sie einschränkt, nicht nur beim
Schüler sondern auch beim ausgebildeten Jesuiten. Schon
früher hatte er bestimmt, daß die Einrichtung der Lebensweise
nach dem Ausspruch des Hausarztes erfolge, jetzt verordnet er:
„Wer sich Uebungen dieser Art unterziehen will, bedarf der Zu=
stimmung des Beichtvaters und des Oberen; und diese beiden
haben darauf zu achten, daß nicht ein allzustarker Gebrauch dieser
Dinge die Körperkräfte schwäche und so viel Zeit wegnehme, daß er
der geistlichen Fürsorge für den Nächsten nicht mehr Genüge thut."
Freilich rät er auch zu einem sparsamen Gebrauch, damit die
Glut der Seele nicht lau werde. Ignatius betrachtet die Askese
als eine starke Medizin, von der nur kleine Dosen verabreicht
werden dürfen.

Allerdings gab es für die Collegien ebenso wie für die
Profeßhäuser Hausordnungen. Und es verstand sich von selbst,
daß solche mit militärischer Pünktlichkeit befolgt wurden; aber
nie wäre es Ignatius eingefallen, diesen die Kraft und die Ver=
bindlichkeit des heiligen Gehorsams beizulegen. Vielleicht hat
nichts die alten Mönchsorden so gegen die Jesuiten aufgebracht
als dieser vermeintliche Mangel. In dem verurteilenden Dekret
der Sorbonne steht unter den Vorwürfen gegen die Gesellschaft
Jesu in erster Reihe, daß durch ihre Satzungen die Verdienst=
lichkeit der Gelübde, wie sie andere Orden auf sich nähmen, ver=
nichtet werde.

Ignatius dachte anders: Gerade darum, weil er diesen Ge=
horsam über alles schätzte, hütete er sich wohl denselben auf
gleichgiltige Dinge auszudehnen, die seine Kraft nur abgeschwächt
haben würden. So emphatisch er immer von neuem verkündete,
daß der Jesuit seinen Willen völlig gefangen geben müsse, daß
er den Maßstab seines eigenen Urteils nie an den Befehl seines
Vorgesetzten legen dürfe, — das wußte der alte Militär recht gut,
daß neben dem strikten Gehorsam eine gewisse Freiheit einher=
gehen müsse, wenn dieser nicht entgeistigt werden sollte.

Diesen Grundsatz hat er in seinem berühmten, von den
Jesuiten besonders verehrten Briefe an die portugiesischen Collegien
ausgesprochen, als dieselben eine asketische Richtung einschlugen,
die er nicht billigte, und einen Geist der Auflehnung nährten,
der ihm verderblich scheinen mußte.

„Lassen wir", schrieb er damals, „uns ruhig übertreffen
von anderen Orden in Fasten und Wachen, in aller Kasteiung,
die sie nach ihrer Regel jeder in heiliger Absicht beobachten. Ich
aber wünsche, daß die, welche in dieser Gesellschaft Gott dienen,
sich durch den reinen und vollkommenen Gehorsam, durch aufrich=
tiges Verzichten auf den eigenen Willen und Verleugnung des
eigenen Urteils kennzeichnen."

Unerschöpflich ist Ignatius in allen Erzeugnissen seiner Feder
in der Forderung und im Preise dieses Gehorsams. Es liegt
ihm offenbar daran, die Sache so oft und so schroff wie möglich
auszusprechen; und man irrt sich ganz und gar, wenn man meint,
in den verwegensten dieser Wendungen habe sich wider Willen
der Geist des jesuitischen Institutes offenbart. Es sind dies lauter
kundbare Armeebefehle; und sie würden uns gar nicht übertrieben
erscheinen, wenn wir sie im Munde eines Reiter=Obersten an
der Spitze seiner Schwadronen hörten. Hier kommt der Schroffheit
als solcher ein Wert zu. Da einmal Ignatius die militärische
Zucht und Botmäßigkeit für seine „Kompagnie" notwendig er=
achtete, so konnte er gar nicht anders reden, als er hier that.
Nur daß er dies bei einer geistlichen Genossenschaft that, ist eben
das, was wir als den eigentlich verhängnisvollen Schritt be=
trachten müssen.

Das Wesen des militärischen Gehorsams ist, daß der Unter=

gebene in jedem Vorgesetzten den Beauftragten des obersten Kriegs=
herrn zu sehen hat, daß demgemäß auch der Ungehorsam geahndet
wird, als ob er an jenem begangen worden sei. Es ist keine Hy=
perbel sondern voller praktischer Ernst, wenn Ignatius immer und
überall zuerst darauf dringt, daß der Jesuit in seinem Oberen
Jesus zu sehen, seinen Gehorsam um Jesu willen zu leisten habe.

Er sagt in den Konstitutionen: „Im Geiste einer nicht durch
Furcht getrübten Hingebung sollen wir vorgehen und hierzu uns
mit aller Kraft anstrengen. In allen Dingen, auf die sich ein
in Hingebung geleisteter Gehorsam erstrecken kann, sollen wir auf
das Wort der Oberen hören, als ob es vom Herrn Christus
ausginge. Wir sollen stets völlig bereit sein, ohne auch nur den
Buchstaben, den wir schreiben, zu vollenden, für diesen Zweck alle
Nerven und Lebenskräfte anzuspannen, auf daß der heilige Ge=
horsam in der That, im Wollen, in der Einsicht ganz vollendet
sei. Wir sollen uns mit größter Schnelligkeit, geistlicher Freude
und Beständigkeit allem unterziehen, was uns aufgetragen wird,
indem wir uns selber überreden, daß alles gerecht sei, indem wir
jeder eigenen Meinung und jedem entgegenstehenden Urteil in
einem gleichsam blinden Gehorsam entsagen. Und dies sollen
wir thun in allen Dingen, wo nicht eine deutlich erkennbare
Sünde hindernd dazwischen tritt. Ein jeder soll sich überreden,
daß die, welche unter dem heiligen Gehorsam leben, sich tragen
und lenken lassen von der göttlichen Vorsehung durch ihre Oberen,
als ob sie ein Leichnam wären, der sich auf jede Seite wenden
und auf jede Weise mit sich verfahren läßt, oder der Stab eines
Greises, der dem, welcher ihn in der Hand hält, überall und
immer dient, wie und wo er ihn brauchen will. Also soll der
Gehorsame jedes Ding, das ihm der Obere zum Nutzen des Ge=
samtkorps der Religion auftragen wird, mit Heiterkeit des
Geistes ausführen, und er soll für gewiß halten, daß er auf
diese Weise mehr als auf irgend eine andere — dadurch, daß er
dem eigenen Willen und Urteil folge — dem göttlichen Willen
entspricht."

Es sind dies lauter Wiederholungen. Aber solche Grund=
sätze werden durch die Wiederholung nicht abgeschwächt; sie ge=
winnen vielmehr an Kraft.

Die Stufenleiter des Gehorsams, die Ignatius aufstellt, ist: die That, der Wille, die Einsicht. Das Opfer der Einsicht ist das größte, das schwierigste; es macht den Jesuiten recht eigentlich aus. Es scheint ja ein Widerspruch, daß zugleich die höchste Ausbildung der Einsicht und dieses Opfer verlangt werden. Dieser erklärt sich aber ebenfalls durch den Hinweis auf militärische Verhältnisse. Denn wie der Offizier seine Entschlußfähigkeit und seine Denkkraft schulen muß, um in allen möglichen Fällen das richtige Mittel zu ergreifen, wie bei ihm aber alle diese Einsichten abhängen von der obersten: daß er nie handeln dürfe auf den eigenen Kopf, wo ein ausdrücklicher Befehl dem entgegensteht, so ist es auch beim Jesuiten. Darum kann Ignatius in einem Athem Anspannung aller Nerven und Lebenskräfte und Willenslosigkeit eines Kadavers verlangen.

Ausführlich hat er selber diese verblüffende Forderung des Opfers des Intellekts, der edelsten Gabe, die dem Menschen zu Teil geworden, erläutert. „Ueberliefert freiwillig die Freiheit, die er euch gab, euerem Schöpfer und Herrn zu seinen Diensten", schreibt er. „Der Gehorsam ist ein Brandopfer, in dem sich der ganze innere Mensch, ohne sich irgendwie zu teilen, in der Flamme der Liebe seinem Schöpfer durch die Hand seiner Diener darbringt; er ist eine vollständige Entsagung, vermöge deren sich der Mensch völlig seiner selbst entäußert, um gelenkt zu werden durch die Hand seiner Oberen. Deshalb kann man nicht sagen, daß der Gehorsam allein die Ausführung erfaßt, um die Absicht ins Werk zu setzen, noch allein das Wollen, um sich zu befriedigen, sondern er umfaßt auch das Urteil, um dasselbe zu meinen, was der Obere anordnet, soweit es sich beugen läßt durch die Kraft des Willens." Dann entwirft er sein Weltbild. Wie alle Himmelskörper zusammen einen Mechanismus ausmachen, in dem jeder untergeordnete Stern seine Bewegung durch den oberen erhält, so solle es auch bei den vernünftigen Wesen sein. „Und das kann nicht geschehen ohne Gleichheit des Wollens und Urteilens bei Unteren und Oberen. Wenn das Opfer des Intellekts nicht vollständig ist, dann kann auch die Ausführung nicht sein, wie sie soll, denn das Begehrungsvermögen der Seele folgt naturgemäß dem Auffassungsvermögen." Selten ist wohl eine rein

mechanische Weltanschauung so schroff ausgesprochen worden wie
hier. Alle Tugenden leitet er einzig und allein aus diesem Ver=
zicht auf das Urteil her: Beständigkeit, Liebe, Heiterkeit, Raschheit
und Genauigkeit, Einfachheit, Demut und Tapferkeit; alle weiß
er begeistert zu preisen. Auf der andern Seite, der eines unvoll=
kommenen Gehorsams, sieht er hingegen: Unzufriedenheit, Reue,
Trägheit, Schlaffheit Murren, Ausflüchte, alle Schwächen und
Unzuträglichkeiten.

Wenn man ihn aber nun fragen wollte, wie ein so voll=
kommener Gehorsam zu erlangen sei, so hat er immer nur sein ein=
ziges Mittel bereit: „Man darf die Person des Oberen nicht als die
eines Menschen betrachten, die Irrtum und Elend unterworfen
ist, sondern als den, dem ihr in dem Menschen gehorcht, als
Christus, als die höchste Weisheit, unermeßliche Güte, unbegrenzte
Liebe, von der ihr wißt, daß sie sich nicht täuschen läßt und euch
nicht täuschen will." Und er zeigt auch den goldenen Lohn, der
einem solchen Gehorsam winkt: einem so vollendeten Menschen ist
nichts mehr schwierig. Er sagt wohl an einer andern Stelle gerade=
zu: Gehorsam nötige auch die Elemente und den göttlichen Willen
zum Gehorchen. Er sieht im Gehorsam den Ursprung aller
Wunderkraft.

So hat Ignatius die bedingte Unfehlbarkeit der Oberen verkün=
det, die zur unbedingten des Obersten, des Papstes, notwendig führt.
Die Quelle, die Menschenvergötterung liegt sichtbar vor unsern
Augen. Welche maßlose Heuchelei aber daraus entspringen mußte,
daß diese selben Oberen durch die Denunziationen ihrer Unter=
gebenen beaufsichtigt wurden, hat er sich nicht sagen wollen.

Schwieriger zu erfüllen als diese Forderungen ist vielleicht die
andere, nicht weniger bestimmte, daß die Erfüllung der Gehorsams=
pflicht nicht mit dem ängstlichen Gefühl der Furcht, sondern mit
Heiterkeit und innerer Hingebung zu geschehen habe. Es ist seltsam,
wie sich hier die äußersten Gegensätze berühren, denn das war es ja
auch, was Luther vom wiedergebornen Christen verlangte; die
knechtische Furcht, die das Gesetz hervorbringt, schien ihm als das
Kennzeichen des alten Bundes, die Heiterkeit, die freie Hingebung,
als das des neuen. Wenn aber das Gesetz des unverbrüchlichen
Gehorsams in seiner ganzen Schroffheit bestehen blieb wie bei

Ignatius, war es doch schwer, jene Klippe zu umschiffen. Dies fühlte Ignatius und bestimmte daher in einem etwas geschraubten Artikel: So sehr er auch wünsche, daß alle Konstitutionen des Ordens bis ins einzelne befolgt würden, wünsche er doch auch ebenso, daß niemand hierdurch (d. h. durch einen Verstoß gegen die Satzungen) in eine Sünde verfalle. Um das eine wie das andere zu erreichen, verordnet er, daß nur die Vergehen gegen die vier ausdrücklichen Gelübde eine Sünde mit sich führen, diejenigen gegen die andern Satzungen dies aber nur dann thun, wenn der Obere sie im Namen Jesu Christi und bei der Kraft des heiligen Gehorsams befiehlt. Dadurch solle erreicht werden, daß statt der Furcht vor etwaigen Verstößen vielmehr Liebe und der Wunsch nach jeder Art Vollkommenheit zu trachten das Handeln der Jesuiten begleite.

Gewiß mußte Ignatius eine solche Stimmung begehren. Aber welches Mittels bedient er sich hierzu! Also in die Hand des Oberen ist es gelegt, eine Handlung zu stempeln zur gleichgiltigen oder zur Sünde. Nicht im Verstoß gegen ein Gesetz, sondern im Verstoß gegen seinen Willen ist diese Sünde belegen. So weit also muß die Selbstüberredung gehen, daß Gott durch den Mund des Oberen rede — die Ueberredung, die doch nur auf dem eigenen Willensentschluß beruht! Wir stehen hier vor der äußersten Konsequenz der jesuitischen Moral. Wie der Ausgangspunkt Loyolas, das religiöse Abenteuer, der Entschluß ein Heiliger zu werden, so bleibt auch dieses Ende dem Protestanten unverständlich, unerklärlich. Wir können nichts thun als die zwingende Gewalt, mit der diese Ideen jene Geister ergriffen, feststellen.

Bei den anderen Gelübden kann sich Ignatius um so kürzer fassen. Das der Keuschheit, meint er, bedürfe erst keiner weiteren Erläuterung; so weit möglich, sei hier die Reinheit der Engel zu erstreben. Viel Kopfzerbrechen hatten ihm dagegen seiner Zeit die Bestimmungen über das Gelübde der Armut gemacht. Nachdem nun die zweckmäßige Einrichtung getroffen war, daß die stets reisefertigen Professen sich in ihren Häusern mit keinerlei Gütern belasteten, während die dem Unterricht gewidmeten Collegien im Gegenteil so ansehnlich und stattlich wie möglich versorgt wurden, doch aber die Verwaltung dieser Güter den besitzlosen

Profeſſen überließen, waren die andern Beſtimmungen einfach zu faſſen. Weshalb ſpäter die Geſellſchaft Jeſu für einen Bettel= orden erklärt wurde, ſahen wir. Das Betteln ſelber hat man aber nur als ein Mitttel der Erziehung ſparſam verwertet.

Die eigentliche Thätigkeit der Jeſuiten ließ ſich natürlicher Weiſe nicht in Konſtitutionen faſſen; wie es der Augenblick erfor= dert, wie es der unmittelbare Befehl des Papſtes oder des Oberen auftrug, ſo war die Arbeit zu leiſten. In den Konſtitutionen waren nur, ſo weit möglich, die Hinderniſſe wegzuräumen, die eine ſolche ſtets gegenwärtige Hilfleiſtung hätten einſchränken können. Es war den Jeſuiten die Mittelſtellung zu wahren zwiſchen den Mönchs=Orden und der Weltgeiſtlichkeit, um ſie an den Privilegien jener wie an der Thätigkeit dieſer teilnehmen zu laſſen und ſie zugleich den bindenden Verpflichtungen beider zu entheben. Denn ebenſo wenig konnte für ſie der Zwang einer Regel neben einem Leben, das der augenblicklichen Thätigkeit gehört, beſtehen, wie die Unterordnung unter einen Biſchof neben dem Gehorſam, der dem General geſchuldet wurde. So behutſam und verſöhnlich Ignatius bei allen Anſtößen gegen dieſe konkurrierenden geiſtlichen Mächte war, ſo entſchieden wahrte er in der Verfaſſung ſeines Ordens deſſen eigenartige Stellung.

Die Verbindung aller derer, die unter Chriſten und Heiden zerſtreut ſind, mit ihrem geiſtigen Leiter, eine Verbindung, die jener der Glieder mit dem Haupte gleicht, mußte das Ziel der Verwaltung ſein. Die Vorbedingung dieſer Vereinigung iſt, daß immer nur eine kleine Anzahl zum Profeß zugelaſſen werde, ihr Band iſt der Gehorſam, ihr Mittel die fortlaufenden Berichte. Wenngleich die Profeſſen unmittelbar vom Papſt zu Sendungen verwandt werden, ſo iſt doch auch für ſie der General die Mittels= perſon. Der General ſelber aber legt dem jeweiligen Papſt bald nach ſeiner Stuhlbeſteigung das Gelübde des Gehorſams ab.

Bei der ungeheuren Thätigkeit des Ordens ward die Central= verwaltung der Geſellſchaft natürlich bald ſo umfaſſend, daß der General ſtändiger Aſſiſtenten bedurfte. So groß ihr Einfluß war, ſie blieben doch ſeine Miniſter, ſie wurden nicht etwa ein überwachender Ausſchuß der Geſellſchaft. Von Generalkongrega= tionen, Verſammlungen der ganzen Geſellſchaft, hielt Ignatius

nicht viel. Das Beispiel anderer Orden, bei denen solche Versamm=
lungen Anlaß zu Umtrieben und Parteiungen gaben, schreckte ihn
ab. Er sagte sich, daß er diese demokratische Einrichtung auf das
bescheidenste Maß beschränken müsse, wenn die monarchische Lei=
tung bestehen solle. Für gewöhnlich, meinte er, genüge es, daß
der General durch seinen beständigen Verkehr mit der Gesamtheit
des Ordens sich auf dem Laufenden halte. Ganz konnte er die
Generalkongregationen nicht abweisen: zur Wahl eines neuen Ge=
nerals war eine solche nötig; unbedingt ausgeschlossen waren sie
auch in andern dringenden Fällen nicht. Bei Gelegenheit der
Wahl wurden dann später auch diejenigen Beschlüsse gefaßt, für
welche man die Sanktion des ganzen Ordens wünschte.

Auch dann wurden nicht etwa alle Ordensmitglieder berufen.
Nur die Professen, soweit sie nicht gerade beschäftigt waren, und
einige wenige Coadjutoren sollten kommen. Es war schon genü=
gend, wenn nur aus jeder Ordensprovinz drei Personen zugegen
waren.

Bei den Jesuiten war die Ueberzeugung selber festgewurzelt,
daß in der autokratischen Leitung des Ordens dessen Stärke beruhe.
Sie haben dies mit Vorliebe ausgesprochen und niemals an der
Machtfülle des Generals gerüttelt, wenn es auch an Anregungen
hierzu aus der Mitte des Ordens selber nicht gefehlt hat, — der
erste Sturm mußte schon bald nach Ignatius' Tode abgeschlagen
werden, als Bobadilla und einige andere der ursprünglichen Väter
dem jüngeren Lainez nicht mehr denselben Gehorsam leisten wollten
wie dem alten Stifter des Ordens.

Schon diese theoretische Ueberzeugung war von hohem Wert,
denn in Wirklichkeit war natürlich der Provinzial, und in seinem
Kreise sogar der Rektor, mächtiger als der General. Daß es
nicht leicht sei, einen bei den maßgebenden weltlichen Würden=
trägern beliebten Provinzial abzuberufen, hatte Ignatius selbst in
Portugal an Simon Rodriguez erfahren. Das Brief= und De=
nunziationswesen mußte hier nachhelfen. Es war dem damals
schon ganz durchgeführten und zentralisiertrn Depeschenwesen der
Diplomatie nachgebildet; es machte zugleich auch die General=
kongregationen, dies Hilfsmitttel eines wenig schreibenden Zeit=

alters überflüssig. Um der Macht der Provinziale, die eigentlich nichts sein sollten als Inspektionsbeamte, die Wage zu halten, nahm Ignatius die direkte Ernennung aller Rektoren für den General in Anspruch; keine Würde darf ohne sein Geheiß übernommen werden. Und während der General sein Amt lebenslänglich bekleidet, sind die Provinziale immer nur auf drei Jahre ernannt.

So streng monarchisch die Leitung des Ordens auch ist, so ist doch nicht nur die Gesellschaft dem General, sondern dieser auch ihr verpflichtet. Natürlich besitzt die Gesellschaft das Recht der Absetzung bei völliger Untauglichkeit des Generals oder offenkundigem Abfall von der Kirche. Umänderungen, welche den Bestand der Gesellschaft berühren, so die Aufhebung von Profeßhäusern und Collegien, dürfen nicht ohne Zustimmung einer Generalkongregation erfolgen. Das hatte wenig zu sagen. Täglich und stündlich aber machte sich das Aufsichtsrecht der Gesellschaft über den General geltend. Denn so unumschränkt seine sachliche Herrschaft war, so gebunden sollte er in allen persönlichen Verhältnissen sein. Seine Kleidung, sein Aufwand, seine Zeiteinteilung und seine Lebensführung unterlagen der beständigen Beaufsichtigung und der Bestimmung der Gesellschaft. Das Recht, das keinem Katholiken verschränkt war, sich den eignen Gewissensberater auch selber zu wählen, entzog Ignatius dem Jesuitengeneral. Die Gesellschaft ernennt seinen Beichtvater, sie fügt diesem, wenn sie will, noch einen besonderen Beaufsichtiger hinzu.

Die Päpste führten den Namen als Knechte der Knechte Gottes, aber diese stolze Demut war bei ihnen immer eine Phrase geblieben; für den Jesuitengeneral suchte sie Ignatius zur Wahrheit zu machen.

So gut organisiert war die Truppe, so wohl überlegt der Feldzugsplan; aber erst durch die Ausführung gewinnt derselbe seine Bedeutung. Nicht jeder Zweig der Thätigkeit war überall zu verwenden. Darin hatte die Virtuosität der Gesellschaft zu bestehen, daß sie sich den Umständen anpaßte. „Möge der Anfang sein, wie er wolle, der Ausgang muß immer unser sein", dies Wort des Ignatius durfte und konnte ihr allein vorschweben.

In Rom hatte sie ihre erste volle Wirksamkeit entfaltet; mit der römischen Kurie die engste Verbindung zu wahren, mußte für diesen Orden besonderer Diener des Papstes noch wichtiger sein als für andere, selbständigere. Aber diese Kurie war nicht eine einheitliche Größe, mit der man ein für allemal hätte rechnen können. Es fanden sich in ihr so viele Gegensätze wie in der katholischen Kirche selbst; und von einem Pontifikat zum andern wechselten Ansichten und Strebungen, wenn auch die Grundströmung der Gegenreformation dieselbe blieb. Vier Päpsten hat Ignatius gedient. Auf Paul III., der ganz Klugheit und Politik war, folgte Julius III. (1550—1554). Ein Mann ohne die Gewandtheit und Thatkraft seines Vorgängers, bewegte er sich im Schlepptau der kaiserlichen Politik; aber für Ignatius war er der bequemste Papst. Je weniger er selber zu entschiedenem Handeln begabt und geneigt war, um so lieber sah er die Gesellschaft, die für ihre rastlose Thätigkeit, deren Früchte ganz dem Papsttum zu Gute kamen, nur ein paar Privilegien und hin und wieder für greifbare Zwecke eine Geldunterstützung begehrte. Mit Marcellus III., der nur wenige Wochen residierte, gelangte sogar ein entschiedener Bewunderer Loyolas auf den Thron. Aber es kam auch noch eine Sturmzeit für den Orden, als Peter Caraffa, der alte leidenschaftliche Gegner des Ignatius, den Stuhl Petri bestieg, er, der gerne die Gesellschaft wieder vernichtet hätte, wenn dies nur angesichts der Stellung, die sie sich bereits erobert hatte, noch möglich gewesen wäre.

War unter solchen Umständen das vierte Gelübde des unbedingten Gehorsams gegen den Papst durchzuführen, wenn es nicht zur Gedankenlosigkeit ausarten sollte? Seitdem sich die Gesellschaft in den verschiedensten Staaten heimisch gemacht, mußte sie auch irgend welchen Anteil nehmen an den Konflikten, die sich zwischen der Kurie und selbst den best-katholischen Fürsten bisweilen ergaben. Die älteren Orden hatten hierbei nicht immer die

Partei Roms ergriffen. Wie oft haben nicht bloß die Franziskaner sich auf die Gegenseite geschlagen! Das hätten freilich die Jesuiten nie thun können; aber wenn sie überall als die geschworenen Vertreter aller päpstlichen Ansprüche hätten auftreten wollen, so würden sie sich unzweifelhaft den Boden unter den Füßen abgegraben haben. Es war die Vermittler-Rolle, die sie Ignatius am liebsten zu wählen lehrte.

Um durch diese Klippen geschickt zu steuern, bedurfte es einer Klugheit, die vor einem strengen Urteil, wie es etwa jene Asketen fällten, die den römischen Stuhl mit einem Ruck zu den Sitten der gregorianischen Zeit zurückdrängen wollten, nicht Stand hielt. Es gab gewisse Mißbräuche, die auch Ignatius als solche erkannte, die überhaupt kein Mensch laut zu verteidigen wagte, die aber nun einmal bestanden, die so verwachsen waren mit der Geschäftspraxis der Kurie, daß sie anzutasten höchst bedenklich schien. Ignatius, diesem entschiedenen Realpolitiker, fiel ein solches Unterfangen gar nicht ein. Dahin gehörte vor allem der Nepotismus. Im Laufe der Gegenreformation ward derselbe in eine Form gebracht, durch die er der Verwaltung der Kirche und des Staates nützlich werden sollte: durch die jungen Kräfte der geistlichen Nepoten konnte ersetzt werden, was den Greisen auf dem Thron fehlte, und der schlaffe Adel des Kirchenstaates konnte durch die Aufnahme des neuen Blutes der weltlichen Nepoten sich etwas erfrischen. Damals aber war an eine solche Umwandlung noch nicht zu denken: kaum ein Papst hat das Unwesen ungescheuter betrieben als Paul III.; nur waren seine Mittel minder gewaltsam als die seiner Vorgänger. Ignatius schloß sich aufs engste an seine Nepoten, die Farneses, an, diese wurden die eifrigsten Beförderer der Gesellschaft. Margarete von Parma war die erste Fürstin, die Jesuiten zu ihren Beichtvätern nahm; mit Wohlgefallen lasen die Väter in allen Erdteilen, wie unbedingt sie, die Tochter des Kaisers, Ignatius vertraue, wie sie ihn eigens berufen hatte um ihre Zwillingssöhne zu taufen. Und die kluge Frau, die später mit so viel Geschick ein Staatsschiff vor dem drohenden Sturme zu steuern wußte, ward die erste vollendete Zöglingin der Jesuiten.

Bedenklicher war es, wenn Ignatius den Kardinal Farnese, in dessen Händen nach dem Brauch der Kurie ein Teil der kirch-

lichen Geschäfte lag, zu seinen mannigfaltigen Pfründen noch ein
portugiesisches Bistum verschaffte, das erst einem Andern weg=
genommen werden mußte. Gegen solchen Mißbrauch hatten sich
längst die Stimmen aller einsichtigen Männer erklärt, und es war
eine einschneidende Bestimmung des Tridentiner Konzils, daß die
Residenz der Bischöfe, d. h. ihr wirkliches dauerndes Verweilen in
ihren Diözesen gefordert wurde. Auch Ignatius war überzeugt,
daß dies in der Ordnung sei; er ermahnt wohl selber einmal
einen spanischen Kardinal dieser seiner Pflicht eingedenk zu sein;
wie nun aber einmal die Sachen lagen, beruhte Reichtum und
Macht der Kardinäle großenteils auf der Häufung fremder Bis=
tümer.

Dennoch gab dieser Punkt den Anlaß, daß der unentschlossene,
behagliche Julius III. wenigstens einmal der Gesellschaft seine
Gunst zu entziehen drohte. Als Philipp II. für seine Staaten
jenes Tridentiner Dekret zur Ausführung zu bringen dachte und
die spanischen Bischöfe nach Hause berief, war Julius wütend
über diesen Eingriff in die kirchliche Verwaltung. Man stellte
ihm vor: die Jesuiten, die als Theologen des Papstes beim Konzil
zugegen gewesen wären, hätten das Dekret veranlaßt oder es doch
gefördert. Der Papst ergrimmte so gegen die Gesellschaft, daß
er weder Ignatius noch einen seiner Gefährten vor sich lassen
wollte, daß selbst der offizielle Protektor Kardinal Carpi nicht
für sie zu sprechen wagte. In solchen Fällen war es Ignatius'
Vorteil, daß er noch über andere Verbindungen gebot. Ein Auf=
trag des Königs Ferdinand, von warmen Lobsprüchen für den
Orden begleitet, verschaffte ihm schleunigst wieder den gewünschten
Zutritt; und damit hatte ein Ignatius bei einem Julius III. ge=
wonnen Spiel.

Viel ernster war die Feindseligkeit Pauls IV. Noch kurz
bevor der heißblütige Neapolitaner Papst wurde, hatte Ignatius
zu den vielen alten einen neuen Streit mit ihm gehabt, der sich
um so tiefer in Caraffas Seele bohrte, als er mit einem Triumph
Loyolas endigte. Ein junger Sizilianer war dem Orden beigetreten
und seine Eltern, zumal die Mutter, waren trostlos hierüber, und
wandten alle Mittel an, um den Knaben zurückzuerhalten. Schon
kurz vorher waren zwei Frauen weinend und klagend in der

heftigen Weise der Italienerinnen ins Collegium Romanum ge=
drungen und hatten behauptet: die Jesuiten hätten ihnen ihre
Söhne entführt. Um solchen Auftritten vorzubeugen, machte Igna=
tius die Aufnahme auswärtiger Schüler von der Zustimmung der
Eltern abhängig, aber für den Zutritt zum Orden dasselbe zu
thun lag kein Grund vor. In der That, was ist in den Legen=
den des Mittelalters gewöhnlicher, als daß Kinder gegen den
Willen ihrer Angehörigen dem geistlichen Stande beitreten? Wie
der heilige Franziskus vor dem Zorne seines Vaters sich nackt
unter den Mantel des Bischofs flüchtet, war in Bild und Schrift
unzählige Male verherrlicht worden. An dem deutschen Gewissen
eines Luther nagte freilich der Vorwurf, daß er im Ungehorsam
gegen seinen Vater die erste natürliche Pflicht versäumt hatte; bei
den romanischen Völkern wurden solche Bedenken als Schwäche
des Fleisches angesehen. Ignatius erklärte: er werde den Knaben
beim Orden behalten, und drohte, um ihn den Lockungen der
Mutter zu entziehen, mit Verschickung nach Portugal. Caraffa,
der um eine Entscheidung angegangen war, entschied auf Heraus=
gabe; aber Ignatius veranlaßte, daß sein Urteilsspruch wieder
umgestoßen wurde.

Als nun Caraffa als Papst aus dem Konklave hervorging,
da lebte in ihm fast noch stärker als der Haß gegen die Ketzer
der gegen die Spanier, die Unterdrücker seiner Heimat. In dem
leidenschaftlich unbesonnenen Kriege, den er gegen Philipp II. ent=
fachte, traf sein Argwohn alle Spanier ohne Unterschied, denen
er als einer Pest der Menschheit kaum den Christennamen zuge=
stehen wollte. Der Jesuitenorden, der auch in Rom vorwiegend
aus Spaniern bestand, war ihm besonders verdächtig. Er ließ
das Profeßhaus umstellen und darin nach verborgenen Waffen
Haussuchung halten. Das erregte in der Stadt, der damals die
spanische Belagerung drohte, ungeheures Aufsehen. Ignatius
wußte sich mit viel Würde in die peinliche Lage zu finden; er
zeigte sich in der Defensive so tüchtig, wie im Angriff.

In Spanien nannte man damals die Jesuiten Theatiner:
die wenigsten hatten eine Ahnung, daß die Stifter der beiden
Orden zeitlebens Gegner gewesen waren. Eine Verschmelzung
hatte Ignatius erst wieder einige Jahre zuvor abgelehnt, ebenso

wie eine solche mit den Kongregationen der Somaska und den Barnabiten, die beide in Ober=Italien ihren Hauptsitz hatten. Er erklärte: es werde Gott besser gedient, wenn jeder in seiner Weise den Nächsten helfe; aber den Ausschlag gab doch, daß er so große Mengen erwachsener Männer, die ganz anderem Ziele nachgefolgt waren, nicht in seine festgefügten, wohlgeübten Reihen einordnen konnte. Jetzt wollte Paul durch Zwang die Gesellschaft Jesu nötigen, die Bahnen zu wandeln, welche er seinem Orden vorgeschrieben hatte. Ignatius gab wenigstens in dem Punkte des Chorsingens nach. Den Hauptschlag führte Paul wohl erst nach Loyolas Tode. Er bestimmte: in der Gesellschaft solle wie in allen andern Orden der General nur auf eine knapp bemessene Zeit gewählt werden. Wäre dies zur Ausführung gekommen, so hätte sich die Gesellschaft von Grund aus verändert. So wie sie war, konnte sie ohne die dauernde monarchische Leitung nicht bestehen. Nach Pauls IV. Tode hat Lainez sich damit geholfen zu erklären: die Bestimmung enthalte nur eine persönliche Ansicht des verstorbenen Papstes, nicht einen amtlichen Ausspruch.

Es ist bemerkenswert, daß, so schroff die Jesuiten im Aus=land die päpstlichen Ansprüche vertraten, so unbedenklich sie vor allem darin waren den Religionskrieg zu schüren, sie in Rom selber sich lieber zur gemäßigten Partei hielten. Alle Kardinäle, mit denen Ignatius und Lainez in engerer Verbindung erscheinen, gehören dieser Richtung an. So schon früher Contarini, so jetzt der Protektor der Gesellschaft Carpi, ferner Reginald Poole, der vertriebene englische Lord, Morone, Carl Borommeo. Diese Männer waren es auch, die auf dem Konzil von Trient den Ausschlag gaben. Ihr Diensteifer für die Inquisition näherte andrerseits die Jesuiten freilich wieder den Männern des schroffen Rückschrittes.

Auf dem Konzil Einfluß zu gewinnen, mußte der neuge=gründeten Gesellschaft von hoher Wichtigkeit sein. Als Paul III. 1546 endlich dem Drängen des Kaisers nicht länger ausweichen konnte, ordnete er auch Lainez und Salmeron, die sich als ge=schickte Vertreter des strengsten Dogmas seit Stiftung der Ge=sellschaft bewärt hatten, als „Theologen des Papstes" nach Trient ab. Es war eine bescheidene Stellung, welche die beiden, wenig

über 30 Jahr alten Männer neben den glänzenden Legaten, neben
den Kardinälen und Erzbischöfen, ja selbst neben den Generalen
der alten Orden einnahmen. Ueberflüssig aber waren sie als die
wissenschaftlichen Vertreter der römischen Ansprüche keineswegs.
Ein Kardinal=Legat besaß eine mächtige, fast unabhängige Stel=
lung; daß diese auch dem Papste gefährlich werden konnte, hatte
die Geschichte früherer Konzilien zur Genüge gezeigt; diese Jesuiten
dagegen, die mit selbstbewußter Aermlichkeit auftraten, waren
Schildknappen, welche auf die Weisung, die ihnen von Rom kam,
durch dick und dünn gingen. Ignatius scheint nicht viel Wert
auf das Konzil als solches gelegt zu haben; von dem Siege des
Kaisers über die Lutheraner hänge auch der Erfolg des Konzils
ab, meinte er. Für ihn handelte es sich vor allem darum, daß
sich die Gesellschaft den zu Trient versammelten Kirchenfürsten
aller Länder in ihrer Brauchbarkeit bemerklich mache.

Eine kluge Instruktion gab er den beiden mit: Beim Zu=
hören sollen sie stets leidenschaftslos und aufmerksam sein und
die Gesinnung und Absicht der Redner zu durchschauen suchen;
ihre eigene Rede sei langsam, überlegt und wohlwollend, in der
Debatte sollen sie den Schein meiden, als ob sie ihre eigenen
Ansichten verträten, aber auch andere lebende Autoritäten sollen
sie nicht anführen; nie sollen sie so sprechen, wie es ihnen ge=
nehm und bequem sei, sondern so, wie es dem Gegner angemessen.
— Es soll eben nicht auf rednerische Triumphe, sondern auf Er=
reichung bestimmter Ziele gesehen werden. Daneben hat die übliche
vielseitige Thätigkeit der Jesuiten einherzugehen. Im Konzil
sollen sie mit Worten kargen, auf der Kanzel in Ermahnungen
zur Tugend um so ausführlicher sein, die Dogmatik aber ist —
dem allgemeinen Grundsatz der Gesellschaft gemäß — hier ganz
auszuschließen. In der geistlichen Praxis haben sie die größte
Milde walten zu lassen, Gelübde eher zu mildern als zu schärfen;
statt Bußen sind Gebete für den glücklichen Erfolg des Konzils
aufzuerlegen. Auch für die Exerzitien ist Propaganda zu machen;
jedoch haben sie, außer wo es sich um Lebensentschlüsse handelt,
nur die Uebungen der ersten Woche mitzuteilen. Die Kranken=
pflege, mit der sich seit den Anfängen in Venedig der Orden
wenig mehr befaßt hatte, wird hier, wo es sich um eine augen=

fällige Wirkung handelt, wieder hervorgesucht. Wenn durch solche Arbeiten der Tag ausgefüllt ist, so haben sie des Nachts zusammenzutreffen und zugleich mit Jay, der den Kardinal von Augsburg im Konzil vertrat — bald folgte ihm noch Canisius, der beste Sachverständige für die Bekämpfung des Protestantismus — gemeinsam ihr Verhalten für den nächsten Tag zu verabreden. Ueber allem andern aber stand die Weisung: keiner Meinung sollten sie zustimmen, die sich irgendwie den neuen Ansichten zu nähern scheine. Das Festhalten des alten Dogmas war unverrückbarer Grundsatz!

Das Prinzip, das Ignatius gern aussprach, daß die Gesellschaft überall klein anfangen solle, bewährte sich wiederum in Trient. Man nahm hier Anfangs kaum Rücksicht auf die jugendlichen „Theologen des Papstes", wenn man ihnen auch den Platz unter den „niederen Theologen" anwies, d. h. in jener aus Abgesandten der Fürsten, der gelehrten Korporationen, der Orden zusammengesetzter Versammlung, die neben dem aus Bischöfen bestehenden eigentlichen Konzil tagte. Die Betriebsamkeit und Brauchbarkeit der beiden Jesuiten machte sich aber bald geltend. Man hatte um Eifersüchteleien vorzubeugen und das Debattieren von Glaubenssätzen vor der Oeffentlichkeit zu verhindern allen Mitgliedern des Konzils das Predigen verboten; die Jesuiten wußten für sich eine Ausnahme zu erwirken; als Beichtväter gewannen sie manchen Prälaten, namentlich von den spanischen, die sie bisher noch argwöhnisch betrachtet hatten. Als Ignatius den vielbegehrten Lainez zu anderweitiger Thätigkeit abberufen wollte, schrieb ihm schon der Kardinallegat: das gehe nicht an; Lainez habe den Auftrag, alle Irrtümer der Ketzer bezüglich der Sakramente und anderer vom Konzil zu behandelnder Dogmen zusammenzustellen; dazu bedürfe er noch Zeit. Man sieht: es ist ganz im Einklang mit jener Instruktion des Ignatius nicht sowohl eigene Autorität, welche die beiden ausüben; es ist vielmehr ein stiller Einfluß, der sich der Beobachtung und Berichterstattung entzieht, der aber um so nachhaltiger ist. Die mühselige Herbeischaffung des Materials, scheinbar eine wenig lohnende, im Grunde aber doch die entscheidende Arbeit wählten sie sich. So trat Lainez auch wiederum in der zweiten Epoche des Konzils unter

Julius III. auf. Schon war er nicht mehr zu entbehren; als es sich um Feststellung der Abendmahlslehre handelte, kündigte er etwas prahlerisch an: er werde keinen Autor zitieren, den er nicht von Anfang bis zu Ende gelesen habe. Er brachte diese Riesenarbeit wirklich zu stande. Für den echten wissenschaftlichen Arbeiter wäre es eine trostlose Mühe gewesen, da er ja ganz genau im Voraus wußte, was er finden wollte. Das war die Schule, er der Lehrmeister, durch die die großen Kontroversisten, die gelehrten Verteidiger und Systematiker der katholischen Kirche gebildet wurden.

Als schon 1547 nach Jahresfrist Paul III. sich sicher genug fühlte das Konzil aus der unbequemen Nachbarschaft des Kaisers in seine zweite Landeshauptstadt Bologna zu verlegen, folgten Lainez und Salmeron den Legaten dorthin; bezeichnender Weise blieben aber die beiden andern, die einen deutschen Bischof vertraten, mit den übrigen Deutschen und Spaniern in Trient und entschuldigten sich: zwei Kardinäle hätten dasselbe gethan. Ignatius rief sie bald ab, jedoch ohne einen Tadel auszusprechen. Die Hauptsache war erreicht: man hatte es mit keiner Partei verdorben und als besten Gewinn die Bekanntschaft mit den leitenden Kirchenfürsten, die den Orden bald in ihre Heimat beriefen, davongetragen.

Bald darauf fand die Thätigkeit der Jesuiten in Rom selbst eine neue Grundlage durch die Gründung des Collegium Romanum i. J. 1550. Schon nach zwei Jahren zählte es 250 auswärtige Schüler, bald darauf 300. Schon dachte man daran den humanistischen Kursus durch einen theologischen zu ergänzen. Die weltlichen Lehrer in Rom sahen nicht mit Unrecht scheel auf diese neuerweckte Klosterschule, die sich mit ihren Errungenschaften herausputzte. Aber die Glanzzeit des römischen Humanismus war längst vorüber; der Brodneid spielte hier eine weit größere Rolle als der wissenschaftliche Gegensatz. In ihrer Haltlosigkeit wußten die Schulmeister nichts besseres zu thun als mit ihren Buben das Jesuitencolleg zu stürmen. Sie hausten übel darin, zertrümmerten Tische und Bänke; sonst hatte es weiter keinen Zweck, und für Ignatius waren solche Auftritte nur günstig.

Jedoch den eigenartigen Zielen der jesuitischen Lehrthätigkeit genügte auch das Collegium Romanum noch nicht vollständig.

Es reichte aus für die Jugenderziehung eines unentwegt katho=
lischen Volkes; für die ketzerischen Länder bedurfte man etwas
anderes. Schon einmal hatte ein griechisch=unierter Bischof bei
Ignatius den Gedanken angeregt eine Erziehungsanstalt für
junge Griechen, die dann in ihre Heimat zurückkehren sollten, zu
gründen. Damals hatte er gemeint: eine Wirksamkeit der Ge=
sellschaft an Ort und Stelle sei vorzuziehen. Nun, i. J. 1552
sprach einer der klügsten Kardinäle, Morone, dieselbe Idee für
Deutschland aus. Keine deutsche Universität, selbst Ingolstadt nicht,
schien den römischen Ansprüchen an Wissenschaftlichkeit und strengste
Rechtgläubigkeit zu entsprechen; die niederen Schulen vollends
waren ganz auf die Richtung eingegangen, die der praeceptor
Germaniae, Melanchthon, angegeben hatte. Da blieb als sicherstes
Mittel: die Männer, welche den katholischen Glauben im Ketzer=
lande aufrecht erhalten sollten, im Mittelpunkte dieses Glaubens,
in Rom selbst zu erziehen. Wie die Sache in's Werk zu setzen
sei, das überließ man Ignatius, dem Meister in der Kunst des
Organisierens, ausfindig zu machen. Sofort nahm dieser den
Gedanken auf und wußte ihn alsbald praktisch zu gestalten.

Die Mittel fanden sich schon: hie und da kam eine Beisteuer
von Papst und Kardinälen, denen er mit Feuer von dem Plane
zu reden wußte, eine andere von Otto Truchseß von Augsburg,
in dessen Sinne das Werk so recht war, Ersparnisse endlich aus
anderen Einkommensquellen. Nach einem Jahre war die Anstalt
eingerichtet, das Programm ausgegeben. Unter dem Papst un=
mittelbar sollte dies Collegium Germanicum stehen, von einer
Kardinalkongregation beaufsichtigt; es versprach den Schülern
alles: Wohnung, Nahrung, Kleidung, Bücher und zudem die
sichere Aussicht auf eine Pfründe in Deutschland. Wieder ein
Jahr später berichtete Ignatius an Morone: nun habe er bereits
20 junge Deutsche gut untergebracht; darunter seien solche, die schon
in Löwen und Wien studiert hätten, — sie hörten sofort Theologie,
andere ständen noch bei den Vorbereitungsstudien. Die besten
Lehrer, die er in der Gesellschaft habe finden können, habe er herbei=
gezogen und andere Collegien derselben beraubt.

Ignatius hat selbst eingehende Statuten für jene Stiftung
entworfen. Nur Jünglinge im bildsamsten Alter, von 15—21

Jahren, sollten Aufnahme finden; bei der Auswahl in Deutsch=
land war auf Talent, namentlich aber auch auf Zuverlässigkeit
zu sehen, mehrfache Versprechungen verpflichteten den Schüler
den Priesterberuf, zu dem er erzogen, auch wirklich zu ergreifen.
Ausgiebig war für die Zöglinge gesorgt; selbst der Schein der
Askese wird abgelehnt; körperliche Uebung und Erholung sind vor=
geschrieben. Aber die Tugend des Gehorsams wird von ihnen
nicht weniger streng gefordert als von den Jesuiten selbst, alles
Denken und Trachten wird vom Vorsteher geleitet, durch dessen
Vermittlung auch allein der Verkehr mit der Außenwelt geht.
Die geistige und praktische Ausbildung schließlich soll der Art
sein, daß sie sich gewöhnen jene Waffen zu tragen und zu führen,
die sie bedürfen, um das Seelenheil der Ihrigen, das von un=
menschlichen Feinden bestürmt wird, zu verteidigen und zu rächen.

Dieses Vorbild aller späteren Priesterseminarien ward die
Lieblingsstiftung Loyolas. Die Erfolge waren augenscheinlich.
Julius III. dachte schon daran, ein gleiches Colleg für die nesto=
rianischen Armenier zu errichten, ein Plan, den sein Tod ver=
hinderte, den aber spätere Päpste wieder aufgenommen haben.
Als Paul IV. alsbald dem Colleg die Unterstützung entzog, spannte
Ignatius seine Mittel aufs Aeußerste an, um diesen Keim einer
römischen Propaganda nicht eingehen zu lassen.

So ward jenes Collegium Germanicum gestiftet, das die
Pflanzstätte der Gegenreformation für Deutschland wurde, das
der Ausgangspunkt des modernen Ultramontanismus geblieben
ist. Bis dahin waren auch diejenigen Deutschen, die sich der
Reformation nicht angeschlossen hatten, nicht blindlings Anhänger
der päpstlichen Ansprüche; sie waren Katholiken wie jene Fürsten
auf dem Reichstag von Worms, die zwar Luther in die Acht
erklärten, aber zugleich die 100 Beschwerden gegen den Papst zu=
sammenstellten, welche an Heftigkeit Luthers Angriffen gleichkamen.
Von jetzt ab ward aber in Rom selber ein Geschlecht erzogen,
das dem Zauber der Weltstadt und der festgefügten geistlichen
Weltmacht unterlegen war, das seine Heimat in Rom hatte, dessen
Bildung zwar reichhaltig aber durchaus undeutsch war. Mit
Stolz konnten die Jesuiten bald lange Listen glänzender Namen
von Kurfürsten und Fürsten, Kardinälen, Erzbischöfen, Aebten

und Gelehrten aufstellen, die diese Schule durchlaufen hatten. Mancher bedeutende Mann ist darunter. Die Macht der Jesuiten beruhte fortan auf diesen ihren Schülern, die sie nach ihrem Bilde geformt hatten.

Wie in Rom, so war auch im übrigen Italien die Gesell= schaft bald zu Hause. Venedig war hier ihr Ausgangspunkt ge= wesen und nie gab Ignatius eine einmal angefangene Thätigkeit auf. Er blieb im Briefwechsel mit seinen dortigen Freunden, er schickte das freisprechende Breve und die bestätigende Bulle zuerst hierher. Auch genoß er das Interesse des Rates, und dieser war die erste italienische Behörde, die den Papst um Jesuiten bat. Ein reicher vornehmer Prior setzte Ignatius bald in Stand in Padua das erste italienische Colleg zu gründen. Hier wirkte Lainez, wenn auch mit langen Unterbrechungen. Aber auch ent= gegengesetzte Stimmen machten sich bald Anfangs geltend, die es ahnen ließen, daß auf die Dauer der Orden unvereinbar sein werde mit dem venetianischen Staatswesen. Venedig hatte selbst zu viel Jesuitisches an sich; zu sehr beruhte dies Gemeinwesen auf der unbedingten Unterwerfung des Einzelnen unter eine ohne Verantwortung handelnde Staatsgewalt, zu sehr bedurfte es als Mittel der Denunziation und des Geheimnisses, als daß es eine solche Genossenschaft ungestraft hätte in sich aufnehmen können.

Wie Venedig für den Osten Italiens, so war Florenz für die Mitte entscheidend. So lange die Jesuiten in der Mutter= stadt der italienischen Bildung nicht festen Fuß gefaßt hatten, fehlte ihnen der bedeutendste Erfolg. Diese Bürgerschaft, die mit Recht stolz war auf ihre Bildung, diesen Medicäer Cosimo, den klügsten Fürsten Italiens, der wie seine Ahnen den Bil= dungsstolz pflegte als ein Mittel seiner Herrschaft, mußte man anders gewinnen als die verwilderten Bürger der Romagna und die rohen Bauern der Lombardei. Hier bedurfte es des Klügsten der Klugen: Lainez. Er fand bei der Gemahlin des Herzogs, einer geborenen Spanierin, zuerst Anschluß; seine Persönlichkeit, seine Predigten interessierten; es war der ausgesprochene Wille Cosimos den Jesuiten in Pisa, das er auf alle Weise zu heben bemüht war, ein Colleg, in Florenz ein Profeßhaus zu bauen.

Allein Lainez war an mancherlei Orten nötig, und Polanco, der ihn hier ersetzen sollte, verstand sich minder gut auf die Menschen. Dieser Prediger der Gegenreformation konnte sich in die Gesellschaft der Renaissance nicht finden; den Anspruch einer völligen Sitten= und Gedankenänderung, den er erhob, hatte in dieser Stadt selbst ein Savonarola nicht durchsetzen können; wie viel weniger konnte es ein Polanco! Ignatius hielt ihm seinen Mißgriff vor, daß er solche Dinge begehrt habe von Cosimo, einem Manne, der immer auf der Lauer stehe um die Menschen zu beob= achten, die sich ihm anschließen, und daß er sich nicht an der Gunst eines gutgesinnten Fürsten habe genügen lassen. Lainez kehrte nach Florenz zurück und nach einigen Jahren hatte er sein Ziel erreicht. Das neue Florentinercolleg ließ Ignatius sofort nach dem Muster des Collegium Romanum mit besonderer Berücksichtigung der humanistischen Fächer einrichten. Auch hier lag fortan der Unter= richt der gebildeten Jugend in der Hand der Jesuiten.

In Florenz hatte Lainez die Früchte einer langen Arbeit zu ernten; Genua hat er im Sturm erobert. Um die endlosen Wirren und Blutfehden der wilden Corsen zu schlichten, hatten die Genuesen schon früher einige Jesuiten gebraucht; diese waren zum Ziele gelangt, hatten aber auch allerlei üble Nachrede auf sich geladen. 1550 forderten nun einige angesehene Männer Lainez auf in Genua selbst zu predigen. Ignatius, der doch sonst diesem seinem Genossen das Ungeheuerste unbedenklich zu= mutete, gab sich fein berechnend den Anschein, als ob er den Genuesen ein kostbares, zerbrechliches Gefäß der Gnade anver= traue. Er schrieb: Lainez werde im Spital wohnen, sich der Krankenpflege hingeben wollen, das solle man durchaus nicht dulden; das halte sein Körper nicht aus. Da es Lainez dennoch that, hat er sicherlich selber keinen gleichlautenden Befehl von Ignatius erhalten.

Nun begann er einen wahren Predigtsturm auf die Genuesen loszulassen, den er ganz ihren Verhältnissen anpaßte. Mit be= sonderem Entzücken vernahm man den Cyklus über Kaufmann= schaft und Christentum, in dem Lainez die verzwicktesten Fein= heiten und Geschäftsgebräuche des Großhandels kasuistisch ent= wickelte, um sie mit der christlichen Sittenlehre in Einklang zu bringen, einiges auch abzulehnen. Wir wissen leider nichts Näheres über den Inhalt. Eben damals begann die katholische Kirche ihre alte, stets verkehrte und nachgerade unmöglich gewordene Wirtschaftslehre, die alles Zinsennehmen für sträflichen Wucher erklärte, fallen zu lassen. Ignatius hat selber einmal die Errich=tung eines Monte di Pietá, eines christlichen Bank= und Leihhauses, in Rom in's Auge gefaßt. Dies war wohl auch Lainez' Richtung.

So fielen auch die kleinen Fürstentümer und die unter päpstlicher Herrschaft noch immer halbfreien Städte der Romagna im ersten Anlauf den Jesuiten zu. Dort, wo man stets nach den Erschütterungen der Bürgerkämpfe und Geschlechterfehden den sühnenden Priester bedurfte, traten sie als Volksprediger auf; hier waren sie an ihrem Platz als Beichtväter. In Ferrara be=sonders legten sie ein Probestück ab. Hier machte sich protestan=tischer Einfluß in der Bürgerschaft und an der Landesuniversität geltend; Herzog Hercules von Este wollte und konnte diesen in seinem kleinen Polizeistaate nicht dulden, wenn ihn auch die krum=men Pfade seiner Politik öfters den deutschen Protestanten näherten; aber in seiner unmittelbaren Nähe, bei seiner Gemahlin Renata fand das neue Bekenntnis Teilnahme und bald Zustimmung. Die hochsinnige feingebildete Frau blieb mit Festigkeit auf dem einmal als wahr erkannten Standpunkt. Ihr Gemahl und sein Beichtvater, der Jesuit Lepelletier, den Ignatius als Landsmann Renatas — sie war die Tochter König Ludwigs XII. — hierher geschickt hatte, begannen eine Reihe von kleinlichen Quälereien. Der Jesuit rühmte sich schließlich sie doch überzeugt zu haben; aber es war höchstens eine äußerliche Folgsamkeit, die er erreicht hatte, und die edle Frau war auch weiterhin nicht vor Demütigung geschützt.

Am leichtesten gelangten die Jesuiten da in Italien zum Siege, wo die spanische Herrschaft ihnen den Boden geebnet hatte. Einstmals war Ignatius in Castilien selbst verfolgt worden, im Ausland aber, zu Paris, Antwerpen, London hatte er bei den spanischen Kaufleuten Aufnahme und Unterstützung gefunden. So war es auch jetzt: während man in der Heimat selbst mißtrauisch die aus dem eigenen Geist hervorgegangene Gesellschaft betrachtete, waren alle jene Spanier, die sich einmal vom Boden des Vater=

landes gelöst hatten, ihre geborenen Vertreter. Und auf solchen
Männern beruhte damals Macht und Ansehen des spanischen
Namens. Neapel ward besonders Salmerons Wirkungsfeld; die
seggi, die Adelsabteilungen der Stadt, stritten sich lebhaft vor
Ignatius, bei welcher von ihnen er die Fastenpredigten halten
sollte; der große Vizekönig Karls V., Toledo, nahm lebhaften
Anteil am Orden, seine Tochter war die Herzogin von Florenz.

Noch höher war die Gunst, in der Ignatius bei Juan de
Vega, dem Vizekönig von Sizilien stand. Predigt, Klosterreform,
niederer und höherer Unterricht, eröffneten sich rasch der Gesell=
schaft. Die Stadtobrigkeiten wetteiferten mit dem Vizekönig.
Messina begehrte schon 1551 eine Jesuiten=Universität, und nur
die Unzuträglichkeiten, die aus der Abhängigkeit von einer sehr
wandelbaren Stadtverwaltung erwuchsen, verhinderten die rasche
Ausführung des Planes. Weit darüber hinaus gingen die Ab=
sichten Loyolas. Sizilien ist die Brücke nach Afrika. Die Räubereien
der Barbaresken wurden trotz des glänzenden Feldzugs Karls V.
gegen Tunis immer unerträglicher; und nur von hier aus konnte
ein Angriffskrieg erfolgen.

Schon lange stand Ignatius mit Juan de Vega über einen
solchen im Briefwechsel. Als 1550 ein Zug gegen Tripolis er=
folgte, ordnete er Lainez selber ab, um gleichsam der Peter von
Amiens dieses Kreuzzuges zu sein. Er erwirkte vom Papst für
das Heer einen eigenen Jubiläumsablaß und teilte dies den Sol=
daten in einem kriegerisch lautenden Armeebefehl mit. Lainez
bewährte sich in dieser Rolle wie in jeder andern. Wie für das
Konzil von Trient, wie für die feine Gesellschaft von Florenz,
wie für die Kaufleute von Genua und Venedig, wie für die ver=
kommenen Landstreicher der Maremmen, so fand er auch für die
Soldaten gerade das Wort, das packt und zündet. Aus dem Steg=
reif, etwa wenn nach heftigem Sturm die Flotte an einer wüsten
Insel ankerte, sprach er am liebsten. Höher als diese Erfolge ist
ihm anzurechnen, daß er mit der Unerschrockenheit und Thatkraft,
die solchen Prinzipien = Menschen eigen ist, in dem ungesunden
Tropenlande musterhaft das Lazarethwesen organisierte.

Der Feldzug hatte keinen rechten Erfolg; im Jahre 1554
ließ Ignatius deshalb Vega einen ausführlichen Plan überreichen,

wie der Krieg zu führen sei. Hier spricht noch einmal ganz der alte
Soldat aus ihm; nicht als ein dilettantischer Pläneschmied sondern
als ein ruhiger Organisator erscheint er auch hier. Sein Scharf-
blick hat sofort erkannt, was Not thut: eine stehende Flotte, mindestens von 2—300 Schiffen. Die Vorteile einer solchen, geistliche wie weltliche, liegen auf der Hand; auch daß durch sie das
spanische Uebergewicht über Heinrich II. von Frankreich, den Bundes-
genossen der Türken, gesichert werde, hebt er hervor. Um die Mittel
flüssig zu machen, muß er natürlich auch eine regelmäßige große
Besteuerung vorschlagen, die aber doch in jedem Fall erträglicher
sei als die unaufhörlichen Verwüstungen der Seeräuber. Nun nennt
er zwar die Granden und Ritter als Beisteuernde, für die es ehren-
voller sei Galeeren zu rüsten als große Schlösser zu bauen und
glänzende Gefolge zu halten, auch die Kaufleute und Seestädte,
denen der nächste Gewinn zufalle; er glaubt auch: man werde
von Portugal, Toskana und Genua Hilfe erlangen können; die
Hauptsache bleibt aber doch: eine recht ausgiebige Besteuerung
der Orden und der Geistlichkeit. Daß diese in Spanien sowenig
wie irgendwo anders sich freiwillig hierzu entschließen würden,
weiß Ignatius recht gut. Dazu soll sie denn der Papst zwingen,
der, „wenn ihm Gott so viel Geist giebt, mit Geld helfen wird,
wenn nicht, doch jene Bestimmung zugestehen wird, was auch nicht
wenig ist.“

Ein sachliches Bedenken kannte Ignatius hier so wenig, als
wenn er ruhig die Gesellschaft Jesu mit Gütern eingegangener
Klöster anderer Orden ausstatten ließ. Auch war eine Besteuerung
der Geistlichkeit zu Zwecken eines Religionskrieges gar nichts Neues;
dennoch ist es charakteristisch, daß die Herausgeber der Briefe
Loyolas glauben ihn ausführlich rechtfertigen zu müssen, daß er
so vernünftig gewesen ist. Der von Unabhängigkeitsgelüsten nicht
freien spanischen Kirche derart die Macht Roms zu Gemüte zu
führen, war ein Nebenzweck, den Ignatius bei seinem Plan verfolgte.

Kein nennenswertes Hindernis stellte sich also der Gesellschaft
in Italien entgegen. Der Humanismus hatte seinen Ablauf gefunden, die Reste der Selbständigkeit waren von der Inquisition
und der spanischen Herrschaft gebrochen. Die Gesellschaft Jesu

trat einfach in die Lücke ein, die geblieben war. Ganz andere Schwierigkeiten bauten sich für sie in dem Lande ihres Ursprungs, in Spanien, auf. Hier, wo es eine festgefügte, mit den nationalen Erinnerungen eng verknüpfte Kirche gab, fanden sie keine solche Lücke. Noch stand der allgemeine Verdacht gegen Ignatius hier einer volkstümlichen Wirksamkeit entgegen. Da war es wiederum der Hof, den man zuerst zu gewinnen trachtete.

Eine mächtige Fürsprecherin hatte hier Ignatius in der alten Erzieherin Karls V. und Philipps II., Leonor Mascareñas. Sie hatte ihn schon in seinen Pilgerjahren kennen gelernt und bewundert; jetzt ward sie seine regelmäßige Correspondentin. Als Faber und Araoz nach kurzem Aufenthalt in Portugal den Hof von Madrid berührten, wußten sie sich bald in die Mode zu bringen. Die beiden stellten in ihren Persönlichkeiten die aristokratische und die plebejische Seite der Gesellschaft dar, ihre Ideen waren neu, ihr Auftreten würdevoll und gewandt zugleich, und was an diesem Hofe von besonderer Wichtigkeit war: sie blieben auf keine verblüffende Frage die treffende Antwort schuldig. Besonders die Damen des Hofes suchten ihren geistlichen Rat. Dem Ignatius wurde sein Vetter Araoz bald zu weltmännisch; er verwarnte ihn: der Verkehr mit großen Herren sei nicht der Zweck der Gesellschaft sondern beständige Arbeit in Krankenhäusern, Gefängnissen, in allen Liebeswerken; aber er verlängerte doch Araoz von Jahr zu Jahr die Erlaubnis am Hofe zu verweilen. Seit 1545 ward er auch Provinzial von Spanien.

An der Universität, auf der Ignatius zuerst studiert hatte, in Alcalá, erhob sich auch das erste spanische Colleg der Gesellschaft. Rektor war Villanueva, ein schon älterer Mann; er besaß keinerlei gelehrte Bildung aber um so mehr Klugheit und Erfahrung; Ignatius stand in stetem Briefwechsel mit ihm. An der größeren kastilischen Schwester-Universität, Salamanca, veranlaßte bald der Kardinal Mendoza, ein Mitglied der damals einflußreichsten Familie, die Gründung eines Collegs, das unter der Leitung von Miguel Torres stand.

Wichtiger noch waren die Fortschritte, die man in Aragonien machte. In Barcelona hatte Ignatius seine alten Verbindungen; hier war es auch, wo der Vicekönig von Catalonien, Franz Borja, die Bekanntschaft des Ordens machte. Er, der dritte General und der dritte Heilige der Gesellschaft, ward für sie nächst Ignatius, Lainez und Franz Xavier die wichtigste Persönlichkeit überhaupt.

Ueber alle andern Adelsgeschlechter ragte der Meinung der Spanier nach das Haus Borja hervor. Mehrfach verwandt mit dem Königsgeschlechte — auch Franz Borja war ein Enkel Ferdinands des Katholischen — war doch sein höchster Ruhm, daß es allein unter allen Spaniern der Kirche zwei Päpste gegeben hatte. Uns freilich erscheint durch einen Alexander VI. und durch seinen Sohn Caesar Borja dieser Name mit Fluch beladen; in den romanischen Ländern urteilte man anders, obwohl die Zeit ihrer Schandthaten so wenig zurücklag. Und diese Calixtus, Alexander, Caesar, hatten sich doch auch nur als echte Spanier gezeigt. Wie ein Pizarro in Peru, so hatten diese Emporkömmlinge im Gefühl ihrer neuen Macht, in einem verbrecherischen Größenwahnsinn, der nicht ohne einem Anflug von Originalität ist, auf dem Stuhl Petri gehaust. Es war ein Lieblingsgedanke ihres Nachkommen Franz Borja, ihre Leiber und die aller Bischöfe, welche aus dem Hause Borja hervorgegangen, in die Prachtkirche zu übertragen, die er den Jesuiten in Rom bauen wollte. Sie sollte zugleich ein Ruhmestempel seiner Familie werden. Ignatius ging mit Wärme auf den Plan ein, aber später scheint man doch in einer Ausstattung mit solchen Reliquien ein Bedenken gefunden zu haben.

Wie sich aus gleichen Eigenschaften der Seele unter dem Einfluß verschiedener Zeiten und Verhältnisse ganz entgegengesetzte Charaktere entwickeln können, dafür ist der Vergleich der früheren Borjas mit Herzog Franz ein merkwürdiges Beispiel. Ein phantastischer Ehrgeiz, die Haupt = Leidenschaft der Spanier, bildete hier wie dort die Grundlage; große persönliche Liebenswürdigkeit, Gewandtheit, Schönheit, ein treffender praktischer Blick gesellten sich hinzu. Prächtige Werke auszuführen, die „magnificentia" diese Schwärmerei der Renaissance, zu üben war für Franz Borja höchster Genuß; was er mit Anspannung aller Kräfte binnen kurzer Zeit in seinem Herzogtum Gandia geleistet hat, ist wirklich bewundernswert. Dieser Mann erkannte in den Jesuiten vom

ersten Augenblick den verwandten Geist: wie er waren sie Spanier
und Renaissancemenschen zugleich. Als ihm Ignatius seinen Lieb=
lingsschüler Torres zusandte, gewann ihn jener alsbald völlig.
In den geistlichen Uebungen faßte Franz Borja den Entschluß
selber dem Orden beizutreten. Indem ihn Ignatius, der über
einen solchen Gewinn hocherfreut war, aufnahm, hielt er ihn doch
in der Weltlichkeit zurück. Jahrelang behielt Franz Borja noch
die Verwaltung seines Herzogtums, bis er dies seinem ältesten
Sohne übergeben konnte und die übrigen Kinder versorgt hatte.
Dann machte er eine Pilgerfahrt zu den Stätten von Loyolas
Jugend; gern hätte er wie dieser auch eine Epoche ausschließlich
innerer Erfahrungen durchgemacht; aber dazu ließ ihm Ignatius
keine Zeit. Der Arbeitskreis Franz Borjas erweiterte sich nur,
seitdem er Jesuitenpater geworden war. Seine Reise nach Rom
und durch Italien, mit dessen Fürsten er zum Teil verwandt
war, glich einem Triumphzug. Eine so vornehme Bekehrung
mußte Aufsehen machen; von Seiten des Papstes und des Kaisers
konnte sich Borja der Anerbietungen des Kardinalshutes kaum
erwehren. Ueberreichlich strömten seine Gaben — denn das
Gelübde der Armut schien einstweilen für ihn nicht zu gelten —
dem Orden zu, dessen Mitglied er war. Das Collegium Romanum, seine Stiftung, gedachte Ignatius ursprünglich Collegium
Borgianum zu nennen.

Auch in Spanien nahm er weiterhin eine Ausnahmestellung
ein; unermüdlich war er hier thätig dem Orden in den einzelnen
Provinzen die Bahn zu brechen, aus eigenen Mitteln, aus denen
seiner Verwandten, mit Hilfe des Königs, Collegien zu bauen.
In den letzten Lebensjahren Loyolas hatte man eigens für ihn
die Stellung als Generalinspektor des gesamten Ordens auf der
pyrenäischen Halbinsel geschaffen, die ihm die Provinziale unter=
ordnete.

Die Gesellschaft bedurfte aber in Spanien auch eines so
mächtigen Protektors, um allen Angriffen zu widerstehen. Wo
nur immer auf breiterer Grundlage eine Wirksamkeit von den
Jesuiten angestrebt wurde, erhoben sich Feindseligkeiten. Inmitten
der ersten glänzenden Fortschritte war es ihnen bedenklich, daß man
ihnen den Namen „Papisten" gab. Nie erlosch ganz das alte

Mißtrauen. Es bot genug Gelegenheit für Ignatius, den uner=
schütterlichen Gleichmut zu üben, der ihm fast als die höchste der
Tugenden galt. Einem Dominikaner, der sich vernehmen ließ:
er wolle der Gesellschaft ein Feuer anzünden von Perpignan bis
Granada, schrieb er: „gerade das wünsche er: ein Feuer des hei=
ligen Geistes.“

Bald darauf trat in Salamanca der bedeutendste lebende
Scholastiker Spaniens gegen die Gesellschaft auf, Melchior Cano,
ein Mann, dessen Ansehen zu fest wurzelte, als daß die Jesuiten
hätten von ihm absehen können. Auf dem Konzil von Trient soll
er sich mit Lainez überworfen haben; er selber sagte: schon seit
15 Jahren habe er das Werden der Gesellschaft beobachtet und
den Zusammenhang Iñigo Loyolas mit den Alumbrados gearg=
wohnt. In dunkeln Worten fing er zuerst an zu predigen: man
solle sich hüten vor den falschen Propheten; aber ganz Sala=
manca zeigte dabei mit Fingern auf die Väter. Bald verkündigte
Cano auch öffentlich, was er anfangs nur im Privatgespräch ge=
äußert: die Theatiner — so nannte man die Jesuiten noch in
Spanien — seien die Vorläufer des Antichrist. Ganz überein=
stimmend mit der bald beginnenden protestantischen Polemik suchte
er die Bilder der Apokalypse in diesem Sinne zu deuten; ein Zug,
der freilich auf die Proselytenmacher aller Zeiten paßt, war für
ihn entscheidend: daß jene sich in die Häuser drängen und den
Weibern Skrupel in den Kopf setzen.

Ignatius wollte um jeden Preis eine öffentliche Besprechung
solcher Dinge in dem von Mißtrauen erfüllten Spanien vermeiden;
er ließ Cano von den Jesuiten kaum antasten; nur seine Verbündeten
führte er gegen ihn ins Feld; auch der General des Dominikaner=
ordens, dem Cano angehörte, war darunter. Aber aus solchen Autori=
täten machte sich der Gelehrte wenig. Im Gegenteil! Er predigte
öffentlich: das sei eines der Dinge, welche die Christenheit verwirrt
hätten, daß die großen Prälaten verführt durch den Umgang
mit Frömmlern neue allzufreie Orden bestätigten, die sich nicht um
Askese, nicht um Abtötung des Körpers, nicht um gottesdienst=
liche Uebungen kümmerten. Auf diese Dinge legte der Domini=
kaner Wert; daß er unbotsam gegen seinen Oberen war, hätte in
Ignatius Augen mehr als alles dies gegolten.

Aber auch als spanischer Patriot redete Cano. Als i. J. 1557 zu ihm die Kunde gedrungen war, daß Karl V., bis dahin ein offenkundiger Gegner der Gesellschaft, bewogen durch den Umgang mit Franz Borja, im Kloster zu San Just die exercitia spiritualia durchmachen wolle, da schrieb Cano an den Beichtvater des kaiserlichen Einsiedlers einen flehentlichen Brief: Er habe noch nie gesehen, daß solche, die sich den Uebungen unterzogen, bessere Christen geworden seien, wohl aber schlechtere Ritter. „Ich bildete mir bisher ein, daß die Gnade nicht die Naturkraft zerstört, sondern sie vervollkommnet, und daß die Uebungen eines Christen das ritterliche Wesen nicht vernichten, sondern daß sie den Herrscher und König zum noch besseren Herrscher und König machen. Jene aber machen die Ritter, die sie unter ihre Hände bekommen, statt zu Löwen zu Hühnern, und die Hühner zu Küchlein; und wenn der Türke nach Spanien eigens Leute geschickt hätte, um Nerven und Kräfte zu vernichten, die Soldaten zu Weibern, die Ritter zu Krämern zu machen, so hätte er zu seiner Absicht keine bessern Leute wählen können als diese, von denen Ew. Ehrwürden sagt: es ist der Orden der Geschäfte." Jedoch er sei, so meint er, wie Cassandra, die ihre Stimme erst erhoben habe, als Troja schon rettungslos verloren gewesen sei.

Es ist die Gesinnung des Altspaniers, für den Ritterlichkeit und Glaubensfanatismus zusammenfallen, die in diesen Worten atmet. Die Jesuiten haben sich ängstlich bemüht, Canos Prophezeiung aus den Thatsachen zu widerlegen; sie haben mit Stolz darauf hingewiesen, in wie viele Schlachten ihr kriegerischer Orden Feldprediger entsendet hat, sie haben sich gerühmt, daß die beiden größten Kriegshelden Spaniens, Alexander Farnese und Don Juan d' Austria, in ihrer Hand gewesen seien. Und doch liegt in jenen Worten Canos ein Stück Wahrheit. In dem Erschlaffungsprozeß der spanischen Nation fällt dem Einfluß der Jesuiten eine bedeutende Rolle zu. Was waren denn die Exerzitien anders als der Niederschlag der Wandlung, die Ignatius vom altspanischen Ritter und Glaubensstreiter zum leidenschaftslosen Universalmenschen durchgemacht hatte? Und wenn auch bei ihm diese Leidenschaftslosigkeit vielleicht nur Schein war, bei den

Nachfolgern konnte sie zur vollen Wahrheit werden. Wenn Mel=
chior Cano von der Vernichtung der Naturkraft durch die Jesuiten
redet, während er zugleich ihre Verachtung der Askese rügt, was
ist das anders als der Ausspruch jenes Karthäuserpriors, den sich
die Jesuiten besonders hoch anrechneten: „Sein Orden töte die
Sinnlichkeit ab, um des Geistes Herr zu werden, die Gesellschaft
Jesu aber breche den Geist, und unterwerfe sich dadurch auch völlig
den Körper!"

Die Feindschaft des angesehenen Gelehrten war unbequem
und hätte gefährlich werden können; der Angriff, der von Seiten
des ersten Kirchenfürsten Spaniens erfolgte, war beides zugleich.
Erzbischof Siliceo von Toledo hatte der Gesellschaft anfangs nichts
in den Weg gelegt; er schien ihr Gönner. Da gab eine Frage
der Kirchenzucht Anlaß zum Ausbruch eines längst vorhandenen
Grolles. Die Jesuiten förderten überall den häufigen Gebrauch
des Abendmahles. Eine Uebertreibung lag nahe, und in den
kastilischen Städten gingen einzelne Priester so weit, daß sie ihren
Anhängern zweimal täglich die Hostie reichten. Die betreffenden
Geistlichen bezeichneten sich selber als Freunde der Jesuiten, und
diesen war es unmöglich, sie ganz von sich abzuschütteln. Siliceo
nahm den Zusammenhang als erwiesen an und verbot der Ge=
sellschaft die Ausübung aller geistlichen Amtspflichten. Im Grunde
aber lagen bei ihm noch andere bewegende Ursachen vor: den An=
spruch Seelsorge zu üben und sich doch der bischöflichen Recht=
sprechung nicht zu unterwerfen, wollte er nicht dulden. Angesichts
ihrer Privilegien konnte er zwar auf die Dauer die geistliche
Thätigkeit der Jesuiten nicht hindern, um so schärfer forderte er
jene Unterordnung.

Ignatius war äußerst erbittert über diesen Mann, der nichts
erreichen werde, da es nicht nur im Himmel, sondern auch auf
Erden einen gebe, der über ihm stehe und nicht zulasse, daß das
Werk Gottes gehindert werde. Gott möge ihm, so meint er, erst
die Gnade geben sich selber zu reformieren, ehe er die Kirche zu
reformieren beanspruche. Bei Papst und Kaiser warb Ignatius
für seine Sache und fand wenigstens bei ersterem Unterstützung.
Aber Siliceo war mächtig, seine Forderung lag im Interesse der
gesamten Weltgeistlichkeit; Ignatius mußte öffentlich gegen ihn
mit ausgesuchter Demut auftreten.

Auch stand auf Seite des Erzbischofs das Nationalgefühl oder vielmehr die Nationalschwäche der Spanier. In der Gesellschaft befand sich eine große Anzahl Neuchristen, und gerade durch Franz Borja ward die Aufnahme dieser mißtrauisch betrachteten und hochmütig verachteten getauften Juden und Mauren gefördert. Ob Ignatius in diesem elenden Blutstolz das Verderben Spaniens erkannt hat, ist zweifelhaft, jedenfalls hatte er sich selber von ihm freigemacht; die klugen Köpfe der Semiten waren ihm schon recht, und diese lange Unterdrückten konnten in seiner Gesellschaft sich endlich auch einmal einen Anteil an der herrschenden Kirche erwerben. Freilich ward das Mißtrauen gegen die Gesellschaft hierdurch nur noch vermehrt. Siliceo forderte geradezu: die Jesuiten sollten bei der Aufnahme eine Geblütsprobe vornehmen, etwa wie eine Ahnen- und Adelsprobe in den deutschen Domkapiteln stattfand. Das war in der That eine ungeheuerliche Zumutung für den internationalen Missionsorden.

Nach wie vor blieb das semitische Element in der Gesellschaft so stark, daß nach Lainez' Tode König Philipp II. in Rom sich ausdrücklich ausbedang: wenigstens solle kein getaufter Jude zum General gewählt werden. Und das waren dieselben Neuchristen, zu deren Ueberwachung recht eigentlich die spanische Inquisition bestimmt war! Man begreift, daß Ignatius mit dieser seiner alten Bekannten jeden neuen Zusammenstoß zu vermeiden suchte, daß er deshalb für Spanien das Privileg der Gesellschaft fallen ließ, welches ihr Absolutions-Erteilung von der Sünde der Ketzerei zugestand, denn diese fiel in den Geschäftskreis jenes Tribunals.

Aehnlicher Art war der Widerstand, den die Jesuiten in Frankreich fanden. Die alte Vereinigung in Paris war durch Ignatius von Zeit zu Zeit wieder ergänzt worden; aber sie ging über das gewöhnliche Maß einer Studenten-Verbindung nicht hinaus. Fast nur Spanier gehörten ihr an; als im Kriege Karls V. mit Franz I. alle Unterthanen des katholischen Königs aus Frankreich ausgewiesen wurden, löste sie sich auf. Da war es ein bedeutender und verhängnisvoller Augenblick, als der Kardinal von Lothringen Ignatius in Rom kennen lernte und rasch von ihm ganz gewonnen wurde. So ward das Bündnis zwischen der Gesellschaft Jesu und dem Hause Guise geknüpft. Durch den

Kardinal wurden Jesuiten auch bei Hofe eingeführt; König Hein=
rich II. war ihnen günstig gesinnt, die Mittel zu einer Nieder=
lassung wären bereit gewesen. Aber an der Abneigung des
Parlaments, dieses geschworenen Verteidigers der gallikanischen
Kirchenfreiheiten, scheiterten die Versuche.

Ignatius, der sonst gern schroffen Gegensätzen auswich, mußte
hier zu einer Entscheidung drängen. Er sandte 1552 an Stelle
des nicht ganz zuverlässigen Viole den bedächtigen und vorsichti=
gen Broët nach Paris. Das Parlament, zum dritten Mal aufge=
fordert die Naturalisation des Ordens zu genehmigen, übertrug
der Sorbonne ein Gutachten. Die Aussichten für die Gesellschaft
waren trübe. Auch der Erzbischof von Paris, der an der Spitze
des französischen Episkopats eine mächtigere Stellung als selbst
ein deutscher Kurfürst einnahm, trat gegen sie in die Schran=
ken, forderte zum mindesten die Unterwerfung unter seine Ge=
richtsbarkeit und erklärte offen: Auch der römische Stuhl könne
keine Privilegien verstatten, welche die Hierarchie auflösten. Und
in diesem Sinne fiel auch das Edikt der Sorbonne aus. Als
ob sie sich gegen das Besiegeln des eigenen Todesurteils wehren
wollte, sträubte sich die alte Metropole der katholischen Wissenschaft
gegen den neuen Universitäts= und Gelehrtenorden, die Schlange,
die sie selber im Busen genährt hatte. „Eine Gesellschaft, die auch den
Uebelberüchtigten aufnehme, die keinen Unterschied von Mönch und
Weltpriester machen wolle, die keine Ordensregel für das äußere
Leben und den Gottesdienst gebe, die Sakramentgebrauch, Seelsorge,
Lehre ohne Unterschied der Orte und Personen zum Nachteil der
ordentlichen Geistlichkeit ausübe, die allen Universitäten, allen
Obrigkeiten und dem Volk eine Last sei, die das Verdienst des
Klosterlebens aufhebe, welche die Tugend der Enthaltsamkeit und
die so nötige Uebung der Cermonien und der asketischen Strenge
kraftlos mache, die Gelegenheit gebe von den andern Orden ab=
zufallen — das sei die Gesellschaft Jesu. Kurzum: der ordent=
lichen Geistlichkeit entziehe sie den Gehorsam, den weltlichen und
geistlichen Herren ihr Recht. Darum sei sie im Punkt des Glau=
bens gefährlich, eine Störerin des Kirchenfriedens, eine Umwälzerin
des Mönchswesens und überhaupt mehr zur Zerstörung als zur
Erbauung geeignet."

Es sind in dieser Verurteilung so ziemlich alle Vorwürfe zusammengedrängt, die jemals auf katholischer Seite gegen die Jesuiten erhoben worden sind, aber für den Protestanten hat es etwas Erheiterndes, daß man sich auf jener Seite mit besonderer Heftigkeit gegen alles verwahrt, wodurch gerade die Gesellschaft der Sauerteig des alten trägen Breies geworden ist.

Ungeheuer war die Aufregung, die durch das Edikt in Paris hervorgerufen wurde. Die Jesuiten waren eine Zeitlang das Gesprächsthema der Boulevards — wie wir jetzt sagen würden — sie waren kaum in ihrer Freistätte, dem von der bischöflichen Gewalt eximierten Kloster St. Germain de Pré sicher. Klug strichen sie auch hier die Segel vor dem Sturm; Ignatius ließ nur die höflichste, gehaltenste Antwort nach Paris senden. Olavius, der Rektor des Collegium Romanum, hatte sie verfaßt. Er war selber Doktor der Sorbonne und schrieb so vertraulich, wie wenn er noch immer mehr jener als dem Orden angehöre.

Unterdessen hatte sich die Stimmung in Frankreich auch beruhigt. Leute, gegen die sich eine lebhafte Opposition erhebt, werden dadurch doch immerhin interessant, und das will in Paris etwas bedeuten. Gerade weil Parlament und Universität so heftig waren, fiel den Jesuiten die Gunst des Hofes in erhöhtem Maße zu. Ihre Zufluchtsstätte war jenes Kloster St. Germain, das im Herzen der Stadt gelegen den Vierteln der vornehmen Welt seinen Namen gegeben hat; und der Abt war stolz, auch wieder einmal zeigen zu können, daß er sich um den Herrn Erzbischof nicht zu kümmern brauche.

Schon im nächsten Jahre verschaffte die Gunst der Guisen und des Bischofs von Clermont, de Prat, dem Orden auch sein erstes französisches Colleg zu Billon in der Auvergne. Lainez hat es dann rasch verstanden auf den Religionsgesprächen im Kampf mit den Calvinisten sich zur wichtigsten Person zu machen. So bereitete sich die Stellung vor, die der Orden zum Unheil Frankreichs in den bald ausbrechenden Bürger= und Religionskriegen einnahm. Seitdem hat er nicht aufgehört in dem bunten Getriebe des öffentlichen Lebens Frankreichs einer der wichtigsten Faktoren, oft der wichtigste zu sein.

Dasselbe Land, in welches die Jesuiten zuerst berufen wor=

den waren, war auch das erste, welches sie völlig in ihre Hand bekamen: Portugal. Merkwürdig, wie so ganz verschieden ihr Auftreten, ihr Schicksal in den beiden Nachbarländern war! Als Franz Xavier und Simon Rodriguez nach Indien aufbrachen, erregten sie in Portugal das größte Aufsehen. Die Neuheit des Entschlusses, wie er den kühnen phantasievollen Geist Franz Xaviers ganz erfüllte, übte eine Art von Zauber aus. „Apostel" nannte das Volk die beiden und ließ sich auch später diesen Namen für die Jesuiten nicht ausreden. Eine Siegesbotschaft ist der erste Brief Xaviers aus Portugal: „der ganze Hof liegt ihnen zu Füßen, die Königin stellt die Exercitien an, alle Damen drängen sich zur Beichte, das Volk staunt sie an, weil sie inmitten dieses Glanzes Entsagung und Demut üben, und sie können trotz besten Wunsches nicht zur volkstümlichen Thätigkeit gelangen. Trotz allem aber sehnen sie sich nach Indien."

Xavier ging, Rodriguez wurde zurückgehalten. Er brauchte die Stimmung nicht mehr zu schaffen, sondern sie nur festzuhalten und auszubeuten. Zu solcher Aufgabe war er ganz die richtige Persönlichkeit, ein überaus gutmütiger, bequemer und lässiger Mann, eitel und deshalb schwach — man begreift kaum, wie er in den Kreis der andern gekommen ist. Aber selbst in seiner Hand wirkten die Prinzipien, die er von Ignatius empfangen hatte, zumal die Uebungen und die Gassenpredigt; die übrigen schwächte er ab. Das erste Colleg der Gesellschaft überhaupt ward zu Coimbra gestiftet, eine große Anzahl von Scholaren ohne besondere Auswahl aufgenommen. Binnen kurzem war das Colleg von einem gewöhnlichen Kloster nicht zu unterscheiden. Die Askese in ihren barocksten Formen zu üben suchte jeder, und zwar, was Ignatius besonders ärgerlich war, jeder auf eigene Hand. Wir erfahren die wunderlichsten Ausschreitungen. Was mochte wohl Ignatius denken, wenn er in Rodriguez' Briefen als etwas Lobenswertes fand, daß ein junges Mitglied des Collegs um den Spott der Welt besonders herauszufordern und die Selbstachtung recht zu verleugnen, völlig nackt durch die Straßen der Hauptstadt ging? Bald schien es manchem, als ob es im Colleg nicht genug der Kasteiung gebe, sie verließen es um sich als Einsiedler ins Gebirge zurückzuziehen. Einen solchen Abtrünnigen, Antonio Munis, einen Verwandten von Franz Borja, erfaßte dann wieder die Reue; von Unruhe getrieben wanderte er nach Rom, um sich Ignatius zu Füßen zu werfen. Als verwahrloster Bettler kam er hier an und erlag bald den Nachwirkungen der ungewohnten Strapazen. Ignatius war viel zu klug, um den schwankenden Jüngling verantwortlich zu machen; um so schärfer verurteilte er den Geist, aus dem solche Verwirrung hervorging. Gott möge dem Mann verzeihen, der solche Zerstörung verschuldet habe, schrieb er später erbittert über Simon Rodriguez. Und doch traf auch diesen der Vorwurf nur halb: er war zu einer Zeit aus der Verbindung mit den übrigen Genossen gekommen, als die Prinzipien noch nicht fest ausgestaltet waren, als es eine Wirksamkeit in Rom noch nicht gab, als das Abenteuerliche von Ignatius' Wesen und seinem Werk noch nicht ganz abgestreift war.

Schon in den ersten Jahren hatte Faber eine Schilderung von den Zuständen entworfen, die er in Portugal vorgefunden, welche bei Ignatius den Entschluß reifte, Rodriguez abzuberufen. Dem stand aber die Gunst des Königs, des unentbehrlichen Beschützers der Gesellschaft, entgegen. Ignatius wußte freilich recht gut, daß Rodriguez selber dahinter stecke, wenn König Johann ihn für durchaus unabkömmlich erklärte. Schon im ersten Statutenentwurf war es scharf verboten worden, daß ein Mitglied der Gesellschaft mit irgend jemand, sei es auch dem Papst, über eine Sendung, ein Amt verhandeln dürfe, bei Rodriguez mußte man dies mit Stillschweigen übergehen. Ignatius suchte so viele Jesuiten als möglich aus Portugal, das im Verhältnis viel zu stark besetzt war, herauszubekommen; immer kostete es ihm einen Kampf. Wenn er dann auch versicherte: die Gesellschaft sei durchaus des Königs Geschöpf, stehe ihm ganz zu Gebote, so sah Johann doch nicht ein, was es Portugal nützen solle, wenn Ignatius für seine sizilianischen und spanischen Collegien Menschen und für seine römischen Stiftungen Geld begehrte. Und als Ignatius eine größere Anzahl niederländischer Jesuitenschüler zu der höchst nötigen Ausgleichung und Abschleifung der beiderseitigen Eigenart nach Coimbra sandte, geschah das Unerhörte: die eigenen Genossen wollten sie nicht dulden. Einkünfte portugiesischer Collegien seien auch nur für Landeskinder da, meinte man. Die größte aller Gefahren lag

vor: um den Preis der geistlichen Herrschaft in Portugal sollte
der Orden seinen internationalen Charakter verlieren. Ignatius
aber wollte weder das eine noch das andere missen. Wir sahen
schon, wie er vor allem durch seine Briefe zu wirken suchte. Es
sind die gehaltreichsten, die er hierher geschrieben hat.

Unterdessen wußte er sich dem Könige unentbehrlich zu machen.
Für die Besorgung von Reliquien und andern heiligen Erinne=
rungen, z. B. dem Maß vom Fuße Christi, war Ignatius ein
zuverlässiger Geschäftsfreund. Wichtiger aber ward die Ver=
mittlerrolle, die er bald in dem Zwiespalt zwischen Johann
und dem Papste übernahm. Der Papst hatte einen ehrgei=
zigen portugiesischen Minister ohne Wissen des Königs zum
Kardinal befördert. Daß derartige Kardinäle dann alsbald an=
fingen eigene Politik zu treiben, hatte sich in Frankreich an
Amboise, in England an Wolsey zur Genüge gezeigt, und Johann
wollte diese Erfahrung nicht auch seinerseits machen. Ignatius
gab ihm darin nicht Unrecht. Viel ernsthafter war ein anderer
Streitpunkt. Portugal hätte auch gern seine Staatsinquisition ge=
habt wie das Nachbarland Spanien. Solange der kleine Staat im
Aufstreben zur gewaltigen Kolonialmacht war, hatten die Könige
mit starkem Arme die betriebsame jüdische Bevölkerung geschützt,
so oft der Fanatismus ein Gemetzel zu veranstalten suchte. Jetzt
war eine Epoche des Stillstandes eingetreten, und sofort wandte
sich die beginnende Verstimmung gegen das stammfremde Element.
Das Mißtrauen wuchs nur, seitdem die Juden gewaltsam die
Taufe empfangen hatten, und „Neuchristen" geworden waren. Da
sollte nun die Inquisition helfen. Der Nutzen, den dieselbe dem
spanischen Königtum für die Feststellung der Souveränität gebracht
hatte, wollte sich auch das portugiesische nicht entgehen lassen.
Man sagte es in Rom dem Gesandten Johanns auf den Kopf
zu, daß es dem Könige mehr um das Geld als um das Seelen=
heil der Juden zu thun sei. Seine geistliche Prärogative zu
Gunsten eines staatlichen Tribunals — sei dasselbe noch so
fanatisch katholisch — aufzugeben, fiel dem Papst gar nicht ein.
Der Streit erhitzte sich so, daß düsterblickende Zuschauer sich schon
das Bild eines Abfalls von Rom ausmalten. Solche Sorgen
machte sich ein kühler Mann wie Ignatius nicht. Er hielt daran

fest, daß es doch eben ein besser katholisches Land als Portugal
kaum gebe. So läßt er gleich im ersten Brief, den er in dieser
Angelegenheit schrieb, auch den Kardinal von Burgos reden:
„Abfallen werde der König nicht, und wenn ihn der Papst mit
Füßen trete. Ob man denn glaube, daß das Volk dort sei wie
das Volk hier, und der König wie der von England, der schon
halb außer der Kirche war, ehe er sich erklärte.“

Je verdrießlicher der unmittelbare Verkehr geworden war, um
so lieber wandte man sich von beiden Seiten an den bequemen
Vermittler, der beiden nach dem Munde zu reden wußte. Wie
gut das Ignatius dem Könige gegenüber verstand, zeigen seine
von Beteuerung der Ergebenheit überfließenden Briefe.

Seine ganze Zweizüngigkeit zeigt er aber den Opfern der Verhandlung gegenüber. Die Neuchristen hatten einen Geschäftsträger,
Diego Hernandez in Rom; man hatte ihn an Ignatius gewiesen,
und dieser gab sich mit ihm ein mehrstündiges Stelldichein im
Pantheon. Sie schieden als die besten Freunde. Hernandez hatte
beim Sakrament auf dem Hochaltar geschworen: er wünsche nichts
als das größere Seelenheil der bekehrten Seelen, und Ignatius
leistete denselben Schwur. „Aber damit meinte ich“ schreibt er
in einem Briefe, „wenn die Inquisition gesetzmäßig eingerichtet ist
und ihre Pflicht gut thut, so dürfe man ihr kein Hindernis bereiten, besonders wenn sie nicht einen weltlichen Vorteil aus ihrer
aufgewandten Mühe zieht.“ Und diesen schlechten Streich erzählte
der alte General mit demselben Behagen, wie er es als junger
Offizier mit einer gelungenen Kriegslist gethan hätte als „eine
hübsche Geschichte, die mir passiert ist.“ In demselben Briefe
rühmte sich Ignatius: nicht ohne sein Zuthun sei auch in Italien
die Inquisition nach dem Muster der spanischen eingerichtet worden; er war später bereit, nötigenfalls seine Gesellschaft die Verwaltung der portugiesischen übernehmen zu lassen. Dazu kam es
nicht. Diese ward eingerichtet aber dem eigentlchen Inquisitions-
orden, den Dominikanern, übergeben.

Schon ehe diese Angelegenheit ausgetragen war, hatte Ignatius die lang beabsichtigte Umänderung mit dem Orden vorge-
nommen. 1551 hatte er endlich einmal Rodriguez bewogen nach
Rom zu kommen. Da hatte er sich mit eigenen Augen überzeugt,

daß, es unmöglich sei den Mann in Portugal zu lassen. Er wagte das Aeußerste: Seinen nächst Lainez zuverlässigsten Freund, Miguel Torres, sandte er mit zwei Schreiben nach Lissabon, die derselbe je nach der Stimmung des Königs benutzen sollte. Das eine war die Abberufungsordre für Rodriguez, das andere die Verzichtleistung Loyolas selber auf seine Würde. Torres erkannte bald, daß er das erste abgeben dürfe. Unter ehrenden Worten ward Rodriguez als Provinzial nach Aragon versetzt. Er fügte sich; aber der eitle Mann begehrte binnen kurzem zurück in die altgewohnte Umgebung. Ignatius gestattete ihm die Rückkehr, aber seine Anwesenheit schürte die Unzufriedenheit, die durch die Reformen des neuen Provinzials Miron und des Generalbevollmächtigten Torres hervorgerufen wurde. Mit tiefer Erbitterung schrieb Ignatius fortan über diesen Mann, dem Gott die Verwüstungen verzeihen möge, die er angerichtet habe. Zweimal befahl er ihm, sich nach Rom zu begeben; Rodriguez fand Ausflüchte; endlich unterzeichnete Ignatius das Edikt, das Rodriguez aus dem Orden stieß und übersandte es Torres zu beliebigem Gebrauch. Da fügte sich der alte Mitbegründer des Ordens. In Rom setzte Ignatius ein Gericht über ihn ein, das ihn zu einer, immerhin geringen Buße verurteilte, der sich Rodriguez nur sehr widerwillig unterwarf. Es ist für den militärischen Geist der Gesellschaft ganz bezeichnend, daß sie in ihrer offiziellen Geschichtschreibung nie versucht hat, diese Vorgänge zu bemänteln, sondern sie erst recht als abschreckendes Beispiel ins volle Licht gerückt hat. Unterdeß ward mit Energie, anfangs sogar etwas zu rasch, die portugisische Provinz des Ordens auf den gleichen Fuß mit den übrigen gesetzt: die Askese abgeschwächt, der Gehorsam verschärft, der Unterricht zur Hauptaufgabe gemacht. Wie nötig das letzte sei, setzte Ignatius dem Könige selber auseinander; an die Brüder aber schrieb er die berühmte Abhandlung über den Gehorsam, die Quintessenz seines Geistes.

Er konnte mit dem Erfolg zufrieden sein, und dieses Gefühl sprach sich in der Anordnung aus, daß alle Priester der Gesellschaft allsonntäglich in der Messe des Königs von Portugal dankbar gedenken sollten. Mit solcher Scheinbezahlung wurde die geistige Herrschaft im Reiche Portugal vergolten.

Es war nicht das kleine Stammland allein, um das es sich hier handelte; wichtiger war, daß nur mit Hilfe der Portugiesen die hochfliegenden Missionspläne der Jesuiten, die ersten ehrgeizigen Träume Loyolas, verwirklicht werden konnten. Hier kann es nicht die Aufgabe sein Franz Xavier auf seinen Missionsfeldzügen zu begleiten; nur auf den Zusammenhang seiner Thätigkeit mit Loyolas anderen Bestrebungen möge hingewiesen werden. Leicht ist man geneigt den Jesuiten ihre Missionsthätigkeit ebenso unbedingt zum Guten anzurechnen wie ihre europäische zum Schlechten. Beides gewiß mit Unrecht! Was Ignatius wollte: daß die Väter der Gesellschaft immer und überall dieselben seien, ist völlig zur Wahrheit geworden; nur daß jener glühende Eifer dem Seelenheil des Nächsten zu dienen und jene Gewandtheit, allen Alles zu werden, im Verkehr mit den Heiden liebenswürdiger erscheinen als in dem mit den geistig gleichhoch stehenden Ketzern. Eines freilich kommt hinzu, was recht eigentlich die Erbschaft ist, die Franz Xavier seinen Nachfolgern hinterließ: das warme Gefühl und die unerschrockene Vertretung der Unterdrückten. Haben sie sich auch öfters in den Mitteln der Volkserziehung vergriffen — daß sie sich überhaupt diese Aufgabe stellten und sie nicht in einförmig schematischer Weise, sondern möglichst vielseitig, mit Berücksichtigung jeder Volksindividualität durchführten, schon das allein ehrt ihr Wollen. Daß sie über ihre Schützlinge auch dauernd herrschen wollten, ist zu natürlich, als daß es ihnen jemand im Ernste verargen könnte.

Ein Vorwurf aber bleibt bestehen: daß sie mit dem Scheine gearbeitet haben in einem Maße, daß er von der Unwahrhaftigkeit nur noch wenig entfernt war, und daß sie beim Scheine immer stehen blieben, wo derselbe zur Leitung der Gemüter dauernd brauchbar schien. Deshalb haben sie auch die merkwürdige Gestalt Franz Xaviers in ein abgeschmacktes Wundergehäuse gesteckt, so daß es schwer ist sie aus demselben zu befreien. Wenn man vor Rubens gewaltigen Bildern, die der Verherrlichung Loyolas und Xaviers geweiht sind, diesen Meisterstücken der realistisch-dramatischen Malerei, steht, so fragt man sich: Bot denn das Leben dieser Männer so gar keinen Stoff für die Kunst, daß man zu fabelhaften Teufelaustreibungen und Totenerweckungen greifen

mußte? Daß man überall in dieser Weise für die Menge den
Schein und für einen kleinen Kreis die Wahrheit in Bereitschaft
hielt, ist recht eigentlich die jesuitische Erbsünde, die für den Pro=
testanten auch das Gute an ihnen geringwertig erscheinen läßt.

Die Einrichtung des Collegs zu Goa, die Auswahl der
eigenen Thätigkeit und die Bestimmung über die Mitarbeiter
mußte natürlich Franz Xavier fast vollständig überlassen werden,
Ignatius konnte wenig mehr thun als Schwierigkeiten aus dem
Wege zu räumen, die durch die alte Praxis der Kirche bereitet
wurden: den Gehilfen die Befugnisse geweihter Priester zu ver=
schaffen und die dem Papst reservierten Fälle für die Missionen
außer Kraft zu erklären. Aber die Revision und oberste Ent=
scheidung behielt sich Ignatius auch hier vor. Um der Gefahr
des unthätigen Grübelns zu entgehen, deren Folgen er an der
indischen Priesterkaste deutlich sah, hatte Xavier die Zeit des Nach=
sinnens über göttliche Dinge für die Schüler des Collegs aufs
knappste bemessen. Das billigte Ignatius, aber er wollte es mit
dem Beten ebenso gehalten wissen. „Eine Stunde gestatten die
Konstitutionen," schrieb er nach Indien, „und das ist auch ganz
genug. Wenn jenes Klima weniger Meditation duldet als das
unsere, so giebt es erst recht keinen Grund, die Gebete mehr aus=
zudehnen als hier. Auch bei Thaten und Studien kann sich der
Geist zu Gott erheben, und wenn man ihn ganz auf den gött=
lichen Dienst richtet, so ist Alles Gebet." So sah er auch weiter=
hin streng darauf, daß die Konstutitionen in Indien gleichmäßig
durchgeführt würden.

Wenn nun auch Xavier aus Europa geschieden war in einer
Zeit, als die Gesichtspunkte der Gesellschaft noch gar nicht fest=
gestellt waren, so hatte ihn doch das praktische Leben denselben
Weg geführt wie Loyola. Für seine Gehilfen war er besonders
auf portugiesische Jesuiten angewiesen; da war er denn auf die
unter jenen herrschende asketische Richtung und die Verachtung der
Wissenschaft noch übler zu sprechen als Ignatius. Er setzte mit
aller Entschiedenheit auseinander: solche Leute könne er gar nicht
brauchen. Als ihn i. J. 1552 Ignatius nach Europa zurückberief,
so wollte er zwar zunächst durch den merkwürdigen Mann die
allgemeine Teilnahme an seinen Plänen und Zielen noch mehr

anfeuern, demnächst aber sollte Xavier auch persönlich die Aus=
wahl seiner Gehilfen vornehmen und die richtige Methode zu
ihrer Ausbildung angeben. Der Tod ereilte den kühnen Bahn=
brecher zuvor. Sein letzter Brief, aus Japan geschrieben, ist merk=
würdig durch die feinsinnige Art, mit der er die Zustände des
Volkes schildert, mit der er die Vorteile, die durch die wissenschaft=
liche Bildung und vor allem durch die den ostasiatischen Völkern
gemeinsame Schrift abwägt. Daß er alsbald für seine Zwecke
eine gelehrt=litterarische Thätigkeit in China ins Auge faßte, blieb
für die Nachfolger ein Fingerzeig.

So hatte er auch in Vorderindien alsbald den Verkehr der
Priester gesucht; es war seine erste wichtige Entdeckung, daß diese
eine ganz andere Religion hatten als die Volksmasse, zu der er
in Goa von den Zweigen eines indischen Feigenbaumes herab
redete. Eben das Colleg in Goa sollte ihm dazu dienen die ge=
bildeten Inder der Gesellschaft zu gewinnen; in ihnen fand er ein
viel besseres Material als in der aus dem Abhub Portugals zu=
sammengeflossenen und hier halb heidnisch gewordenen europäischen
Bevölkerung. Um so tiefer erbitterte es ihn, als er bei seiner
Rückkehr nach Goa fand, daß der Mann, dem er den Vertrauens=
posten des Rektors übergeben hatte, der Portugiese Gomez, die
Inder aus dem Colleg getrieben hatte, den Orden zu einem
Hilfsmittel der Rassenherrschaft herabwürdigte. Gomez bot ihm
Trotz, und es war klar, daß er in den Europäern seinen Rück=
halt fand. Da warf Xavier seine ganze Autorität in die Wag=
schale; er setzte es doch durch, daß Gomez verhaftet wurde. Als
Gefangenen schickte er ihn nach Europa; er würde ihn aus dem
Orden gestoßen haben, hätte er das Recht hierzu gehabt. Igna=
tius war eher zur Milde geneigt, aber Gomez kam nicht bis Rom;
das Schiff ging zuvor unter.

Während sich in Süd = und Ostasien sofort das weiteste Ar=
beitsfeld aufthat, hatte auf andern Missionsgebieten Ignatius nur
Enttäuschungen zu machen. In Amerika standen bei dem Miß=
trauen der Spanier einstweilen nur die portugiesischen Besitzungen
offen, so gerne man wenigstens in Mejico Fuß gefaßt hätte. Auf
Abessynien, wo die Portugiesen Einfluß gewonnen hatten, setzte man
immer wieder trügerische Hoffnungen. Hier hätte es sich darum

gehandelt, für ein, dem Namen nach chriſtliches Volk gleich eine
ganze Hierarchie — einen Patriarchen und zwölf Miſſions=
biſchöfe — aus den Reihen des Ordens hervorgehen zu laſſen.
Der Islam zeigte ſich damals wie immer unzugänglich für die
Miſſion. Auch ſah Ignatius als echter Spanier in ihm viel
eher einen Gegner, der mit Waffengewalt niedergeworfen werden
mußte. Mit einer Aufopferung, der die Erfolge nicht ganz ent=
ſprachen, mußten einſtweilen einige Jeſuiten wenigſtens den in den
Barbareskenſtaaten gefangenen Chriſten geiſtlichen Troſt bringen
und ſie von dem, mit allen Ehren bezahlten Glaubensabfall zu=
rückhalten. Wichtiger war es, daß in den unter türkiſcher Herr=
ſchaft ſtehenden Ländern ſchon damals die Jeſuiten ein gutes Ver=
hältnis zur griechiſchen Kirche zu wahren wußten, das ihnen auch
ſpäterhin von Vorteil war.

Die Jeſuiten haben bisweilen als Wappen der Geſellſchaft
die aufgehende Sonne gebraucht mit der ſtolzen Umſchrift: omnia
solis habet. „Was die Sonne beſcheint, beſitzt ſie.“ Ignatius
mochte dieſes Ziel näher ſehen als irgend einer ſeiner Nachfolger.
Und doch mußte ſein Hauptziel ein anderes ſein: wie er die Ketzerei
zertritt, ſo hat man ſeine koloſſale Marmorſtatue in St. Peters
Dom geſetzt. Für die Bekämpfung des Proteſtantismus gab es
aber nur einen Schauplatz: Deutſchland.

Unter den Stiftern der Geſellſchaft war kein Deutſcher ge=
weſen; mühſam lernte nur Jay in ſpäteren Jahren die Anfangs=
gründe der Sprache. Auch Peter Caniſius noch, den die über=
ſchwängliche Verehrung der Katholiken als den zweiten Apoſtel
Deutſchlands preiſt, war ein Niederländer aus Nymwegen gebürtig.
Völlig fremd ſtanden alle dieſe Männer dem deutſchen Geiſtes=
leben gegenüber. Was der Jeſuitismus an neuen Ideen aufzu=
weiſen hat, iſt durchweg romaniſchem Boden entſproſſen. In dem
Deutſchland des ſechzehnten Jahrhunderts ſahen ſie nichts als
Verfall und Verderben. Darin gleichen ſie ganz den jeſuitiſch
gebildeten Geſchichtſchreibern unſrer Tage, nur dadurch unter=
ſcheiden ſie ſich zum Vorteil von jenen, daß ſie auch ſchonungslos
die Zerrüttung des deutſchen Katholizismus aufdeckten.

Nirgends war im Anfang weniger an eine dauernde Wirk=
ſamkeit zu denken als in Deutſchland; aber in kein anderes Land

ließ Ignatius auch seine leichte Kavallerie so viel ausschwärmen
als in diesen gefährdetsten Besitz der Kirche. Die Jesuiten er=
scheinen in der Gesellschaft päpstlicher Legaten, und wiederum
mußte es der Zufall fügen, daß gerade der milde Contarini sie
zuerst mit sich führte. Zum Regensburger Religionsgespräch hatte
er auch Peter Faber mitgenommen, und das Scheitern desselben
ließ bei diesem eine tiefe Abneigung gegen solche Vermittlungs=
versuche zurück. So kamen auch Jay und Bobadilla mit Legaten zu
Reichstagen; sie beobachteten, erstatteten Berichte, hielten sich aber
mit ihrer Wirksamkeit zumeist an Spanier und Italiener. Mit
Verwunderung sahen die Augsburger, eines solchen Anblicks längst
entwöhnt, eine von den Jesuiten veranstaltete Geißelprozession,
die aus den vornehmsten Herren des Hofes und Heeres Karls V
bestand, durch ihre Straßen ziehen.

Schon aber suchte man auch einzelne angesehene Männer in
das Interesse der Gesellschaft zu ziehen. Cochläus, der erste offene
Feind Luthers unter den Humanisten, war auch der erste, der sich
den geistlichen Uebungen unterzog; ihm folgte der ebenfalls vom
Humanismus ausgegangene Gropper, der bald in der kölnischen
Reformationssache die wichtigste Rolle spielte.

Die humanistische Bildung, wenn man auch im Orden die
Vorläuferin der Reformation in ihr kannte und deshalb Erasmus
völlig ablehnte, gab doch öfters das Bindeglied zwischen Jesuiten
und Protestanten ab. Schon 1543 machte Bobadilla eine Reise
nach Nürnberg. So wenig ihm die freie und ungebundene Art
des Redens in der Stadt gefallen mochte, erkannte er doch die
Neigung des Volkes für alle Bildungsinteressen und die Gastfrei=
heit gegen alle Fremden bereitwillig an. Er verkehrte freund=
schaftlich, natürlich mit Hintergedanken, mit der evangelischen Geist=
lichkeit, für deren Liebenswürdigkeit und Offenheit er ehrende
Worte hat; Nürnberg schien ihm der geeignetste Ort für eine
Wirksamkeit. Dieses Urteil eines Jesuiten ist um so mehr hervor=
zuheben, da man neuerdings — und nicht nur auf katholischer
Seite — gerade an der Nürnberger Reformation die unleugbar
vorhandenen Härten hervorhebt, indem man einseitig die Aeuße=
rungen eines geistvollen aber verstimmten Staatsmannes, Willibald

11

Pirkheimer, und seiner kleinlich behandelten Schwester, der charakter=
vollen Charitas, zu Grunde legt.

Diejenigen, welche von den Jesuiten zumeist aufgesucht wur=
den, waren die Bischöfe. Noch waren sie diesen nicht unbequem;
um Nachrichten aus und nach Rom zu vermitteln, waren sie sehr
brauchbar. Daneben suchten sie wenigstens in den geistlichen
Territorien einigen Einfluß auf die Kirchenzucht zu üben und die
gröbsten Aergernisse wie das Konkubinat der Priester aus der
Welt zu schaffen; so in Worms, in Speier, in Mainz. Denn da
ihnen alles tiefere Verständnis für das deutsche Geistesleben ab=
ging, sahen sie in diesen Schäden die einzigen Ursachen des Ab=
falls. Gleich bei seinem ersten Eintritt in Deutschland 1540
schrieb Peter Faber: „Ich erstaune, daß es hier nicht noch zwei=
oder dreimal mehr Ketzer als jetzt giebt; und dies darum, weil
nichts so rasch zum Irrtum im Glauben verführt, als die Un=
ordnung in den Sitten. Es sind nicht die falschen Auslegungen
der Schrift, nicht die Sophismen, welche die Lutheraner in ihren
Predigten und Disputationen anwenden, die so viele Völker zum
Abfall verleitet haben, die so viele Provinzen und Städte zur
Empörung gegen die römische Kirche gebracht haben; alles das
kommt nur von dem skandalösen Leben der Priester." Dies,
meint er weiterhin, sei freilich dazu angethan, um die Katholiken
zum Luthertum einzuladen und zu drängen.

Für den Jesuiten ist diese oberflächliche Mißachtung des
selbständigen Geisteslebens, das doch in allen großen Fragen der
Geschichte den Ausschlag giebt, ist dieses Haften am Aeußerlichen
höchst charakteristisch. Während das deutsche Volk bis in seine
untersten Schichten erregt wurde durch die tiefste sittliche Frage
von Sünde und Rechtfertigung, während selbst die wunderlichen
religiösen Ausschreitungen jener Tage ein Zeugnis sind für seine
mächtige Geistesarbeit, erscheint einem Peter Faber die Herstellung
der alten Werkheiligkeit als das A und O. Heiligendienst und
ein Bischen Kirchenzucht, das ist das eine, was Not thut.

Dieses geistesmörderische Verfahren, durch das es die Je=
suiten mit der Zeit fertig gebracht haben die Hälfte des deutschen
Volkes von der nationalen Kultur auf Jahrhunderte auszuschließen,
hat Peter Faber in ein, wenn man will geistreiches, System ge=

bracht. Er hat es in einem Brief an Lainez ausführlich dar-
gelegt, und es ist mit geringen Abänderungen für die Jesuiten in
Deutschland maßgebend geblieben. Natürlich muß dem allgemeinen
jesuitischen Grundsatze gemäß zuerst das Wohlwollen der zu be-
kehrenden Protestanten gewonnen werden. „Das ist das erste,
wenn man den Ketzern nützen will, daß man sich von der größten
Liebenswürdigkeit gegen sie zeige und sie auch wirklich liebe, und
so alle Gedanken aus dem Geist verdränge, die unsere Achtung
bei ihnen verringern könnten." „Deshalb sind im Gespräche anfangs auch nur solche Punkte zu berühren, in denen beiderseits
Uebereinstimmung herrscht. Mit der Bekehrung aber sei es gerade umgekehrt zu halten wie im ältesten Christentum. Damals
sei das erste die Bekehrung zum Glauben durch die Predigt gewesen und erst allmählich habe man die Getauften zu einem dem
Glauben entsprechenden Leben geführt. Das Haupt-Verderben
der lutherischen Sekte bestehe aber darin, daß sie zuerst die
Frömmigkeit im richtigen (d. i. kirchlichen) Handeln und dann erst
den rechten Glauben untergrabe. Darum müsse man sie zuerst
dahin bringen wieder den Vorschriften der katholischen Kirche gemäß zu leben." Er führt auch sofort ein glorreiches Beispiel für
den Erfolg dieser Methode an: einen Priester habe er bewogen,
seine angetraute Ehefrau zu verlassen, indem er ihm die Ueberzeugung beibrachte, daß es doch nur buhlerische Liebe sei, was ihn
an sie fessele; bald sei der Mann wieder ein guter Katholik geworden, ohne daß ein Wort über den Glauben gewechselt worden wäre.

„Und das sei auch gerade der dogmatische Irrtum der Lutheraner, daß sie den Werken das Verdienst absprechen. Um so
mehr muß der Jesuit wiederum Liebe und Eifer zum Messehören,
Beichten, Beten — denn auch das Beten gilt ihm als ein Werk! —
entzünden. Schwer scheint ihm das nicht. Denn jene Lehre
führe doch nur zur Verzweiflung; sie geht aus von dem Grundsatz: der menschliche Wille sei zu schwach um das Gesetz und die
Vorschriften der Kirche zu tragen. Durch die That habe also der
Jesuit zu zeigen, daß dies doch möglich sei, so werden auch die
Geister wieder zur Hoffnung zurückkehren nicht nur diese Befehle,
sondern weit Höheres mit Gottes Hilfe leisten zu können. Darum

nur keine Glaubendisputationen mit den Protestanten, nur kein Ueberschütten mit Autoritäten und Vernunftschlüssen, sondern Predigten und Gespräche über die richtige Lebensführung, die Schönheit der Tugenden, den Gebetseifer, den letzten Tag des Lebens, die Ewigkeit der Höllenstrafen und andere Dinge dieser Art!"

Zuversichtlich ist Faber jedenfalls; er ruft aus: „Ich glaube, wenn jemand durch Ueberzeugungskraft und Geistesglut Luther überreden könnte mit freiwilligem Gehorsam die Gebote der Kirche zu erfüllen, so würde selbst er aufhören ein Ketzer zu sein." — Ob wohl Faber jemals die Schrift von der Knechtschaft des Willens gesehen hat, in der Luther Erasmus dankt, daß er zuerst unter allen Gegnern ihn nicht mit Lappalien (nugae) wie Ablaß, Fegefeuer u. s. w. belästige, sondern auf den Kern der Sache, auf die Rechtfertigungslehre, losgegangen sei?

So faßt denn Faber am Schluß seine Ansicht dahin zusammen: Ermunterungen und wohl angebrachte Ermahnungen um die Sitten zu regeln, Furcht und Liebe Gottes zu erwecken, Neigung zu guten Werken zu entzünden, das sind die Heilmittel für ihre Schwäche. „Wir wenden uns nicht an das Haupt des Geistes, die Intelligenz, sondern an seine Hände und Füße."

Dieses Eingeständnis der eigenen Geistesarmut läßt sich bei dem Jesuiten, für den das Leben nichts als That und das Denken nur eine Vorbereitung ist, begreifen und darum auch entschuldigen; wie verhängnisvoll die Anwendung solcher Grundsätze auf das deutsche Geistesleben werden mußte, ist sofort ersichtlich. Uebrigens sind die Jesuiten späterhin in einem Punkte von dem Wege des Bahnbrechers abgegangen: sie sind bald den Glaubensdisputationen nicht mehr ausgewichen; sie haben dieselben sogar wie eine Domäne für sich ausgebeutet. Aber dies geschah schon in einer Zeit, als die Protestanten unter Spitzfindigkeiten das böse Gewissen versteckten, daß sie nicht mehr so geblieben waren wie in der Zeit der schönsten Hoffnungen und des höchsten Geistesschwunges. Sobald es einmal auf Spitzfindigkeiten ankam, fanden sie in den Jesuiten ihre Meister.

Diese gelinde Weise den Ketzern zu widerstehen, war denjenigen deutschen Bischöfen, die sich auf ihrem Stuhle nicht ganz sicher fühlten, eben recht. Der alte Kardinal Albrecht von

Mainz, einst in seiner Jugend der glänzende Mäcen der Huma=
nisten, ward nun in seinem Alter einer der ersten Förderer der
Jesuiten; bei sämtlichen rheinischen Bischöfen, ebenso in Würz=
burg, Eichstädt, Salzburg, Laibach, vor allem aber beim Kardinal
Otto Truchseß von Augsburg waren sie zu Hause. Dieser letz=
tere war der erste Deutsche, der sich völlig von ihnen gewinnen
ließ. Schon 1546 ward er auf dem Konzil durch Jesuiten ver=
treten; der Plan zum Colleg in seiner Residenz Dillingen, das
als Mittelpunkt der Jesuiten für Schwaben dauernde Bedeutung
gewann, ward zu gleicher Zeit gefaßt.

Bei den deutschen Bischöfen erregte es weniger Anstoß als
bei den spanischen und französischen, wenn die Jesuiten, trotzdem
sie noch nicht einmal über feste Heimstätten in Deutschland ge=
boten, sie fühlen ließen, daß sie nur dem Papste zu gehorchen
brauchten. Es kam vor, daß sie das Begehren eines Erzbischofs
abschlugen, um es sofort zu erfüllen, sobald ein gerade anwesender
römischer Legat ihnen einen Wink gab. Vor allem kam es ihnen
darauf an, die deutschen Bischöfe von etwaigen Selbständigkeits=
gelüsten abzubringen. Das Verlangen eines deutschen National=
konzils bei den Katholiken zu dämpfen, war für sie eine Haupt=
aufgabe. „Von dem Augenblicke an", sagt Orlandin, „da die
Gesellschaft ihren Fuß nach Deutschland gesetzt, hat sie diesem
Wunsch aufs äußerste widerstrebt, und an hoher wie niederer Stelle,
in Schriften wie in Reden diese Pläne der Ketzer zu zerstören
gesucht." Aus diesem Grunde fehlten sie auf keinem Reichstage.

Selbst als die streng-katholischen Bischöfe der bairischen und
Salzburger Diözesen auf einem Provinzialkonzil 1544 die Frage
eines Religionsgespräches erörterten, wollte Jay nicht in offizieller
Eigenschaft teilnehmen. Er sei ein Abgesandter des Papstes und
könne als solcher ohne ausdrücklichen Befehl zu keiner Synode
kommen, erklärte er. Da er aber doch den Einfluß auf die Bischöfe
nicht aus der Hand geben wollte, machte er eine feine Unterschei=
dung und kam als Privatmann. Als solcher ließ er sich so
ausgiebig um seine Meinung fragen, daß er bei allen Beratungen
zugegen war. Zwei Punkte setzte er durch: daß auf keine Weise
der Klerus die Verhandlung religiöser Fragen auf einer Vereini=
gung von Laien dulden dürfe, und daß, selbst wenn die Prote=

stanten mit den Katholiken in allen Punkten der Lehre zur Einstimmigkeit gebracht würden und nur dem Papste sich nicht unterwerfen wollten, sie doch für Schismatiker und Ketzer zu halten seien.

Daß hierdurch der Standpunkt des schroffen Ultramontanismus klar herausgebildet ward, wurde für die nächsten beiden Entscheidungsjahre von großer Wichtigkeit. Um so eifriger begehrten die versammelten Bischöfe, Otto Truchseß an der Spitze, im Interesse des deutschen Katholizismus das ökumenische Konzil. Jay hüllte sich, was jedenfalls das klügste war, in diplomatisches Schweigen, übernahm es aber, Ignatius von der Sachlage und den Wünschen zu unterrichten, damit er dem Papst Vortrag halte.

Der stete Gast auf den Reichstagen, der unermüdliche Wandrer von einer Stadt zur andern war der unruhige Bobadilla. Karl V., der als vollkommenster Kenner des spanischen Geistes und der Weltverhältnisse zuerst die Gesellschaft Jesu durchschaut hat, mochte dem intriganten, unstäten Mann, der sich überall an seine spanischen und italienischen Offiziere und Hofleute machte, längst nicht trauen. Am Augsburger Reichstag 1548 entledigte er sich seiner.

Zu keinem Reichstage waren die Ultramontanen mit größeren Erwartungen gekommen als zu diesem. Ein zweites Wormser Edikt sei zu hoffen, hatte Otto Truchseß jubelnd an Ignatius geschrieben. Statt dessen kam das Interim, dieser Partei ein noch größeres Aergernis als den Protestanten. Bobadilla protestierte laut: es enthalte dasselbe eine Ueberschreitung der Machtbefugnisse des Kaisers; und er machte sich so lästig bemerklich, daß Karl ihn kurzer Hand festnehmen und über die Alpen schaffen ließ.

Ignatius war verstimmt und ärgerlich in höchstem Maße. In der Sache konnte er ja Bobadilla nicht Unrecht geben; aber wie ungeschickt hatte dieser die den Jesuiten so vorteilhafte Fiktion durchkreuzt, daß eigentlich die katholischen Fürsten und der Papst immer dasselbe wollten, und daß den Jesuiten nur die schöne Aufgabe zufalle die Mißverständnisse zu zerstreuen! Er mochte Bobadilla gar nicht sehen, verbot ihm ins Profeßhaus zu kommen, ward die Sorge gar nicht los, daß sein Verhalten die deutsche Wirksamkeit des Ordens beeinträchtigen werde. Der Gang der Weltereignisse überhob ihn aber bald der Zweifel, wie er sich zu jenem unbequemen Interim zu stellen habe.

Wie geringfügig nun auch eine solche Wirksamkeit im Kommen und Gehen sein mochte, so hatte sie doch den Wert einer Recognoscierung; bedeutende Verbindungen wurden geknüpft, die spätere reiche Thätigkeit auf einem so ungünstigen Terrain war ohne eine solche vorbereitende nicht denkbar. So zeigte es sich besonders in Köln. Die Jesuiten spielten hier zwar nicht die erste Rolle auf katholischer Seite, als der protestantisch gesinnte Kurfürst Hermann von Wied allmählich durch das Zusammenwirken der geistlichen und weltlichen Autoritäten und der Bürgerschaft verdrängt wurde, aber in ihrer Rolle waren sie unentbehrlich: als Beobachter und Berichterstatter und als Volksprediger. Hierdurch erwarben sie die Gunst der katholischen Fürsten und leisteten bei der Bearbeitung der Massen gute Dienste, entgingen aber nicht dem Argwohn der zwar strengkatholischen aber konservativen Stadtobrigkeit. In der allgemeinen, auch von der Kurie geteilten Abneigung gegen Vermehrung der geistlichen Orden hatte auch der Rat der heiligen Stadt Köln den Beschluß gefaßt neue Orden nicht mehr zuzulassen. Er war nicht gesonnen den Vätern zu Liebe eine Ausnahme zu machen und verfügte die Aufhebung ihres Konvents. Ein solches Hindernis hat für die Jesuiten nie Wichtigkeit gehabt; sie suchten Unterkunft bei andern Orden, wie sie denn immer mit einigen derselben — damals mit den Karthäusern — gute Nachbarschaft zu halten wußten; und Ignatius ermahnte sie: wenn sie nicht räumlich vereinigt sein könnten, sollten sie um so fester die geistige Einheit bewahren.

Als dann Hermann von Wied abgesetzt ward, war auch ihre Stellung in Köln befestigt; wenigstens in ein Colleg der alten Universität wußten sie sich bald einzudrängen; und je mehr jene Hochburg der Scholastik sank, um so mehr stieg der Einfluß ihres Gymnasiums.

Noch mußte ihnen Köln für den ganzen Niederrhein gelten. Zwar waren schon früh, bei der Austreibung aus Paris, die dortigen Schüler nach Löwen ausgewandert und hätten sich gern an der Universität festgesetzt; aber die Regierung Karls V., die gerade die Niederlande mit besonderer Vorsicht und Vorliebe be-

handelte, wehrte ihnen den Eintritt. Ignatius schrieb einen vor=
züglichen Brief an die Statthalterin, die verwitwete Königin
Maria von Ungarn, um ihr die Thätigkeit des Ordens und dessen
Unverfänglichkeit auseinander zu setzen, aber der Schritt blieb
zunächst erfolglos.

Dagegen war es gerade ein Niederländer, an dem die Gesell=
schaft gleich bei ihrem ersten Auftreten in Köln den bedeutendsten
Gewinn gemacht hatte: Peter Canisius aus Nymwegen. Ohne
daß er den regelmäßigen Lauf der jesuitischen Erziehung durchge=
macht hätte, war er gewonnen worden. Der Sohn einer reichen
Familie, konnte er als Geber auftreten; seiner Freigebigkeit verdank=
ten die Jesuiten die Mittel zur Errichtung ihres Kölner Collegs.
Schon ein Jahr, nachdem er dem Orden beigetreten, war sein
Ansehen so fest, daß ihn Bischof Otto von Augsburg als „einen
geschickten jungen Mann“ zusammen mit Jay als seinen Vertreter
zum Tridentiner Konzil schickte. Später brauchte ihn Ignatius
eine Zeit lang in Sizilien, um ihn bald dem deutschen Boden
wieder zu geben, wo er das Meiste leisten konnte.

Zwei größere Einzelstaaten waren es, die Aussichten für die
Gesellschaft boten: Baiern und Oesterreich. In Baiern stand das
alte Kirchenwesen fest, und es war der ausgesprochene Wille der
Fürsten nichts an demselben ändern zu lassen, jede Abweichung
im Keime zu ersticken. Daran änderten auch ein paar Jahre
milderer Praxis nichts. Aber so fest wie der Katholizismus stand
auch die autokratische Macht der Fürsten, die jenen als eine
Staatssache festhielten, und die Mittel hierbei nach Gutdünken
wählten. Es war zweifelhaft, wie weit ihnen hierbei die Gesell=
schaft brauchbar erscheinen werde.

In Oesterreich dagegen war das Volk entweder geradezu
protestantisch oder doch völlig gleichgiltig gegen den Katholizis=
mus. Noch 1550, als Ignatius zur Gründung des Collegs in
Wien 12 Jesuitenschüler — kein deutscher war darunter — über
die Alpen schickte, konnten diese nur mit Mühe durch Steiermark
und Kärnthen kommen. So stark war die Abneigung im Volke
gegen alles, was an die alte Kirche erinnerte. Und der römische
König Ferdinand, der auf den Reichstagen so ungern nur den
kleinsten Schritt den Protestanten entgegen that, mußte im eigenen

Lande den Unterthanen freien Lauf lassen. Um so mehr mußten ihm die Jesuiten willkommen sein, die mit sanften Mitteln eine überall gegenwärtige Thätigkeit zu üben versprachen.

Für das aber, worauf es der Gesellschaft vor allem ankam, für eine mit festen Einkünften ausgestattete Niederlassung waren in dem einen wie dem andern Lande die Aussichten ungünstig.

Von vielen Seiten ward zwar die Hilfe der Jesuiten in Deutschland begehrt, und Ignatius hatte Briefe genug zu schreiben, um sich zu entschuldigen, wenn er nicht allen Fürsten und Bischöfen gefällig sein konnte, aber langsam ging selbst ein so blinder Verehrer wie Otto Truchseß daran, ihnen ein eigenes Colleg zu verschaffen. Viel eher war man bereit den Hervorragendsten unter den Vätern Bistümer einzuräumen und Kardinalshüte zu verschaffen als Klostergüter. Der Grund ist klar: die katholischen ebenso wie die protestantischen Fürsten hielten sich an die vielen überflüssigen Kirchengüter, nur daß die einen ohne Autorisation nahmen, die andern solche vorher oder nachträglich erlangten. Während so viele Klöster leer standen und ihre Einkünfte die Kassen des Fürsten füllten, schien es Thorheit einen neuen Orden einzuführen und mit Gütern auszustatten.

Gern nahmen die Fürsten dagegen die Jesuiten an den Universitäten auf; hier waren ihre Eigenschaften sofort auszunützen. Hinderlich war aber die entschiedene Weigerung derselben in irgend ein festes Verhältnis zu treten und sich einer Körperschaft anzuschließen, welche Aufsicht und Rechtsprechung über sie ausüben konnte.

Andererseits war der Vorteil für die Gesellschaft, Mitglieder an diesen, stets zur Unbotmäßigkeit geneigten, der Ueberwachung bedürftigen Korporationen zu haben, augenscheinlich. Daß sie um solcher Beaufsichtigung der Professoren-Collegien willen von ihrem sonstigen Grundsatz absahen, giebt die imago primi saeculi ohne weiteres zu. Ingolstadt war die einzige bedeutende noch katholische Universität in Deutschland. Hier traf Jay gerade nach dem Tode Johann Ecks, des alten Gegners Luthers, ein und übernahm dessen Vorlesungen. Als er 1549 von Wilhelm von Baiern, kurz vor seinem Tode, wiederum begehrt wurde, gab Ignatius ihm von freien Stücken zwei der besten Köpfe der Gesellschaft,

Salmeron und Canisius zu. Ihr Einzug bezeichnete auch die Höhe ihres Ruhmes: was nie wieder vorgekommen ist, geschah: ein Jesuit, Canisius, der einzige von den dreien, der längere Zeit blieb, wurde zum Rektor gewählt. Vermittelst seines Gönners, des Bischofs von Eichstädt, der Kanzler der Universität war, suchte er die äußere katholische Sitte, die auch hier ins Wanken gerathen war, herzustellen und zugleich persönlich eine Reihe von Studenten an sich zu fesseln. Gern hätte ihn Albrecht dauernd gefesselt durch ein Kanonikat und das Amt des Vizekanzlers. Das hätte alsbald die jesuitische Umwandlung der Universität bedeutet; aber Ignatius sah ein, daß eine solche noch lange nicht genügend vorbereitet sei.

Mit exegetischen Vorlesungen, und gerade mit solchen, die von den Protestanten mit Vorliebe behandelt wurden, mit Paulus und den Psalmen, hatte man begonnen, aber auch sofort das Griechische und die scholastische Philosophie behandelt. Auf die letztere legte man im Grunde den Haupt-Nachdruck. Der Ekel vor dieser scharfsinnigen Wissenschaft sei die Geistespest des Nordens, meinte Canisius. Es sei erst wieder nötig, den erloschenen Funken des Geistes hier anzufachen. Und bald hörte man in Ingolstadt wieder dialektische Disputationen.

Jedoch es war ein praktischer, nicht ein wissenschaftlicher Zweck, zu welchem man die Jesuiten berufen hatte. Baiern bedurfte Priester. Das hatte die Reformation doch in den katholischen Gegenden zur Folge gehabt, daß auch der Bauer seinen eigenen Seelsorger, seinen Prediger, haben wollte. Von Anfang an hatte zuerst Jay erkannt und es allen Bischöfen gepredigt: Priesterseminarien seien nötig. Die Jesuiten haben später auch auf den Beschluß des Tridentinums, der überall solche anordnete, Einfluß gehabt. In Baiern aber, wo Albrecht die Jesuiten zur Durchführung jenes Planes benützen wollte, mochte Ignatius nicht darauf eingehen, ehe er nicht ein eigenes Colleg für die Gesellschaft habe.

Er pries dem Herzog die jesuitische Wanderseelsorge, aber machte damit keinen Eindruck. Er schilderte ihm den Zustand der Universität Ingolstadt und die mangelhafte Vorbildung auf den niederen Schulen mit den schwärzesten Farben. Was helfe es — rief er aus — jetzt Lehrer der Theologie heranzubilden, wenn man ihnen nicht auch die Zuhörer heranbilde, nämlich solche, die ihrem Willen nach geneigt und ihrem Verständnis nach befähigt seien diese heilige Wissenschaft begierig und fromm aufzunehmen. Aber weder diese Liebe zur Theologie noch diese rationelle Ausbildung durch die niederen Wissenschaften sei zur Zeit bei den Ingolstädter Studenten vorhanden. Er preist nun den Lehrgang der Jesuiten= collegien, der jene beiden Ziele zugleich im Auge hat, erörtert die Einrichtungen, die er in Ingolstadt treffen will, und verspricht dem Herzog: so werde er nach wenigen Jahren über sehr viele Theo= logen verfügen, die ausgezeichnet befähigt seien, den Ketzern zu widerstehen, die Rechtgläubigen zu kräftigen, mit geistlicher Frucht zu predigen und die Seelsorge in allen Orten Baierns auszuüben; so werde Ingolstadt ein unerschöpfliches Seminar gelehrter und frommer Männer sein und so werde die Universität blühen durch jede Zier der Bildung und Tugend. Albrecht hörte, versprach das Colleg, und dachte nicht an die Ausführung. Canisius und einen andern ebenfalls flandrischen Jesuiten, Gaudanus, hätte er zwar gern behalten; aber Ignatius berief sie jetzt ab nach Wien, wo reifere Früchte zu pflücken waren.

Erst in Ignatius' Todesjahre kehrten die Jesuiten nach Ingolstadt zurück, nachdem Canisius die im Sinne des strengen Katholizismus durchgeführte Reformation der Wiener Universität gelungen war. Herzog Albrecht bedurfte sie außerdem als Ver= mittler mit dem päpstlichen Stuhl, dem seine absolutistische Po= litik verdächtig geworden war. Freilich mußten sie sich jetzt be= quemen, sich als vereidete Mitglieder in die philosophische Fa= kultät aufnehmen zu lassen; dafür erhielten sie auf inständiges Begehren Loyolas noch im selben Jahre endlich die eigene Latein= schule. Es begannen bald ihre Versuche völlig der Universität Herr zu werden mit allen den Intriguen und Zänkereien, die seit= dem die Geschichte dieser wie der anderen katholischen Universitäten Deutschlands ebenso einförmig wie widerwärtig machen. Es be= gann aber auch die pädagogische Thätigkeit, deren Resultate mit ihren bedeutenden wie mit ihren verderblichen Seiten sich bald in Kurfürst Maximilian I. glänzend zeigten.

In Oesterreich war es wiederum der feine Franzose Jay,

von dem wir leider zu wenig wissen, der König Ferdinand gewonnen hatte, so daß ihm schon 1546 das Bistum Triest von diesem zugedacht wurde. Aber erst 1551 erhielten die Jesuiten wirklichen Einfluß in den deutsch-habsburgischen Landen. Ferdinand folgte gern der Anregung seines Beichtvaters Lanoy; er bat Ignatius gleich um dreizehn Jesuiten zur vollständigen Einrichtung eines Collegs. An der Spitze sollte wiederum Jay stehen, doch starb dieser bereits im folgenden Jahre in Wien. Um so reicher entfaltete sich die Thätigkeit des Canisius.

Vor der Hand mußte er sich an der Gunst des Königs genügen lassen; im Volke fand er keine Spur von Boden. Nach seinen Briefen ist bei Orlandini eine merkwürdige Schilderung der geistlichen Zustände Oesterreichs entworfen: alle Klöster sind verödet, die Mönche ein Spott des Volkes. Von neuem will überhaupt Niemand mehr Mönch werden, aber auch nicht einmal Geistlicher, denn gelehrte Leute schrecken zurück vor der Priesterweihe. Wenn der König auch die sorgfältigste Auswahl treffen will — er findet einfach niemand geeigneten, der Pfarren annehmen will, nicht einmal in Wien, geschweige denn auf dem Lande. Von der großen Wiener Universität, dieser nächst Paris ruhmvollsten Trägerin der Scholastik, ist seit zwanzig Jahren kein einziger geweihter Priester mehr ausgegangen. Selbst die Prediger, die sich nicht offen zum Protestantismus bekennen, sind dem Jesuiten verdächtig; er hört sie auf den Kanzeln immer nur vom Glauben und vom Verdienste Christi reden, nicht ein Wort vom Fasten, vom Beten, von Barmherzigkeit und Werken. So liest denn auch jedermann protestantische Bücher; der Erzketzer Melanchthon beherrscht mit den seinigen die Schulen. — Eine merkwürdige Schilderung, selbst wenn wir sie nicht ganz genau nehmen! Sie wirft ein grelles Licht auf die Ansicht derer, die heut die Siege des Protestantismus nur der Willkür von Fürsten und Stadtobrigkeiten zuschreiben, die ihm jede Volkstümlichkeit abstreiten. Freilich, im leichtlebigem Wien fand Canisius überhaupt wenig Interesse an religiösen Fragen; wer solche anders als ganz obenhin berührte, galt dort für einen Narren. Daß dieser Wiener Indifferentismus ihm viel günstiger sei als der überzeugungstreue Protestantismus in Ober-Oesterreich, in Steiermark und Salzburg, sagte sich Canisius noch nicht oder verschwieg es.

Unter so bewandten Umständen war an erfolgreiche Predigt zunächst gar nicht zu denken; die Lehrthätigkeit bedeutete alles. Auf sie warfen sich Canisius und die Seinen mit der gewohnten Energie. Theologische, philosophische, humanistische, rhetorische Vorlesungen wurden mit einem Male eröffnet. Für ihr theologisches Seminar wußten sie doch bald fünfzig Jünglinge zusammenzubringen. Hier mußten sie nun aber mit dem Privileg der Universität zusammenstoßen. Ignatius befahl ihnen geradenwegs auch ihrerseits von den päpstlichen Privilegien Gebrauch zu machen, und nach ihrer Sitte die Wissenschaften öffentlich und umsonst zu lehren. Die Universität forderte aber, daß sich das Jesuitencolleg ihr einverleiben solle, und da der König denselben Wunsch aussprach, gab man nach. Auch war dies vom größten Vorteil, denn nun ward Canisius seinerseits mit einer Revision der Universität beauftragt. Er faßte seine Aufgabe dahin auf, auch aus den Fächern, die keinen Zusammenhang mit der Religion haben, die Verdächtigen herauszudrängen; denn, — meint er — beim Lehren thue doch der Charakter des Lehrers das meiste, und es sei außerdem immer wahrscheinlich, daß jene mit der Süßigkeit der Wissenschaft das Gift der Ketzerei den Zuhörern beibringen. Daß er beim Gegner an die Möglichkeit eines reinwissenschaftlichen Vortrags nicht glaubte, weil er ihn selbst nicht kannte, ist für den Jesuiten bezeichnend.

Der gute Erfolg von Canisius' Bemühungen machte Ferdinand Mut eine Kommission, bestehend aus zwei Jesuiten und zwei weltlichen Räten, einzusetzen, die über die Mittel zur Bekämpfung der Ketzerei Vorschläge machen sollte. Jedoch vor schärferen Maßregeln scheute Ferdinand zurück; auch glaubten die Jesuiten die Verantwortung dafür nicht tragen zu können. Ein Verbot: in Wien das Abendmahl unter beiderlei Gestalt zu nehmen, war in den Wind geredet, da blieb nur eins: der Volksunterricht. Ihm vor allem verdankte das evangelische Bekenntnis seine Fortschritte. Als Luther seine Mahnung an die deutschen Ratsherren sandte christliche Schulen aufzurichten, als Melanchthon den Lehrplan des humanistischen Gymnasiums entwarf, als aus der Visitationsreise die Organisation des christlichen Volksunterrichts hervorging, da hatte einst der Protestantismus seine feste soziale Basis gewonnen.

Hier mußten die Jesuiten nachzukommen suchen. Aber wenn ihr höheres Schulwesen auch längst ausgebildet war, mit dem niederen hatten sie sich seit der Zeit, da Ignatius in Azpeitia die Dorfjugend lehrte, kaum abgegeben. Einer Mitteilung der Glaubenslehren an das Volk widerstrebte man grundsätzlich; aus der Predigt hatte Ignatius diese von Anfang an verbannt; in Italien, in Spanien sah er, wo das Volk anfing Dogmen zu erörtern, auch den Anfang der Ketzerei. Nur in Deutschland wollte es ohne das nicht gehen. Es war König Ferdinand selber, der die dringende Aufforderung an Canisius stellte, den Katholiken etwas Aehnliches zu geben, wie es die Protestanten an ihrem Lutherschen Katechismus besaßen. Canisius that es, Ignatius revidierte seine Arbeit, und so kam jener Katechismus zu Stande, der, in alle Sprachen übersetzt, den Katholiken, — falls sie ein Bedürfnis danach fühlen, — die Kenntnis dessen vermittelt, was sie eigentlich glauben.

Diesen Mann, der bei jeder ihm gestellten Aufgabe so rasch den Nagel auf den Kopf traf, hätte nun gern König Ferdinand zum Bischof seiner Hauptstadt befördert. Dies ging bei den Grundsätzen Loyolas nicht an. Aber auch, daß er die Verwaltung des Bistums vorläufig auf ein Jahr übernahm, machte ihm wenig Freude. Er hatte hierbei nicht nur mit König Ferdinand, sondern auch mit dessen ältestem Sohne Maximilian zu rechnen, dessen protestantische Neigungen allgemein bekannt waren.

So folgte Canisius gern einer Einladung nach Prag; und zu seinem Erstaunen fand er dort in dem verrufenen Ursitz der Ketzerei einen viel besseren Boden als in Oesterreich. Der hohe Adel, der sich nun schon seit anderthalb Jahrhunderten des Hussitismus erwehrt hatte, war noch immer gut katholisch, und das Volk — so schrieb er nach Rom — nahm zwar das Abendmahl unter beiderlei Gestalt, hatte aber die anderen Gebräuche der katholischen Kirche beibehalten. Er zweifelte nicht: durch gute katholische Prediger, wenn sie nur ordentlich czechisch redeten, werde man das Volk zum alten Glauben zurückführen können. In der That hatte ja der Hussitismus im Volke darin seine kräftigste Wurzel, daß die katholische Kirche Böhmens von Alters her deutsch war und deutsch redete. Scharfsichtig erblickte Canisius

für sich darin den größten Vorteil, daß die nationale Ketzerei der
Böhmen, der Hussitismus, zurückgetreten war gegen eine fremd=
ländische, das Luthertum, daß die eigenen Landsleute ihr altes
geistiges Haupt Hus garnicht mehr besonders achteten.

Es ist dann später ein Meisterstück der Jesuiten gewesen
dem Volke seinen nationalen Glaubenshelden, Hus, ganz zu ent=
ziehen und einen neuen fabelhaften, den heiligen Nepomuk, unter=
zuschieben; so keck haben sie in keinem zweiten Falle Geschichte
zu erfinden gewagt wie hier.

Einstweilen war es auch wieder der höhere Unterricht, durch
den sie zu wirken suchten. Sie schienen kein anderes Ziel zu
erstreben, als daß man in ihrem Gymnasium in kürzerer Zeit
dennoch mehr lerne als auf dem protestantischen. Dem Rate der
Stadt ward es bald bedenklich, daß so viele hussitische Bürger
ihre Kinder zu den Jesuiten in die Schule schickten. Und mit
Fug und Recht! Die Knaben wurden dort aufs freundlichste
aufgenommen, und man fand, „daß die Geister der Knaben ohne
Falsch und leicht zugänglich seien, so daß sie den Händen, die sie
zur Tugend und zum rechten Glauben formten, leicht folgten.
Ohne alle Mühe brachte man sie vom Lesen ketzerischer Bücher
ab, und sie gaben sich gegenseitig an, wenn sie bei einem etwas
von solchem Peststoff sahen.“

Noch erbaulichere Dinge von der Einwirkung der Jesuiten=
schule auf protestantische Knaben waren dann in der nächsten
Generation zu erzählen. „Der eine rühmt sich von seinen Eltern
geprügelt worden zu sein, weil er am Fasttag nicht Fleisch hat
essen wollen, ein anderer, daß er ein großes ketzerisches Buch,
aus dem der Vater zu lesen pflegte, ins Feuer geworfen habe.
Er sei deswegen zwar von Hause weggejagt worden, freue sich
aber darüber, denn er wolle lieber betteln gehen als sich von
ketzerischen Eltern erhalten lassen. — Solche Früchte bringen die
Knaben von unserer Erziehung mit, die nicht nur für sie, sondern
oft auch für andere heilsam sind. Manche haben wenigstens die
Dienstboten bekehrt, und einige haben ihren Eltern, von denen
sie dieses irdische Leben empfangen, das bessere unsterbliche zurück=
gegeben.“ Dies erzählt von den deutschen Gymnasien die Pro=
grammschrift der Jesuiten „das Gemälde des ersten Jahrhun=

derts." So weit kann die Verblendung des Fanatismus gehen, daß solche offenkundige Vergiftung des jugendlichen Gemüts als Ruhmesanspruch galt!

Schwerer als in Italien ward den Jesuiten in Deutschland der Wettbewerb mit der humanistischen Schule gemacht; auch war ihr Schulwesen vor der Regelung durch die ratio studiorum hier nicht so planmäßig durchgeführt. Gestützt auf die Gunst der Fürsten wußten sie dennoch überall emporzukommen. Gegen= über den derben Ausfällen der an klassische Grobheit gewöhnten weltlichen Lehrer behielten sie die unerschütterliche Ruhe, die Igna= tius ihnen empfohlen; ihr äußeres Bezeigen blieb gemessen und liebevoll, natürlich nur bis zu dem Moment, in welchem die Gegenreformation die lästigen und verdächtigen Mitbewerber ent= fernte.

So war denn auch in Deutschland schon zu Ignatius' Leb= zeiten der Gesellschaft die Aussicht auf bedeutende Erfolge eröff= net. Noch spielte sie in der Politik eine kaum bemerkbare Rolle, aber unterdessen that sie das Ihre, um die Gegensätze immer schärfer zuzuspitzen.

Ignatius wußte, daß hier der wichtigste Kampfplatz sei. Er meinte: hier bedürfe die Gesellschaft einen besonderen Schutz Gottes, und ordnete an, daß alle Priester derselben in jedem Monat einmal eigens eine Messe lesen sollten, um Gott zu bitten, daß er sich Deutschlands und der von ihm angesteckten Länder erbarme. Dies solle so lange geschehen, als die Notlage derselben eine solche Hilfe erfordere. Kein Collegium solle ausgenommen sein, selbst die entlegensten indischen nicht.

Inmitten dieser vielseitigen, den größten Umblick erfordernden Thätigkeit stand der merkwürdige Mann unermüdlich, nie getäuscht, das Kleinste wie das Größte umfassend. Mehr als 40 Jahre hatte sein Charakter sich langsam entwickelt, weitere 10 hatte er nur die bescheidenste Wirksamkeit geübt; er war ein frühzeitig gealterter Mann, sein schwächlicher Körper war fast aufgerieben durch die Anstrengungen und Seelenkämpfe, als sich ihm für die letzten 15 Jahre dieses Arbeitsfeld öffnete. Auch dieses Schicksal erinnert uns daran, daß wir es mit einem Militär zu thun haben. Das schwarze lange Haar, das der junge eitle Offizier besonders gepflegt hatte,

war längst verschwunden; die mächtig entwickelten Formen des
Hauptes traten frei hervor. Der feine Schnitt des schmalen
Gesichtes, die energische Adlernase, der Mund, aus dem in sich
gesammelte Selbstbeherrschung spricht, dem man es ansieht, daß
er gleich geschickt zum Reden wie zum Schweigen war, die tiefen
schwarzumschatteten Höhlen, in denen ein Paar ruhiger, durch=
dringender Augen leuchteten — es ist ein Gesicht so unergründlich
wie der Charakter, der sich hinter ihm verbirgt. Ignatius war
von schwächlicher, zierlicher Gestalt, das verwundete Bein war
immer steif geblieben, die Haltung seines Aeußeren, einfach und
peinlich sauber, deutete auf den alten Offizier.

Im Gespräch fiel der unerschütterliche Gleichmut besonders
auf; jedoch aus seinen Briefen sehen wir, daß dieser zwar niemals
der leidenschaftlichen Aufwallung wohl aber einer tiefgründigen
Begeisterung weichen konnte, wenn er seine maßgebenden Grund=
sätze entwickelte. Daß ihm „die Gabe der Thränen in hohem
Maß verliehen war", ist nur eine scheinbare Unregelmäßigkeit in
diesem Charakter —, er führte ja genau Buch über jede Anwand=
lung von Rührung! Tiefer als alle Briefe läßt dann doch seine
Selbstbiographie auch in den Seelenzustand seiner letzten Jahre
blicken. Vollkommener ist sich selten ein Mensch selber zum Ob=
jekt geworden. Dieser „Pilger", — so nennt er sich hier, —
dieser suchende, zweifelnde, kämpfende Thor von früher ist ihm
beinahe ein fremder Mensch geworden; er hat ihn so oft und so
genau beobachtet, daß er ihn nun kennt und fast nichts mehr mit
ihm zu schaffen hat. — Es scheint, als ob Zweifel und Kämpfe
Ignatius im letzten Jahrzehnt ganz erspart geblieben seien —
gewiß ein Zeichen des Heiligen.

Und hier möge nochmals der Vergleich mit Luther herbeige=
zogen werden, dem Manne, der bis zum Sterbebett unermüdlich
kämpfte, und den bis in seine letzten Tage der Zweifel oft bis
an den Rand der Verzweiflung führte. Uns Protestanten ist
diese seine Erbschaft unendlich mehr wert als dem Katholiken der
Selbstbetrug sein kann, der auf der Erde das Vollkommene, das
Heilige möglich glaubt. Aber für uns gilt es hier ein Anderes:
nämlich zu erklären, wie jene Ruhe bei einem Ignatius möglich
war. Der Grund liegt meines Erachtens darin, daß Ignatius eine

ganz aufs Handeln angelegte Natur war. Die Seelenkämpfe seiner
Jugend hatte er durchgemacht, weil sie nun einmal nötig waren,
um ihn zur Arbeit, die er sich vorgesetzt, tauglich zu machen.
Dann hatte er diese Hülle abgestreift und sich das thätige Leben
erwählt. Jetzt am Lebensende war ihm mehr beschieden als seine
ehrgeizigsten Träume je gedacht hatten; er schwamm im Strome
seiner Thätigkeit, sie war ihm Leben, sein Individuum verlor
sich darin.

Einen Teil seiner Arbeitslast hat er in den letzten Wochen
abgeben müssen, immerhin war es nur wenig: er herrschte bis
zu dem Augenblick, da ihm der Tod die Zügel aus der Hand
nahm. Längst erwartete man sein Ende, aber Niemand hätte gewagt, als er am letzten Abend seiner Krankheit alle Genossen weg-
schickte, ihm zu widersprechen. Als man am Morgen in sein
Zimmer trat, fand man ihn schon bewußtlos, der Todeskampf war
in der Nacht eingetreten.

35 Jahre waren verflossen, seitdem er den Tod erwartend
auf dem Schmerzenslager in dem Schlosse zu Loyola gelegen,
seitdem er in langsamer Genesung seine Seele mit dem Gedanken
genährt: ich will werden, was der heilige Dominikus und Franziskus sind, — ein Heiliger, zu dem man betet. Wohl mögen
seine Gedanken in der letzten Nacht zurückgegangen sein zu jener
Zeit. Er konnte sich sagen: jene Heiligen = Glorie darf ich mir
mit einiger Sicherheit binnen kurzem versprechen.

War sie noch immer sein höchstes Ziel? In unsern Augen
hat er mehr erreicht: er war ein Mensch geworden, mit dessen
Charakter sich die Nachwelt beschäftigen wird, so lange man Geschichte schreibt.

Halle, Druck von Ehrhardt Karras.

Inhaltsverzeichnis.

~~~~~

Im Verlage von **Max Niemeyer** in Halle a. S.
erschien und ist durch jede Buchhandlung zu beziehen:

Gedanken und Erfahrungen
über
Ewiges und Alltägliches.

Für das deutsche Haus
herausgegeben
von
Otto Nasemann.

4 Bände. 8. geb. 12 ℳ.

Glaube, der evangelische, nach dem Zeugniss der Geschichte. 1883—1884. kl. 8.

  Allihn, Hans, Die Evangelischen in Meseritz und ihr Gotteshaus. ℳ 0,40.

  Baur, Aug., Die erste Züricher Disputation am 29. Jan. 1523. ℳ 0,30.

  Förster, Th., Die evangelischen Salzburger und ihre Vertreibung 1731—1732. ℳ 0,30.

  Pressel, Fr., Das Evangelium in Frankreich. ℳ 0,50.

  Wächtler, A., Die Evangelischen auf dem Reichstage in Augsburg. ℳ 0,40.

  Witte, Leopold, Pietro Carnesecchi. Ein Bild aus der italienischen Märtyrergeschichte. ℳ 0,50.

  50 Exemplare gemischt nach eigner Wahl für ℳ 7,50.

Glogau, G., Zwei wissenschaftliche Vorträge über die Grundprobleme der Psychologie. 1877. 8. ℳ 1,60.

— Die Phantasie. Vortrag. 1884. kl. 8. ℳ 0,60.

Harnisch, W., Das Leiden, beurteilt vom theistischen Standpunkte. Ein historisch-kritischer Versuch. 8. ℳ 2,00.

Henke, E. L. Th., Neuere Kirchengeschichte. Nachgelassene Vorlesungen für den Druck bearbeitet und herausgegeben von W. Gass. 3 Bde. 1874—1880. gr. 8. ℳ 22,50.

— Nachgelassene Vorlesungen über Liturgik u. Homiletik für den Druck bearbeitet und herausgegeben von W. Zschimmer. Mit einem Vorwort von G. Baur. 1876. gr. 8. ℳ 10,00.

Herrmann, W., Die Religion im Verhältniss zum Welterkennen und zur Sittlichkeit. Eine Grundlegung der systematischen Theologie. 1879. 8. ℳ 9,00.

— Die Bedeutung der Inspirationslehre für die evangelische Kirche. Vortrag. 1882. ℳ 0,60.

Herrmann, W., Warum bedarf unser Glaube geschichtlicher Thatsachen? Rede. 1884. 8. ℳ 0,60.

Köhler, H., Johannes der Täufer. Kritisch-theologische Studie. 1884. 8. ℳ 3,60.

Köstlin, Jul., Luther und J. Janssen, der deutsche Reformator und ein ultramontaner Historiker. 2. u. 3. Aufl. 1883. ℳ 1,20.

(Michel), Die unversöhnliche Feindschaft der römischen Kirche gegen das evang. Kaiserthum. Ein Mahnruf. 1883. 8. ℳ 1,00.

Neudrucke deutscher Litteraturwerke des XVI. u. XVII. Jahrh. (herausgegeben von Prof. Dr. W. Braune in Giessen).
  4. M. Luther, An den christlichen Adel deutscher Nation (1520). ℳ 0,60.
  18. M. Luther, Sendbrief an den Papst Leo X. Von der Freiheit eines Christenmenschen. Warum des Papsts und seiner Jünger Bücher von Dr. Martino Luther verbrannt seien. 3 Reformationsschriften a. d. Jahre 1520. ℳ 0,60.
  28. M. Luther, Wider Hans Worst. Abdruck der ersten Ausgabe (1541). ℳ 0,60.
  50. M. Luther, Von der Winkelmesse und Pfaffenweihe. Abdruck der ersten Ausgabe, 1533. ℳ 0,60.

Neuenhaus, J., Das Wort Gottes und die Gemeinden. Eine Studie, Amtsbrüdern und Freunden der evangelischen Kirche dargeboten. 1885. 8. ℳ 1,50.

Rähse, H., Paraphrase des dogmatischen Theils des Briefes Pauli an die Römer. 1882. 8. ℳ 0,80.

— Die christlichen Centralideen des Reiches Gottes und der Erlösung. Mit besonderer Rücksicht auf Nichttheologen dargestellt. 1885. 8. ℳ 0,80.

Schnapp, Fr., Die Testamente der 12 Patriarchen. 1884. 8. ℳ 2,00.

Schulze, G., Ueber den Widerstreit der Pflichten. Zeitgemässe ethische Studien über Sittengeschichte, Gewissen und Pflicht, denkenden Christen dargeboten. 1878. 8. ℳ 3,00.

Schwertzell, G., Helius Eobanus Hessus. Ein Lebensbild aus der Reformationszeit. 1874. 8. ℳ 2,50.

Spitta, Fr., Die liturgische Andacht am Luther-Jubiläum. Kritik und Vorschlag. 1883. 8. ℳ 0,80.

— Der Knabe Jesus. Eine biblische Geschichte und ihre apokryphischen Entstellungen. Vortrag. 1883. kl. 8. ℳ 0,40.

— Luther u. der evang. Gottesdienst. Vortrag. 1884. kl. 8. ℳ 0,60.

Ueber Toleranz, Glaube und Vernunft. Ein Gespräch. Ein Beitrag zur Zeitfrage. 1882. 8. ℳ 0,75.

Veghe, Johannes, Ein deutscher Prediger des XV. Jahrhunderts. Zum ersten Male herausg. v. Franz Jöstes. 1883. 8. ℳ 12,00.

Wächtler, A., Die bildende Kunst als Auslegerin der Schrift. Ein Vortrag. 1880. kl. 8. ℳ 1,00.

Wrampelmeyer, H., Tagebuch über Dr. Martin Luther, geführt von Dr. Conrad Cordatus 1537. Zum ersten Male herausgegeben. Heft 1/4. 1884. gr. 8. ℳ 6,40.